Métaphysique et technique moderne chez Martin Heidegger

Collection « Pensée africaine »
dirigée par François Manga-Akoa

En ce début du XXIe siècle, les sociétés africaines sont secouées par une crise des fondements. Elle met en cause tous les secteurs de la vie. Les structures économiques, les institutions politiques tels que les Etats et les partis politiques, la cellule fondamentale de la société qu'est la famille, les valeurs et les normes socioculturelles s'effondrent. La crise qui les traverse les met en cause et au défi de rendre compte de leur raison d'être aujourd'hui.

L'histoire des civilisations nous fait constater que c'est en période de crise que les peuples donnent et expriment le meilleur d'eux-mêmes afin de contrer la disparition, la mort et le néant qui les menacent. Pour relever ce défi dont l'enjeu est la vie et la nécessité d'ouvrir de nouveaux horizons aux peuples africains, la collection « Pensée africaine » participe à la quête et à la création du sens pour fonder de nouveaux espaces institutionnels de vie africaine.

Dernières parutions

Philippe VERDOL, *Déshumanisation et surexploitation coloniale.* Démounaj *et* Pwofitasyon *dans la Guadeloupe contemporaine*, 2012.

Emmanuel OKAMBA, *L'éthique du Kébé-kébé et la promotion du leadership chez les Mbosi du Congo. Le réveil d'Odi*, 2012.

Joseph WOUAKO TCHALEU, *François Hollande et la Françafrique : le défi de la rupture*, 2012.

Souka SOUKA, *Congo, du Royaume à la République. L'histoire d'un échec permanent*, 2012.

Charles Jean Marie MINYEM, *Rationalités et problématique du développement en Afrique*, 2012.

Yaovi AKAKPO, *La recherche en philosophie, De l'intuition du thème à la soutenance de thèse*, 2012.

Berthe LOLO, *Concepts de base en anthropologie psychanalytique. Pour une pluralité culturelle. Fascicule 4*, 2012.

Donatien BANONA NSEKA, *A quoi sert la philosophie pour la jeunesse en Afrique ?*, 2012.

Lawrence THIEBERT, *La Science, symptôme de l'Occident*, 2012.

Jules MAIDIKA Asana Kalinga

Métaphysique et technique moderne chez Martin Heidegger

L'Harmattan

5-7, rue de l'École-Polytechnique ; 75005 Paris
http://www.librairieharmattan.com
diffusion.harmattan@wanadoo.fr
harmattan1@wanadoo.fr
ISBN : 978-2-296-99815-5
EAN : 9782296998155

PRELUDE

« Philosopher sans avoir connu Heidegger comporterait une part de naïveté »

Emmanuel LEVINAS

DEDICACE

A notre chère épouse Patricia MUKWA et nos enfants pour tant d'affection témoignée envers nous.

REMERCIEMENTS

Au moment de publier ce travail qui contient partiellement les idées qui ont constitué notre dissertation doctorale en philosophie défendue publiquement à l'Université de Kisangani, nous tenons à exprimer notre gratitude aux professeurs ordinaires Jean-Pierre BOKANGA, Valérien DHEDYA et Georges NDUMBA respectivement promoteur et co-promoteurs de notre thèse de doctorat.

Nous voudrions en même temps exprimer notre vive gratitude de façon particulière à l'Assistant J. Grison-Trésor KAKUMBI Belumba pour la profondeur et la ténacité de son esprit philosophique, et aussi et surtout pour sa disponibilité et son service, combien aigu, non seulement pour la parution de ce livre mais aussi au sein de notre cellule d'études philosophiques de l'Université de Kisangani.

PREFACE

Jules Maidika me fait un grand honneur en me demandant d'écrire la préface à son beau livre sur « La technique et la Métaphysique chez Martin Heidegger ». Je l'en remercie.

La publication de la Gesamtausgabe des écrits de Martin Heidegger, commencée de son vivant et selon ses directives, a ouvert aux chercheurs une mine d'une grande richesse. On écrit beaucoup sur Heidegger, on traduit ici et là. Il est à constater que, non seulement de nouveaux travaux d'interprétation, mais aussi de nouveaux sujets à partir de Heidegger donnent à penser. L'ouvrage de Jules Maidika est autre chose qu'un livre de plus sur Heidegger ; il apporte un éclairage nouveau sur la compréhension du corpus heideggérien traitant d'un thème éminemment actuel : la question de la technique en rapport avec l'être et la métaphysique. Comme on le sait, Heidegger a prononcé à Brême en décembre 1949, puis en mars 1950, sous le titre commun « Einblick in das was ist »,(« Regard dans ce qui est ») quatre conférences intitulées : *Das Ding* (La chose), *Das Gestell* (L'arraisonnement), *Die Gefahr* (Le péril), *Die Kehre* (Le tournant).

La deuxième fut reprise et développée, le 18 novembre 1953, au cours du cycle organisé par l'Académie bavaroise des beaux-arts sur le thème (Les arts à l'âge de la technique) sous le titre « Die Frage nach der Technik » (La question de la technique) qui figure au début des Vortrage und Aufsatze de 1954 (Essais et conférences).

La quatrième, publiée en 1962 avec la deuxième, sous le titre *Die Technik und die Kehre* (la technique et le tournant) qu'on trouve dans *Questions IV* (Le tournant), chez Gallimard, 1976.

Dans les *Holzwege* (1949) (chemins qui ne mènent nulle part), *Dichter* ? (Pourquoi des poètes) donne également lieu à une méditation sur l'essence de la technique.

Et Hermann Heidegger a édité en 1989 une conférence de 1962, « Uberliefertesprache und technische Sprache », traduite en français et préfacée par M.Haar (Langue de tradition et langue technique », Edit. LibeerHossmann, 1990).

Le but déclaré de Jules Maidika, en analysant ces textes heideggériens, est de montrer que, chez Heidegger, la technique fait l'objet d'un traitement philosophique, d'une élaboration poussée et le résultat de cette élaboration a une fonction décisive dans la constellation du tournant dans l'essence de l'être et de la technique elle-même avec des effets néfastes dans la civilisation technologique. En effet, la technique moderne et la science à laquelle elle est liée constituent l'achèvement de la métaphysique qui s'est développée dans l'oubli de la question du sens de l'être, question fondamentale en philosophie. Pour en arriver à cette conclusion, l'auteur, sur la base des résultats acquis par les spécialistes de Heidegger, analyse minutieusement les écrits du philosophe de la Forêt noire sur la métaphysique et l'essence de la technique.

Le livre commence par l'élucidation de la démarche étymologique et stylistique de Heidegger, bref par le langage Heidegger qui fait parler le grec et l'allemand, qui sont les langues du litige permanent et masqué sur quoi se fonde le philosophique.

De ce recours à l'étymologie du grec et de l'allemand, Jules Maidika vient à montrer comment, selon Heidegger, le trait fondamental de la technique moderne, - c'est-à-dire le caractère anthropologique de moyen humain en vue d'une fin humaine et la représentation instrumentale - a sanctionné l'oubli de l'être ainsi que l'interprétation erronée du discontinuisme entre la technique moderne et la technique des anciens.

Ainsi à l'anthropologisme instrumentaliste qui considère le monde technique comme le monde des instruments et des machines, Heidegger oppose-t-il une aletheïologie qui voit en la technique un mode de « désabritement » : « **c'est comme dévoilement, non comme fabrication que la** *technè* **est une pro-duction »[1].**

S'appuyant sur le passage des **Vorträge und Aufsätze** : « l'essence de la technique n'est absolument rien de technique »[2], l'auteur montre que, pour Heidegger, l'essence de la technique n'est à chercher ni dans les machines, ni même dans l'activité technicienne, mais plutôt dans son essence originairement métaphysique. Et la pensée de la métaphysique c'est la conscience métaphysicienne orientée exclusivement vers l'étantité de l'étant, une conscience ontique qui s'intéresse à l'étant selon le mode moderne de la productibilité. C'est dans ce ***fundamentum*** métaphysique que se trouve la portée de la technique moderne, son essence au-delà de la pure ustensilité.

Cette essence de la technique moderne se montre et se dévoile dans le ***Gestell, l'arraisonnement***. C'est « **le mode de dévoilement qui régit l'essence de la technique moderne et n'est lui-même rien de technique** »[3]. Ce *Gestell* n'est pas le produit de la machination humaine, il est plutôt le mode extrême de l'histoire de la métaphysique, c'est-à-dire du destin de l'être. On ne comprend son

---

[1] Heidegger, « la question de la technique », in *Essais et conférences*, Paris, Gallimard, 1980, p. 20.

[2] Vorträge und Aufsätze, p. 13.

[3] IDEM, *Essais et conférences, op. cit.*, p. 28.

caractère historial qu'en le saisissant comme une époque de l'être, comme un « péril dans l'être ».

A cause de la commissibilité, de la productibilité et de la calculabilité de la technique moderne, l'être de l'homme est soumis lui-même aussi à la puissance provocante du *Gestell*, le dispositif qui pousse l'homme à commettre comme fonds le décelé.[4] Ainsi « la pensée de la fondation ne gouverne plus la pensée scientifique moderne qui, en tant que pensée opératoire, ne fait qu'un usage purement instrumental des anciennes catégories de cause et de fondement »[5].

Et comme, selon Heidegger, « c'est parce que l'essence de la technique moderne réside dans l'Arraisonnement que cette technique doit utiliser la science exacte de la nature »[6], l'auteur analyse-t-il les enjeux de la technoscience dont le fonctionnement est dirigé par cette raison opératoire, conquérante et calculatrice. A la suite de Heidegger, notre auteur dénonce la technocratie qui induit un totalitarisme engendré par l'ambivalence du progrès technique. Le primat de l'opératoire sur le symbolique a fait que « la science et la technique sont devenues idéologies » et ont modifié notre manière d'habiter le monde.

Pour Heidegger, cette technocratie issue du *Gestell*, du Péril, est aussi l'époque de la domination-dévastation de la terre. Les effets technomorphiques, signale Jules Maidika, touchent aussi

---

[4] Essais et conférences, op. cit., p. 26.

[5] Françoise DASTUR, « La fin de la philosophie et l'autre commencement de la pensée » in A.V. *Heidegger, Questions ouvertes*, Paris, Osiris, 1988, p. 135.

[6] Essais et conférences, op. cit., p. 31.

l'environnement. Il parle d'« exploitation technicienne et de désastre écologique ».

Ensuite, Jules Maidika montre que, dans la conférence de1962 où les thématiques du péril et du tournant sont tues, Heidegger situe les méfaits de la technique moderne au niveau de la **langue.** S'appuyant sur **von Humboldt** pour qui la langue n'est pas seulement un moyen d'échange et de communication , mais bien un vrai monde que l'esprit a à poser entre soi et les objets par le travail interne de sa force, Heidegger, note Maidika , s'en prend au sort que la technique moderne fait subir à la langue par la **mécanisation de la communication, par la promotion linguistique de la machine. « Le propre de la technique moderne en vient à s'imposer à la langue en amenant sa refonte en pure information, de telle sorte qu'elle provoque l'homme, c'est-à-dire le somme de s'assurer de l'énergie naturelle et de mettre celle-ci à disposition »[7].** Le « dire » de langue naturelle, au lieu de porter au paraître ce qui se montre de soi-même, devient simple signe de ce qui ne se montre pas ; devient simple système de messages, d'informations, de codages et de signalisations formelles, transmis dans des formules d'une algèbre logique. Le langage technique est confiné dans sa fonction organologique d'outil d'expression et de communication préhensible et fiable.

Cette agression de la technique contre le caractère propre de la langue menace aussi l'homme au plus intime de son essence d'homo loquens, à savoir dans sa relation à la totalité de ce qui a été, ce qui va venir et qui présentement est. Pour sauver la langue et l'homme de cette dérive, il faudra, selon Heidegger, que ceux qui prennent le

---

[7] Ibid.

temps de méditer, reviennent à la langue des **poètes**, la langue qui renferme et donne l'informulé et l'inexprimable, la langue de la tradition, au lieu de se laisser submerger par le langage artificiel et sans secret des machines ; langue sans herméneutique.

Et pour juguler le Péril extrême qui fait de l'homme lui-même objet de la technique, il faudra penser et utiliser la technique avec responsabilité loin d'une technophobie non justifiée et d'une technophilie non critiquée.

Heidegger appartient à cette catégorie des philosophes les plus cités et les plus présents dans la littérature philosophique actuelle, mais aussi dont il restera toujours quelque chose d'inédit et quelque obscurité à éclaircir. Jules Maidika l'a compris en terminant son ouvrage par quelques interrogations que suscite l'attitude de Heidegger envers la technique moderne : L'idée que le sens de la technique moderne est le verrouillage de la clôture de la métaphysique semble à la fois très en surplomb par rapport à toutes les interprétations sociologiques, politiques, critiques du phénomène, et très en-deçà de toutes les propositions d'action résultant de l'analyse éthique ou écologique. En outre, Heidegger ne fait pas une phénoménologie directe du monde technique ; rien de ce qu'il dit de ce monde n'est décrit directement, ni même éiditiquement présenté. La portée de la technique moderne s'éclaire non pas à partir d'une phénoménologie, mais d'une aléthéïologie.

Par ailleurs, l'opposition entre système de signes et rapport au monde est discutable puisque c'est en tant que système de signes que la langue est un rapport au monde, et qu'il n'y a pas de rapport humain au monde qui ne passe par le langage.

Je parie que ce livre ne sera pas un ouï – dire. Il suscitera l'envie d'aller voir pour soi-même ce que nous a légué Heidegger. Il nous invite à penser et nous montre qu'il y a, sinon un renouvellement, du moins un déplacement des enjeux autour de Heidegger. Nous souhaitons tous les succès que lui mérite son sérieux à cette contribution aux études heideggériennes, qui nous paraît d'autant plus estimable qu'elle est l'une des rares à émaner d'Afrique.

Georges **NDUMBA Y'OOLE Lifefo**

Professeur à l'Université Catholique du Congo

INTRODUCTION

Dans cette partie, nous nous proposons de démontrer que, selon Heidegger, le destin de la métaphysique occidentale ou traditionnelle est un nihilisme, une mésaventure dans ce sens que la métaphysique ne pense pas vraiment l'être comme tel, elle ne pense que l'étant comme tel ou bien l'étant suprême. C'est pourquoi Heidegger parle de la constitution onto-théologique de la métaphysique. Cette dernière ne considère pas la différence ontologique, celle de l'être d'avec l'étant.

D'où la nécessité qu'il y a de dépasser la métaphysique. Dépasser la métaphysique, c'est penser l'être, c'est repenser autrement la question de l'Etre, préoccupation fondamentale de Heidegger. Heidegger veut, par dépassement de la métaphysique, développer une pensée qui pense la différence ontologique. Mais le dépassement de la métaphysique, s'il est exigé, ne veut pas dire destruction de la métaphysique. Il est plutôt la dé-construction de la métaphysique, car il ne vient pas éliminer complètement la métaphysique. On ne détruit la métaphysique que par la métaphysique. C'est pourquoi le dépassement de la métaphysique est aussi l'assomption de la métaphysique.

Nous avons la conviction que la pensée de chaque auteur plonge aussi ses racines dans la démarche étymologique, dans son style, dans sa méthode et dans certaines théories des penseurs qui ont exercé une influence sur sa pensée. C'est la raison pour laquelle nous allons analyser les points qui ont marqué, d'une manière ou d'une autre, la pensée de Heidegger.

Nous avons l'objectif de faire recréer dans le premier chapitre de cette partie le souci étymologique et stylistique de Heidegger. Par sa méthode de description phénoménologique, nous pouvons dire que la pensée de Heidegger dérive de Husserl, de qui il prendra plus tard distance à cause de l'orientation transcendantale qu'a prise la phénoménologie husserlienne.

Le deuxième chapitre de cette partie met en exergue l'oubli de l'être dans la métaphysique occidentale et ses conséquences. De Platon et d'Aristote en passant par Saint Thomas d'Aquin jusqu'à Nietzsche, la métaphysique a oublié la question essentielle, question du sens de l'être.

PREMIERE PARTIE

LA METAPHYSIQUE OCCIDENTALE ET SON DEPASSEMENT

CHAPITRE PREMIER

LA DEMARCHE ETYMOLOGIQUE, STYLISTIQUE ET METHODOLOGIQUE DE HEIDEGGER

INTRODUCTION

Ce chapitre vise à mettre en relief le contexte littéraire et l'approche méthodologique de la pensée heideggérienne. Heidegger se consacre à l'étymologie, à la source ou à l'histoire primitive du mot. Ainsi les mots anciens sont supposés avoir une richesse sémantique. La démarche étymologique est essentielle dans la philosophie de Heidegger. La complexité et la quasi-impénétrabilité de la pensée de Heidegger donnent lieu à une véritable terminologie, à un idiome. Tout cela appuyé par une méthode phénoménologique héritée de son maître Husserl.

1. CONTEXTE LITTERAIRE

Dans cette section, nous examinerons le contexte littéraire de la pensée heideggérienne. Il s'agit du retour, que fait Heidegger, aux sources du mot, de sa métaphore et de sa manière d'anticiper les objections de ses adversaires.

1.1. Retour aux sources du mot

Heidegger est un philosophe qui aime recourir à l'étymologie, aux sources du mot ou mieux à l'histoire primitive du mot. Cette démarche consistant à saisir le sens du mot dès ses origines, tel qu'il a été utilisé dans sa langue de naissance, n'est pas dépourvue de signification profonde et d'un intérêt réel surtout en philosophie. Il s'agit de constater le glissement sémantique qu'a connu le mot dans son usage actuel. Parlant de Heidegger, Steiner écrit :

> « Le mot simple, accepté depuis toujours, servira précisément parce qu'il renferme, selon lui, la plus grande charge d'une perception humaine initiale et valable. Ainsi les mots anciens et clairs sont les plus riches de sens »[1].

C'est pourquoi la démarche qui pousse Heidegger vers l'histoire primitive d'un mot traduit le souci de ce philosophe allemand de dépasser les différentes altérations de sens que ce mot aurait subies pour retrouver le sens authentique caché sous les sens altérés.

Convaincu que le sens originel d'un mot est chargé de richesse et qu'il est souvent l'objet d'occultation des hommes ou locuteurs de la langue d'où le mot est issu, notre auteur fait de la démarche étymologique toute une méthode. En d'autres termes, « la démarche étymologique devient beaucoup plus qu'un instrument. Elle devient le mouvement cardinal de la philosophie heideggérienne »[2].

Deux langues ont beaucoup plus inspiré et suscité l'admiration de Heidegger. Il s'agit de la langue grecque et de la langue allemande. Heidegger les considère comme les langues par excellence de la philosophie. Le recours que notre auteur fait à ces deux langues, dans sa pensée, ne devrait pas signifier une dévalorisation intrinsèque du mot ou de la langue de ce mot, mais au contraire une façon de sonder le langage des philosophes qui l'ont précédé, en particulier les Présocratiques Parménide et Héraclite.

En réalité, Heidegger, d'abord assistant et disciple de Husserl, est, de manière essentielle, le lecteur le plus attentif des penseurs grecs Parménide, Héraclite, Platon et Aristote. Lorsqu'il emploie des mots de façon, semble-t-il, totalement arbitraire, lorsqu'il

---

[1] G. STEINER, *Martin Heidegger,* Paris, Flammarion, 2003, p.20
[2] *Ibid.* p.21

les amalgame en lourds enchaînements de traits d'union, Heidegger soutient qu'il retourne en fait aux sources du langage, qu'il réalise les intentions authentiques du discours humain[3].

Dès le début de sa réflexion, Heidegger est hanté par cette « assurance impérieuse » selon laquelle la philosophie est essentiellement le véritable gardien de la raison. Mais l'importance qu'Heidegger a accordée au langage, dans la question de l'Etre, l'a conduit à une familiarité avec les poètes et à une certaine hostilité à la littérature, au sens sartrien, et au logocentrisme. Heidegger oppose la littérature à la pensée et à la *Dichtung*.

Depuis l'Antiquité, dit Heidegger, le *logos* d'Héraclite a été interprété de façons différentes : comme ratio, comme *verbum*, comme loi du monde, comme ce qui est « logique » et comme la nécessité de la pensée, comme le sens, comme la raison[4]. Ce qui lui est essentiel, c'est le fait de s'interroger sur l'origine de l'être de la raison et sur la voie par laquelle il se produit à nous. C'est dans l'acte de « parler » que réside l'essence de la raison (*logos*). L'on peut remarquer ici qu'Heidegger disqualifie le langage écrit au profit du langage parlé. Heidegger nous a déjà appris à voir dans le dire poétique l'essence du langage ; mais il s'agissait surtout du langage parlé[5].

En réalité, Heidegger, nous le savons, fera ses premiers pas en philosophie avec la question oubliée de l'Etre ; de laquelle se dégage son ambition, au moyen de la différence ontologique non pensée par la métaphysique traditionnelle, de constituer l'ontologie fondamentale. Il faudra ajouter que c'est dans la langue gréco-germaine que Heidegger, penseur d'une unique question, à savoir la question de l'Etre, compte mener son questionnement ontologique.

---

[3] M. HEIDEGGER, cité par G., STEINER, *Op.cit.*, p.22

[4] M. HEIDEGGER, *Essais et conférences*, Trad. Préan A Paris, Gallimard, 1958, p.250

[5] L. MFOUAKOUET, *Jacques Derrida. Entre la question de l'écriture et l'appel de la voix*, Paris, l'Harmattan, 2005, p. 114

Cet attrait de la langue grecque exercé sur le philosophe de la forêt noire et la recommandation que ce dernier a faite à la langue gréco-germaine se traduisent en ces termes : « La langue grecque, et elle seule, est *logos* (…). Lorsque nous écoutons un mot grec avec une oreille grecque, nous sommes dociles à son *legein* (son « parler »), sa présentation immédiate de ce qu'il dit. De par le mot entendu d'une oreille grecque, nous sommes directement en présence de la chose elle-même, et non pas d'abord en présence d'un simple signe verbal »[6]. Mais quel sens Heidegger confie-t-il au mot ? Dans son *Acheminement vers la parole*, Heidegger écrit : « Le mot est ce qui amène une chose à être chose »[7].

Ainsi, la pensée de Heidegger manifeste d'abord son originalité par sa terminologie inhabituelle qui va souvent jusqu'à une véritable recréation étymologique du langage. Le maître de Fribourg pense que « c'est seulement dans le mot, dans la langue, que les choses viennent et sont »[8].

Mais concrètement de quelle manière Heidegger procède-t-il dans ce jeu de la mise à nu des racines des mots d'origine gréco-germaine ? Nous avons déjà dit que le maître de Fribourg accorde à ces deux langues (le grec et l'allemand, sa langue maternelle) une importance capitale et incomparable bien qu'il ait dit dans ses *Chemins qui ne mènent nulle part* : « l'Etre parle partout et toujours au travers de toute langue »[9]. Cette contradiction apparente entre l'accompagnement heideggérien aux langues grecque et allemande d'un côté, et sa déclaration selon laquelle l'Etre parle partout et toujours au travers de toutes les langues, n'enlèvent pas totalement sa conviction que c'est la langue gréco-allemande qui incarne l'être de la raison.

---

[6]M. HEIDEGGER, cité par G., STEINER, *Op.cit*, p.41
[7] IDEM, *Acheminement vers la parole, Op.cit,* p.218
[8] *Ibid*., p.192
[9] IDEM, *Chemins qui ne mènent nulle part,* Trad. W. Brokmeier, Paris, Gallimard, 1962, p.442

Cependant, d'aucuns parmi les lecteurs les plus avertis de Heidegger n'hésitent pas à qualifier la pensée de ce dernier de déconcertante. Certes, il n'est pas aisé de dégager l'idée centrale du texte de Heidegger. Pour Steiner, « comprendre » Heidegger, c'est accepter d'entrer dans un ordre ou espace de sens et d'être qui est autre[10]. Entrer dans le labyrinthe de Heidegger exige, au préalable, la maîtrise de la technique et de la terminologie heideggériennes, mais aussi d'une certaine connaissance préliminaire de la langue gréco-germaine d'où dérive directement la pensée heideggérienne. En réalité, il faut connaître l'intention principale de Heidegger, celle de la question de l'Etre ou d'élaboration de l'ontologie fondamentale. Pour comprendre Heidegger, il faut accepter d'entrer dans l'univers de son discours.

Heidegger, par exemple, pour exprimer le trait pragmatique de l'outil, se réfère aux Grecs qui, selon lui, pour dire la chose, utilisaient le terme *pragmata*. *Pragmata* donne sens à la pratique que le *Dasein* en fait. Les Grecs, écrit Heidegger, avaient, pour parler des « choses », un terme approprié ; les *pragmata*, c'est-à-dire ce à quoi l'on a affaire dans l'usage de la préoccupation (praxis)... Nous nommons outil l'étant que rencontre la préoccupation. Notre usage nous découvre des outils qui permettent d'écrire, de coudre, de nous déplacer, de mesurer, d'effectuer tout travail manuel[11].

Dans sa lecture d'Héraclite, l'attention de Heidegger a été retenue par le concept de *logos*. On sait qu'Héraclite d' Ephèse est le philosophe du devenir, résultat d'un conflit permanent entre les choses. Beaucoup de penseurs connaissent Héraclite à cause de la fameuse parole qu'on lui attribue : « Toutes les choses s'écoulent : *Panta rei* »[12]. Le concept de *logos*, conçu comme raison ou mieux

---

[10] G. STEINER, *Op.cit.*, p.25

[11] M. HEIDEGGER, *L'Etre et le temps,* Paris, Gallimard, 1964, p.92

[12] F. COPLESTON, *Histoire de la philosophie. La Grèce et Rome*, Paris, Casterman, 1964, p.51

« verbe », est une loi créatrice du devenir. Dans sa démarche étymologique, Heidegger pense que ce qu'est le logos, nous le trouvons dans le *legein*. Que veut dire alors *legein* ? Quiconque sait un peu de grec n'ignore pas que *legein* signifie « dire » et « parler »[13].

Il est donc incontestable, pense Heidegger, que *legein* signifie soit dire ou parler, soit étendre, coucher et allonger. Mais comment, se demande Heidegger, *legein* dont le sens propre est étendre, en arrive-t-il à signifier dire et parler ? Dans l'établissement des relations plus étroites entre l'allemand et le grec, existent des correspondances suivantes[14] :

Grec	**Latin**	**Français**	**Allemand**
legein	legere	coucher, cueillir,	*legen*
legere		recueillir	*lesen*
		lire	*lesen*
		dire	*sagen*

Face au « triomphalisme » de la raison chez certains auteurs, notamment Hegel pour qui la raison divine, absolue, est en exercice dans le monde historique : « la Raison est présente dans l'histoire universelle, non la raison subjective et particulière, mais la Raison divine, absolue : voilà les vérités que nous présupposons ici », Heidegger met en exergue le dire[15]. Hegel est allé jusqu'à introduire une identité entre le réel et le rationnel. Dès lors, le rationnel, c'est ce qui est conforme à la Raison universelle, immanente à la totalité du réel. « Ce qui est rationnel est réel et ce qui est réel est rationnel »[16].

Descartes, dans une célèbre phrase, considère que la raison est accordée à tous ; chacun pense être bien pourvu de bon sens, car il

---

[13] M. HEIDEGGER, *Essais et Conférences*, Paris, Gallimard, 1958, p.250-251
[14] *Ibid.* p.251
[15] HEGEL, cité par J., RUSS, *Les chemins de la pensée*, Paris, Armand Colin, 1998, pp.294-295
[16] IDEM, *Principes de la philosophie du droit*, Paris, J.Vrin, 1975, p.54 sq

est le même chez tous les hommes. Dans une célèbre phrase qui ouvre le *Discours de la méthode*, Descartes déclare : « Le bon sens est la chose du monde la mieux partagée : car chacun pense en être si bien pourvu, que ceux mêmes qui sont les plus difficiles à contenter en toute autre chose n'ont point coutume d'en désirer plus qu'ils en ont »[17]. Bien que La raison soit équitablement répartie chez tous les hommes, ceux-ci n'en usent pas tous correctement. C'est ce mauvais usage de la raison qui rend indispensable la méthode ou le doute méthodique. Le doute devient ici la voie qui mène vers la vérité. Il est un doute méthodique, systématique, universel, radical et absolu pour la recherche de la vérité. Dans le doute, je découvre mon existence et mon essence comme être pensant. Mais pour atteindre le vrai, il est nécessaire de faire porter le doute sur la totalité du réel. Ce doute, devenu ici total, Descartes le qualifie d'hyperbolique, c'est-à-dire un doute poussé jusqu'à son extrême limite. D'où l'universalité du doute.

Kant considère la raison comme l'outil qui nous permet de connaître et de construire le monde, elle répond à trois questions essentielles : « Tout intérêt de ma raison tant spéculative que pratique se ramène à trois questions suivantes : Que puis-je connaître ? Que dois-je faire ? Qu'ai-je à espérer ? »[18].

Comme Pascal[19] et Kierkegaard, Heidegger récuse l'idée de donner à la philosophie un fondement rationnel définitif. Selon lui, l'humanité étant dans un monde qui ne se laisse pas comprendre, l'homme ne peut comprendre la raison de sa présence ici-bas. Car il est un être factice, jeté là sans le vouloir.

Si l'étendre est le sens profond de *legen*, il faut alors entendre par étendre, qu'il faut désormais penser, c'est seulement de

---

[17] R. DESCARTES, *Discours de la méthode pour bien conduire sa raison et chercher la vérité dans la science*, Paris, J-Vrin, 1979, p.44.

[18] E. KANT, *Critique de la raison pure,* Paris, PUF, 1968, p.513.

[19] Blaise PASCAL, déjà au XIIIème siècle dans son ouvrage *les Pensées*, avait rejeté le rationalisme rigoureux de son contemporain René DESCARTES pour qui, avons-nous dit, la raison est répartie équitablement. Nos sens nous trompent parfois, la raison seule est capable de nous dire la vérité, elle est la seule faculté de la vérité.

laisser ce qui de soi-même est étendu-ensemble-devant-lui. Etendre est l'acte, recueilli en lui-même, qui laisse étendu-devant ce qui est ensemble présent[20]. Ce que Heidegger veut mettre ici en exergue n'est pas seulement le passage de la signification « étendre » à la signification « dire », mais surtout la vérité que le dire ou le verbe des hommes est toujours « étendre » au sens où l'être de dire s'étend. Dire, c'est donc étendre. Aussi, pour rendre justice à cette expérience étymologique, nous proposons-nous maintenant d'examiner la dimension métaphorique dans la pensée de Heidegger.

1.2. Métaphore heideggérienne

Nous avons vu que la prétention heideggérienne, consistant à retourner aux sources du langage ou du mot, était, dans une certaine mesure défendable. Cela ne nous fait pas oublier le caractère fastidieux que cette démarche implique. Mais si l'on veut saisir le sens authentique ou primitif, on ne peut se dérober à cet exercice étymologique.

Certains penseurs, notamment Steiner, Michel Mourre et Jean Wahl considèrent que le style de Heidegger donne lieu à un véritable idiome personnel[21]. Le style de Heidegger, c'est-à-dire sa manière particulière d'exprimer sa pensée, son recours aux phrases assez courtes, en opposition au style des idéalistes allemands notamment Kant et Hegel, et son adhésion à la poésie grâce à Hölderlin, constituent une véritable expression idiomatique. Une chose est vraie : « Un texte de Heidegger est souvent étrange et impénétrable au point de dépasser en difficulté les plus difficiles métaphysiciens et mystiques qui l'ont précédé. Le langage de Heidegger devient de plus en plus difficile à pénétrer. Il s'y mêle des métaphores »[22].

---

[20] *Ibid.* pp. 254, 255.
[21] G. STEINER, *Op.cit*, p.21
[22] *Ibid.*, p.22

Par métaphore, il faudrait entendre cette figure de rhétorique consistant à transférer le sens d'un mot par une analogie. La métaphore, c'est la transposition, la comparaison abrégée. Le discours philosophique de Heidegger devient ce que les linguistes appellent « idiolecte », l'idiome d'un individu[23]. Les expressions heideggériennes suivantes : « L'être-dans-le- monde » (*In-der-Welt-Sein*), « la mondanéité du monde », « l'étantité de l'étant », « la structure ontico-ontologique de l'être-là », « l'être-auprès-de-l'étant-intromondain », « la condition ontologico-existentiale pour que l'être-au- monde se détermine par la « vérité »et la « non-vérité » résident dans la constitution ontologique de l'être-là, qui fut caractérisé comme pro-jet jeté »[24] ne peuvent pas s'interpréter facilement si l'on ne comprend pas qu'aucun point de vue de la philosophie heideggérienne ne peut être séparé de son style. La présence des néologismes et des mots composés dans le texte heideggérien rend ce dernier de plus en plus difficile.

Pour les détracteurs de Heidegger, spécialement les membres du Cercle de Vienne dont Carnap, élève de Frege, le style de Heidegger inspire le dégoût ou la répugnance, « rien de plus qu'un jargon ampoulé et indéchiffrable »[25]. Les énoncés métaphysiques, pense Carnap, dans son *Le dépassement de la métaphysique*, sont dénués de sens. On peut ranger les énoncés (doués de sens) de la manière suivante : en premier lieu, ceux qui sont vrais en vertu de leur seule forme (ou tautologie d'après Wittgenstein. Ils correspondent à peu près aux jugements analytiques kantiens). Ils ne disent rien sur le réel. Et puisque la métaphysique ne veut ni formuler d'énoncés analytiques ni se couler dans le domaine de la science empirique, elle est contrainte d'employer des mots à l'absence de tout critère, des mots qui sont de ce fait privés de signification, ou bien de combiner

---

[23] G. STEINER, *Op.cit*, p.21
[24] Cf. M. HEIDEGGER, *L'Etre et le Temps*, *Op.cit.*, pp.74, 86, 268 et 269
[25] G. STEINER, *Op.cit.*, p 22

des mots doués de sens de sorte qu'il n'en résulte ni énoncés analytiques (éventuellement contradictoires), ni énoncés empiriques.

Dans un cas comme dans l'autre, on obtient inévitablement des simili-énoncés[26]. Dans sa loi des trois états, Auguste Comte privilégie l'état positif au détriment des états théologique et métaphysique. La métaphysique, dit-il, n'est au fond qu'une sorte de théologie graduellement énervée par des simplifications dissolvantes, qui lui ôtent spontanément le pouvoir direct d'empêcher l'essor spécial de conception positive. On peut donc finalement envisager l'état métaphysique comme une sorte de maladie chronique naturellement inhérente à notre évolution mentale, individuelle ou collective, entre l'enfance et la virilité[27].

1.3. Anticipation des objections

Dans la progression de sa pensée, Heidegger a l'habitude de présenter l'interprétation habituelle. De là, il en arrive à une interprétation authentique après avoir dénoncé au préalable les insuffisances de l'interprétation ou de la définition habituelles. Cette distinction nous aide à comprendre que Heidegger se donne d'abord la tâche de comprendre le sens que ses prédécesseurs ont donné à ce qu'il veut expliciter, mais aussi celui que donnent ses contemporains.

Lorsque Heidegger analyse le néant, il le considère comme le voile de l'être, comme l'objet même de la métaphysique. Connaissant bien certaines objections que la pensée du néant peut susciter dans certains esprits, Heidegger anticipe en disant : Dira-t-on que le néant est un existant à part ? Est-il la résultante de l'action de nier ?

Le néant, pense Heidegger, est originairement antérieur au « Non » et à la négation[28]. Le néant ne s'obtient pas par la négation de

---

[26] Cf. R. CARNAP, « Le dépassement de la métaphysique », dans *Manifeste de cercle de Vienne,* Paris, éd. Avenir, 1985, pp.155, 156
[27] Cf. A. COMTE, *Discours sur l'esprit positif, Paris*, J. Vrin, 1974, p. 12, 13, 15, 16
[28] M. HEIDEGGER, *Question I*, Paris, Gallimard, 1968, p. 54

l'étant, il n'est pas un objet posé là. Pour les logiciens, anticipe Heidegger, le néant est impensable parce que, pour le penser, il faut commencer d'abord par nier tous les étants possibles. Ce qui est encore chose impossible. Car la négation de la totalité d'étants est inconcevable. Le néant n'est pas une chose niée. Va-t-on, certes, prévient Heidegger, poser la question de savoir quelle est alors l'origine de la négation ? Pour Heidegger, l'origine de la négation, c'est le néant.

L'on peut bien se rendre compte de ce procédé heideggérien d'anticiper les objections que peuvent soulever ses prises de position et de la manière dont il présente d'abord les diverses réponses ou conceptions que se sont faites ses prédécesseurs de la réalité qu'il veut tirer au clair, dans plusieurs endroits de la pensée de Heidegger. Analysant la question de la technique, par exemple, Heidegger s'empresse de présenter, avant tout, les deux réponses qui sont faites à cette question. « Un chacun connaît les deux réponses qui sont faites à cette question. D'après l'une, la technique est le moyen de certaines fins. Suivant l'autre, elle est une activité de l'homme. Ces deux manières de caractériser la technique sont solidaires l'une de l'autre. La représentation courante de la technique, suivant laquelle elle est un moyen et une activité humaine, peut donc être appelée la conception instrumentale et anthropologique de la technique »[29].

Ainsi, l'on voit comment Heidegger dépasse la conception ou la réponse courante pour nous présenter la conception plus authentique ou ontologique. Pour le cas de la question de la technique, il s'agira de passer de la conception courante instrumentale et anthropologique à une conception ontologique, comme nous le verrons, selon laquelle, « Nous demandons ce qu'est la technique, afin de mettre en lumière notre rapport à son essence. L'essence de la

[29] M. HEIDEGGER, *Essais et Conférences*, Paris, Gallimard, 1958, p.10

technique moderne se montre dans ce que nous avons appelé l'Arraisonnement »[30].

Heidegger fait mieux que d'anticiper les objections de ses détracteurs. Abordant la question de l'être, question principale de toute sa pensée et reprise dans tous ses écrits, Heidegger est conscient que « Nous questionnons à propos de quelque chose que nous avons de la peine à saisir, qui nous paraît à peine plus qu'un son, et qui nous expose, dans la suite de notre questionnement, à devenir les adorateurs d'une sorte de mot-idole ».[31] C'est dire que Heidegger, comme un bon penseur, a un esprit perspicace allant jusqu'à sonder, chez ses détracteurs, les intentions et objections de ces derniers, et à y répondre avant même que ces derniers n'aient le temps de les exprimer. Heidegger pressent qu'il y a risque que ses détracteurs le qualifient d'adorateur d'une idole qu'est le mot Etre.

En vue de nous aider à saisir l'« à peine, saisissable »[32] qu'est l'Etre, Heidegger va de l'abstrait au concret (exemple), comme un bon pédagogue soucieux de se faire mieux comprendre par ses disciples. Il ne nous fera penser l'être, ni par analogie, ni par substitution figurée, mais par un effort opiniâtre de pénétration mentale et physique[33].

Heidegger agit avec méthode, en recourant à des exemples, pour nous faire saisir l'Etre : « Nous regardons un bâtiment avec sa particularité architecturale, ses contenus. Nous rencontrons partout des étants, mais où est l'être de ce bâtiment ? Car après tout il est. Le bâtiment est. S'il y a une chose qui appartient à cet étant, c'est bien son être, et cependant nous ne le trouvons pas en lui »[34]. Ce qui signifie que ce n'est pas la somme (couleurs, grandeur, répartition…) de ses aspects qui constitue l'être du bâtiment.

---

[30] *Ibid.* pp.31-32
[31] *Ibid.* p.10
[32] M. STEINER, *Op.cit.*, p.60
[33] *Ibid.* p.60
[34] *Ibid.* p.60

2. APPROCHE METHODOLOGIQUE DE HEIDEGGER

La question de l'être chez Heidegger s'est matérialisée à l'aide de la méthode phénoménologique héritée de Husserl, en dépit de certaines divergences survenues plus tard entre les deux penseurs. La phénoménologie a constitué une école et elle est présente dans l'analytique du *Dasein* telle que faite par Heidegger.

2.1. La phénoménologie husserlienne aux origines cartésiennes

Le concept « phénoménologie » désigne avant tout une méthode. C'est un mouvement philosophique, qui entreprend d'instaurer « la philosophie comme science rigoureuse » par un retour aux « phénomènes » - ce qui apparaît, se manifeste -, c'est-à-dire « aux choses mêmes » en tant qu'elles apparaissent dans une relation directe du sujet au monde[35].

Faire de la philosophie une science rigoureuse basée sur des principes dont on ne peut douter, telle a été l'ambition de Husserl à la suite de Descartes déjà habité par l'idée de faire de la philosophie une « *mathesis universalis* ». « On remarque ainsi qu'il doit y avoir quelque science générale expliquant tout ce qu'on peut chercher touchant l'ordre et la mesure sans application à une matière particulière, et que cette science est appelée, non pas d'un nom étranger, mais d'un nom déjà ancien et reçu par l'usage, mathématique universelle, parce qu'elle renferme tout ce pourquoi les autres sciences sont dites des parties de la mathématique »[36]. Pour parvenir à la vérité, la mathématique doit nous servir de modèle à imiter. On peut retrouver cette idée chez Platon pour qui la géométrie est la propédeutique à la philosophie. Il avait écrit au fronton de son

---

[35] Cf. N., BARAQUIN, & J., LAFFITE, *Dictionnaire des* philosophes, 2ème éd., Paris, Armand Colin, 2002, p.156.

[36] R. DESCARTES, « Règles pour la direction de l'esprit », in *Œuvres et Lettres, la Pléiade*, Paris, Gallimard, 1966, p.50

Académie : « Nul n'entre ici s'il n'est géomètre ». Mais, pour Descartes, la géométrie des Grecs est plus imprégnée d'intuition et d'imagination que de démonstration. Chez les Présocratiques, on voit Pythagore qui pousse la philosophie au nombre. Le nombre est donc le principe de toute chose.

L'œuvre de Descartes est un ensemble de philosophie et de science. Il est convaincu, comme nous l'avons déjà dit, que « le bon sens est la chose du monde la mieux partagée. Car chacun pense en être si bien pourvu, que ceux mêmes qui sont les plus difficiles à contenter en tout autre chose n'ont point coutume d'en désirer plus qu'ils en ont »[37]. « Le bon sens est la chose du monde la mieux partagée ». Par cette célèbre phrase que l'on trouve dès le début du *Discours de la méthode*, Descartes veut faire entendre que la raison est donnée à chacun des hommes équitablement. La raison est donc la même chez tous les hommes, car chacun pense en être pourvu.

Cependant, la diversité des points de vue est due à la manière d'user de la méthode rationnelle devant conduire à la vérité ou à la connaissance et non au fait que certains hommes seraient plus raisonnables que d'autres, comme on pouvait bien le penser. La vraie recherche de la vérité est celle qui se conforme à une méthode. Pour Descartes, la méthode est comprise comme ensemble des règles certaines et faciles, grâce auxquelles tous ceux qui les observent exactement ne supposeront jamais vrai ce qui est faux, et « parviendront sans se fatiguer en efforts inutiles, mais en accroissant progressivement leur science, à la connaissance vraie de ce qu'ils peuvent atteindre »[38].

Ainsi, pense Descartes, le doute, qui ne doit pas être pris ici au sens sceptique, (qui ne croit pas à la possibilité d'atteindre le vrai), mais au sens méthodique, doit être utilisé comme la voie ou l'outil

---

[37] R. Descartes, *Discours de la méthode pour bien conduire sa raison et chercher la vérité dans les sciences*, *op.cit*, p.44.
[38] P. FOULQUIE, *Dictionnaire de la langue philosophique*, Paris, PUF, 1962, p.44

dans la recherche de la vérité. La méthode est nécessaire pour acquérir le vrai. Le doute cartésien est provisoire, méthodique et universel tendant à la vérité. Ce terme de méthode, du grec *hodos* (route, chemin) et *meta* (vers), signifie donc toute démarche, toute poursuite ou effort en vue d'atteindre la vraie connaissance, comme fin. C'est pourquoi, chez Descartes, une recherche sans méthode équivaut à un esprit aveugle. La mathématique est le modèle de la méthode dont on doit s'inspirer. La question de la méthode se situe au début et à la fin de la philosophie cartésienne.

Descartes va du doute au *cogito*. Dans le *Discours de la méthode*, ce philosophe français se préoccupe avant tout de la science. C'est plutôt dans ses *Méditations métaphysiques* que l'on comprend bien la pensée philosophique générale de Descartes. Dans ce dernier ouvrage, le doute porte d'abord sur les sens que Descartes juge d'abord trompeurs, car, dit-il, « tout ce que j'ai reçu jusqu'à présent pour le plus vrai et assuré, je l'ai appris des sens, ou par les sens : or j'ai quelquefois éprouvé que ces sens étaient trompeurs, et il est de la prudence de ne se fier jamais entièrement à ceux qui nous ont une fois trompés »[39].

Les *Méditations métaphysiques,* qui mettent en exergue le doute, postulent que, dans le souci d'établir le vrai, il convient de rejeter, une fois dans sa vie, comme étant fausses, les opinions anciennes et reçues. C'est dans cet objectif que Descartes remet en cause même ce qu'il a reçu des Scolastiques. Dans le doute surgit alors une vérité. Pour atteindre le vrai, il faut que le doute soit élevé au plus haut point, à la totalité des étants. La première certitude qui surgit du doute cartésien, c'est le *cogito* (je pense). Le *cogito* me révèle ainsi que je suis un être dont la nature est de penser, mais en même temps par lui (*cogito*), je prends conscience de mon existence. A ce sujet, Descartes écrit ces termes :

---

[39] R. DESCARTES, *Méditations métaphysiques, Première méditation*, Paris, J. Vrin,1979, p.19

« Mais, aussitôt après, je pris garde que, pendant que je voulais ainsi penser que tout était faux, il fallait nécessairement que moi, qui le pensais, fusse quelque chose. Et remarquant que cette vérité : je pense, donc je suis, était si ferme et si assurée que toutes les plus extravagantes suppositions des sceptiques n'étaient pas capables de l'ébranler, je jugeai que je pouvais le recevoir sans scrupule pour le premier principe de la philosophie que je cherchais »[40].

Le *cogito* est donc la vérité première et le fondement de la philosophie.

Ainsi, le doute, outil d'une pensée radicale, nous permet d'être à l'abri de l'erreur, mais aussi il consiste en une suspension de tout jugement. Le doute radical cartésien vise le retour au moi (*ego*). Ce doute poursuit la connaissance absolue, le savoir absolu ou pur. Pour Husserl, Descartes soumet donc à une critique méthodique tout ce qui, dans la vie de l'expérience et de la pensée, se présente pour certain, et il cherche à gagner, (…) par l'exclusion de tout ce qui pourrait présenter une possibilité de doute, un ensemble de données absolument évidentes[41].

Nous savons que les interprétations sur le *cogito* cartésien sont nombreuses et discordantes. Descartes, par son doute, suspend l'existence du monde. C'est par cette mise en *épochè* ou en suspension que Descartes inspirera Husserl, en dépit de certaines divergences que l'on remarquera entre eux notamment là où Husserl considère que « dès lors le moi ainsi réduit réalisera un mode de philosopher solipsiste (dans son intériorité pure) (…) il pourra retrouver, dans son intériorité pure, une extériorité objective »[42].

---

[40] R. DESCARTES, « Discours de la méthode », in *Œuvres de Descartes*, tome I, Paris, J-Vrin, p.89

[41] E. HUGERL, *Méditations cartésiennes. Introduction à la phénoménologie*, Trad.de G.PEIFFER et E. LEYINAS, Paris, J. Vrin,, 1969, p.3

[42] E. HUSSERL, *Méditations cartésiennes*, p.3 *(Ibid)*

Ngimbi Nseka, pour sa part, se pose la question de savoir si le *cogito* est une individualité concrète ou sujet impersonnel. Il nous fait rappeler, pour situer la position de Gabriel Marcel par rapport au *cogito*, les deux orientations essentielles. L'orientation « idéaliste », qui prétend que la découverte par et dans le *cogito* n'est que le sujet impersonnel ou formel de la connaissance. Dans cette orientation idéaliste, soutient Ngimbi Nseka, ce qui est plus influent dans les commentaires sur le *cogito*, c'est la critique kantienne selon laquelle le *cogito* est un faux raisonnement allant de la pensée à un sujet pensant (*res cogitans*)[43].

Le « je pense » ou le *cogito* kantien est radicalement différent de celui de Descartes. Le *cogito* cartésien n'est pas un raisonnement déductif en dépit de la présence de *ergo* (donc) que l'on trouve entre *cogito* et *sum* (je pense donc je suis ou *cogito ergo sum*), mais c'est plutôt le résultat d'une intuition dans ce sens que mon existence se révèle comme vérité évidente à travers ma pensée, comme nous l'avons déjà dit. Il convient de noter que, chez Descartes, la conscience est la nature même de la pensée. La pensée se définit par la conscience, c'est-à-dire comme savoir direct de soi-même.

Par contre, le *cogito* kantien, n'est pas du domaine de la sensibilité, mais de l'aperception pure. Le *je pense* doit pouvoir accompagner toutes mes représentations ; car autrement il y aurait en moi quelque chose de représenté qui ne pourrait pas être pensé, ce qui revient à dire que la représentation serait impossible ou du moins qu'elle ne serait rien pour moi[44]. Kant ne considère-t-il pas la conscience comme unité des représentations ? L'on peut bien constater que le *cogito* renvoie à un *ego* (moi) transcendantal. C'est

[43] Cf. N. NGIMBI, *Tragique et intersubjectivité dans la philosophie de Gabriel Marcel*, Préface de PHOBA MVIKA, Mayidi, Inkisi, Edition du Grand Séminaire de Mayadi, 1981, p.164, 165

[44] E. KANT, *Critique de la raison pure,* 6è éd., Paris, P.U.F., 1968, p.110

pourquoi Gaston Berger pense que *l'ego* transcendantal est une manière originaire d'être, d'être hors du monde[45].

En effet, pour Marcel, l'existence d'autrui se révèle prioritaire même dans le *cogito* dans ce sens que le *cogito* ne serait pas tout simplement l'acte de penser grâce auquel l'homme se saisirait directement de sa propre existence. L'interprétation marcellienne du *cogito* est complexe. Par ailleurs, il conçoit la possibilité du lien étroit entre le *cogito* et le credo : « Le je pense est subordonné au je crois »[46]. C'est le *cogito* (je pense) qui facilite le *credo* (l'affirmation de Dieu), ici apparaît, dans l'optique marcellienne, la liaison entre *cogito* et foi.

2.2 La phénoménologie husserlienne

La phénoménologie est, chez Husserl, une méthode philosophique décrivant les choses mêmes et qui remonte aux essences de toute chose. L'on peut dire que la phénoménologie est la théorie des essences. Sur le plan philosophique, le philosophe allemand Edmund Husserl a subi l'influence du philosophe grec Platon dans ce sens que, de la même manière que Platon, Husserl, lui aussi, fait reposer (fonder) sa pensée sur la théorie des essences ou Idées (Formes).

Dans le *Phédon*, un des dialogues de Platon où Socrate dialogue avec un de ses disciples, *Cèbès*, sur l'essence en tant que telle, Platon nous présente l'essence comme une notion intelligible par laquelle chaque réalité acquiert un sens ultime. A ces essences objectives, Platon donna le nom d'Idées ou Formes (*Eidos*), termes qui sont utilisés de manière équivalente. Puisque, par les Idées ou Formes, Platon veut dire les essences objectives, il devient de la plus

---

[45]G. BERGER, *Le cogito dans la philosophie de Husserl*, Paris, Aubier, 1941, p.128
[46]G. MARCEL, *Journal Métaphysique*, Paris, Gallimard, 1927, p.46

grande importance, pour comprendre son ontologie, de déterminer, avec le plus de précision possible comment il considérait ces essences objectives[47].

Dans l'ontologie platonicienne, les Idées, dont la réalité est bien confirmée, ne peuvent être saisies que par l'esprit. L'Idée, comme essence universelle, est l'être véritable, même si Platon situe l'Idée du Bien au-dessus de toute Idée comme étant le principe de toutes choses ; le divin, c'est la transcendance du Bien par rapport à l'Etre chez Platon, c'est également la transcendance de l'Un plotinien par rapport à l'Etre. L'on sait que, pour Plotin, l'Un est au-delà de l'Etre, l'Etre en est la trace. Les Idées platoniciennes se caractérisent par l'immuabilité, l'éternité, l'universalité, l'objectivité et la transcendance. Les Idées (Formes ou essences) sont la substance des choses visibles, mais existant dans le monde intelligible et séparées des objets sensibles pour lesquels elles sont essences[48].

L'essence, toujours identique et immuable, est de l'ordre de l'esprit, tandis que les choses concrètes, mobiles et changeantes, sont de l'ordre du monde sensible. « Venons maintenant, reprit Socrate, aux choses dont nous parlions précédemment. L'essence elle-même que, dans nos demandes et nos réponses, nous définissions par l'être véritable, est-elle toujours la même et de la même façon, ou tantôt d'une façon, tantôt de l'autre ? »[49] Contempler les Idées, c'est avoir la réminiscence. Dans la *République*, Platon nous présente, sous forme imagée, par le célèbre mythe de la caverne, sa théorie de connaissance

---

[47]F. COPLESTON, *Histoire de la physique. La Grèce et Rome,* Paris, Casterman, 1964, pp.184, 185.

[48] Il convient de rappeler ici la critique aristotélicienne contre la théorie platonicienne des Idées ou Formes. En effet, selon Aristote, les Formes ne sont qu'un vain redoutablement des choses visibles. Elles sont supposées expliquer pourquoi existe la multitude des choses dans le monde. Mais à quoi bon simplement supposer l'existence d'une autre multitude des choses, comme le fait Platon ? Aristote trouve que les essences ne peuvent pas exister séparées des choses pour lesquelles elles sont essence, réalité fondamentale. D'où la théorie aristotélicienne de l'hylémorphisme selon laquelle il n'y a pas de matière sans forme et vice versa.

[49] PLATON, « Phédon », in *Platon-Œuvres complètes,* p. 144

indissociable de son ontologie. Au-dessus de toute opinion portée sur les objets du monde sensible, il existe le vrai savoir auquel est déjà parvenu le philosophe. « Maintenant, repris-je, représente-toi notre nature, selon qu'elle est ou qu'elle n'est pas éclairée par l'éducation, d'après le tableau que voici. Figure-toi des hommes dans une demeure souterraine en forme découvre, dont l'entrée, ouverte à la lumière, s'étend sur toute la longueur de la façade(...) »[50]. Sans Essences ou Idées, il est impossible, pense Platon, d'acquérir une connaissance. C'est ici que l'on peut bien se rendre compte que l'ontologie platonicienne est le fondement même de son épistémologie. Il n'est pas possible de comprendre celle-ci sans comprendre au préalable celle-là.

Husserl, dans sa pensée philosophique en général et phénoménologique en particulier, s'est inspiré profondément de la théorie platonicienne des essences ou Idées. Car, selon ce philosophe allemand, fondateur de la phénoménologie, sans les essences, considérées comme réalités ultimes, il n'y a pas de connaissance. Sans Idée, nous ne sommes pas ouverts à l'esprit, nous devenons « aveugles », « La cécité aux idées est une forme de cécité spirituelle »[51]. Un penseur digne de ce nom, c'est celui qui se dirige, par réflexion, vers les essences ou Idées. La phénoménologie husserlienne est donc une véritable doctrine des essences. Tout objet n'est intelligible que lorsqu'on en saisit l'essence. C'est l'essence qui est le principe d'intelligibilité ou de signification de toute chose dans la mesure où la véritable connaissance réside dans la vision d'essences, formes absolues. Et ces essences sont accessibles à l'esprit. C'est pourquoi Husserl invite tout penseur à tourner son regard vers les essences.

---

[50] PLATON, La République, Livre VII, Paris, Belles-Lettre, p. 145

[51] E. HUSSERL, *Idées directrices pour une phénoménologie, Paris*, Gallimard, 1913, p.73

Pour souligner le rôle fondamental et incontournable des essences (Idées) dans l'acquisition de la connaissance et surtout leur accessibilité, Husserl écrit en ces termes : « En vérité tout le monde voit pour ainsi dire constamment des « idées », des « essences » ; tout le monde en use dans les opérations de la pensée, et porte aussi des jugements sur des essences, quitte à en ruiner le sens au nom des « points de vue » professés en théorie de la connaissance. Les données évidentes sont patientes, les bavardages théoriques glissent sur elles ; elles restent ce qu'elles sont »[52]. Pour Husserl donc, il apparaît que la *Phénoménologie*, considérée comme science, n'est autre qu'une étude de l'essence et non une étude de l'existence. Ces essences dont l'objet d'une intuition eidétique.

L'objectif de Husserl a été, grâce à la méthode phénoménologique, de faire de la philosophie, comme nous l'avons déjà dit, une science rigoureuse. « C'est pourquoi il devient nécessaire de reconstruire l'édifice qui pourrait correspondre à l'idée de la philosophie, conçue comme unité universelle des sciences s'élevant sur un fondement d'un caractère absolu »[53]. Il s'agit d'une véritable réforme, à la manière cartésienne, de la philosophie. Le souci de Husserl, lequel était déjà celui de Descartes, c'est de reconstruire la philosophie et, à travers elle, toutes les sciences en vue de parvenir à un savoir absolu. Cela peut se justifier dans la mesure où la philosophie authentique est traduite par une conversion ou une réforme. Mais d'aucuns considèrent comme exagérée et parfois impossible cette ambition husserlienne de faire de la philosophie une science autonome.

La phénoménologie husserlienne se révèle comme une méthode philosophique dont le centre est le concept d'intentionnalité que Husserl a hérité de son maître Franz Brentano, à qui il a dédié un

---

[52]Ibid.
[53] IDEM, *Méditations cartésiennes. Introduction à la phénoménologie*, Paris, J.Vrin, 1969, p.2

de ses ouvrages et pour qui « la conscience est toujours conscience de quelque chose »[54].

L'intentionnalité est justement cette particularité qu'a la conscience d'être conscience de quelque chose, c'est-à-dire le fait que la conscience, comme *cogito,* a en elle-même son *cogitatum.* Pour Husserl, le *cogito*, comme moi pensant, ne peut pas être considéré pour soi. C'est par rapport à ses objets et ses visées que le cogito (moi pensant) est connaissable. Pris en soi-même, indépendamment de ses visées, le moi pensant devient un moi pur et échappant à toute description. La conscience est donc, dans la perspective husserlienne, conscience d'un phénomène qui apparaît en son sein (au sein de la conscience même).

Dès lors, la conscience se révèle comme un acte de viser un objet. L'intuition de l'essence, pense Husserl, est la conscience de quelque chose, d'un objet, sur quoi se dirige le regard de l'intuition ; elle est une intuition donatrice originaire qui saisit l'essence. Husserl élargit le concept d'intentionnalité en introduisant une corrélation entre *la noèse et le noème*. La corrélation, qu'établit Husserl entre le sujet (la noèse) qui constitue le sens de l'objet qui lui est donné et l'objet (*le noème*) dont le sens est constitué par un sujet, se révèle comme une relation *noématico-noétique,* présente dans tout processus de la connaissance.

Une caractéristique fondamentale de l'intentionnalité est ce que Husserl nomme la « *réduction eidétique* ou phénoménologique ». Du grec, *eidos* signifie essence, Idée, vision. Cette Idée n'est obtenue qu'au moyen de l'analyse eidétique. Etant donné que l'intentionnalité recherche l'évidence, Husserl pense que, pour parvenir à cette évidence, nous devons passer, grâce à la révolution phénoménologique, de l'attitude naturelle vis-à-vis du monde à l'attitude phénoménologique. L'attitude naturelle est celle qui porte

[54] Cf. *Dictionnaire des idées contemporaines,* Paris, Editions Universitaires, 1966, p. 266.

des jugements, des opinions et croyances sur les objets du monde. Tandis que l'attitude phénoménologique se caractérise par l'abstention de tout jugement sur les objets du monde. Ce qui facilite une observation sans préjugés de la conscience pure. « Je m'abstiens de toute croyance empirique, de façon que l'existence du monde empirique ne soit plus valable pour moi »[55].

Par réduction eidétique, Husserl nettoie un objet de connaissance de tout ce qui est étranger. La réduction phénoménologique s'opère ainsi dans ou par la mise entre parenthèses de tout jugement, toute connaissance et toute croyance à propos de l'existence des choses et du moi. Pour désigner cette abstention, cette mise entre parenthèses de tout jugement sur les choses, Husserl emprunte au scepticisme antique grec avec Pyrrhon le terme « *épochè* » signifiant « suspension du jugement ».
L'*épochè,* ainsi opéré, fait ressusciter ou redynamiser le doute de Descartes, dans ce sens que l'*épochè* husserlien, rapproché ici du doute cartésien, veut se débarrasser de toutes les traditions, de tous préjugés et de toutes les idoles. Il s'agit justement de mettre « hors jeu » toutes les philosophies existantes afin que la raison s'impose comme la seule autorité dans la découverte de la vérité. Pour que la philosophie soit vraiment une science rigoureuse, elle doit parvenir à une évidence apodictique. La réduction eidétique ou l'*épochè* se révèle en dernière analyse comme une suspension de jugement ou de connaissance.

La réduction eidétique est universelle, car elle s'applique au monde sensible (parce que son existence, comme le disait Descartes, n'est pas une évidence apodictique) et à toutes les sciences naturelles et humaines ayant l'expérience sensible pour fondement. « En philosophes qui méditent de façon radicale nous ne possédons à

---

[55] E. HUSSERL, *Méditations cartésiennes. Introduction à la phénoménologie*, *op.cit*, p.16

présent ni une science valable ni un monde existant »[56]. La réduction ou l'épochè met également entre parenthèses la métaphysique dans sa prétention d'expliquer le monde ; elle s'applique aussi aux sciences pures comme les mathématiques et la logique parce qu'elles sont fondées sur la déduction. Or, écrit Husserl, « nous, philosophes, qui cherchons encore notre point de départ, nous n'admettons comme valable aucun idéal de science normative (…). Mais nous n'abandonnons pas, pour cela, notre but général, qui est de donner aux sciences un fondement absolu. Or, dans notre attitude de critique radicale, les sciences existantes sont devenues des sciences hypothétiques »[57].

A la fin de cette opération de réduction radicale, il ne nous reste plus que la conscience qui n'est pas à confondre avec le moi psychologique ni avec le moi pensant cartésien. L'*épochè* husserlien n'épargne que la conscience avec ses états intentionnels. A l'opposé de René Descartes, dont le doute réduit à néant le monde et laisse subsister la conscience (esprit, pensée) dépourvue de tout objet, la réduction husserlienne suspend seulement tout jugement ou croyance à la réalité du monde et conserve tout ce qui apparaît dans la conscience comme phénomène, car tout *cogito* (je pense) a donc toujours son *cogitatum* (objet pensé).

Par le fait que les essences, comme nous l'avons déjà dit, sont, dans la phénoménologie husserlienne, l'objet de l'intuition eidétique, nous pouvons dire qu'en dernière analyse, c'est vers l'idéalisme transcendantal que se dirige la phénoménologie husserlienne. D'abord, Husserl adopte un principe de radicalisme : commencer par ne pas tenir compte de nos convictions jusqu'ici admises et, en particulier, par ne pas accepter comme données les vérités de la science[58].

---

[56] IDEM, *Méditations cartésiennes. Introduction à la phénoménologie*, *Op.cit*, p.16
[57] *Ibid*. p.7
[58] *Ibid*. p.6.

L'on sait que c'est à la suite d'une crise de scepticisme postérieure à la découverte de l'intentionnalité que la phénoménologie transcendantale fera son apparition. Au moyen de la réduction eidétique, Husserl passe de la phénoménologie descriptive à la phénoménologie transcendantale. C'est par cette orientation idéaliste et transcendantale que commence à prendre corps la phénoménologie husserlienne qui constituera la cause de divorce entre Husserl et son disciple Heidegger ; ce dernier n'appréciant pas cette orientation idéaliste et transcendantale de son maître. Il préfère la phénoménologie herméneutique à la phénoménologie transcendantale.

La phénoménologie implique à la fois l'intuition sensible et l'intuition catégoriale. Cette distinction entre l'intuition sensible et l'intuition catégoriale retiendra, comme nous le verrons plus loin, l'attention de Heidegger qui se demandera comment l'intuition catégoriale est possible. Il reste que l'interprétation idéaliste de la méthode phénoménologique ne coïncide pas nécessairement avec sa pratique affective, comme l'ont estimé beaucoup de ses disciples. L'intentionnalité signifie seulement que la conscience est à titre premier hors de soi et qu'elle l'est de multiples façons[59].

La réduction phénoménologique est essentiellement une réduction idéaliste transcendantale aboutissant à un « *Ego cogito pur* » comme subjectivité transcendantale. Husserl déclare faire ici « sur les traces de Descartes, le grand retour sur soi-même qui, correctement accompli, mène à la subjectivité transcendantale : le retour à *l'ego cogito*, domaine ultime et apodictiquement certain sur lequel doit être fondée toute philosophie radicale »[60]. D'où le solipsisme auquel l'on assiste ici chez Husserl. Mais ce dernier s'empresse de dire qu'il ne

---

[59] E. BREHLER, & P., RICOEUR, *Histoire de la philosophie allemande,* Paris J.Vrin, 1967, p.189

[60] E. HUSSERL, *Méditations cartésiennes. Introduction à la phénoménologie, op.cit*, p.16

s'agit là ni d'un solipsisme ou d'une égologie phénoménologique ou d'une égologie pure, ni d'un psychologisme. Le moi transcendantal se distingue du moi psychologique. A ce sujet, il affirme :

> « Novices en philosophie, des doutes de ce genre ne doivent pas nous effrayer. La réduction au moi transcendantal n'a peut-être que l'apparence d'un solipsisme, le développement systématique et conséquent de l'analyse égologique nous conduira peut-être, bien au contraire, à une phénoménologie de l'intersubjectivité transcendantale, et par là-même à une philosophie transcendantale en général »[61].

Dès lors, en pensant à la manière cartésienne, chacun de nous se sent réduit à son *ego* (moi) transcendantal au moyen de l'analyse eidétique. Et, selon Husserl, c'est cette orientation transcendantale que Descartes a ratée. Car si Descartes veut se débarrasser de tout préjugé, il lui reste cependant un préjugé, à savoir « son admiration pour les sciences mathématiques. Nous-mêmes nous subissons encore l'influence de cet héritage ancien dont nous devons nous garder »[62].

Certes, comme Descartes, Husserl a échoué dans son ambition profonde d'instaurer la philosophie comme science rigoureuse. Lui-même était conscient de la difficulté, pour ne pas dire de l'impossibilité, qu'il y avait à atteindre cet objectif qu'il s'était assigné. C'est pourquoi il estimait que la phénoménologie ne pouvait se constituer que par l'œuvre collective des savants, et que cette élaboration demanderait plus d'un siècle. Parmi les critiques qui étaient adressées contre Husserl, nous pouvons citer celle formulée par Courtine, Derrida, Bernet, Sartre et Marion[63]. Ses disciples les plus

---

[61] Ibid., p. 26

[62] *Ibid.,* p.20

[63]Cf. J.L. MARION, *Réduction et donation. Recherches sur Husserl, Heidegger et la phénoménologie*, Paris, P.U.F, 1987 pp.11-63, 214, 247

Pour ne pas aller aux digressions, nous avons jugé utile de ne pas analyser, dans cette étude, ces différentes critiques contre Husserl. Pour en savoir plus nous recommandons à nos lecteurs de consulter notamment :

fervents, notamment Heidegger et Scheler, n'ont pas suivi cette orientation de la phénoménologie vers l'idéalisme transcendantal. Certes, la phénoménologie de Husserl a exercé une influence très considérable sur son disciple Martin Heidegger, sur Maurice Merleau-Ponty et sur Jean-Paul Sartre en dépit de quelques divergences que l'on peut constater.

2.3. La phénoménologie chez Heidegger au lendemain de Husserl

Martin Heidegger fut le disciple et collaborateur le plus immédiat de Husserl. Heidegger, lui-même, reconnaît et affirme dans son œuvre, *L'Etre et le Temps,* qu'il est de l'école de la phénoménologie. Cependant, c'est toujours avec *l'Etre et le Temps* que Heidegger se sépare de la phénoménologie husserlienne.

Pour Heidegger, la phénoménologie est une affaire de regard : les choses ne sont là que là où il y a des yeux pour les voir. Le savoir phénoménologique devient précisément un « savoir – voir », « le retour aux choses elles-mêmes »[64], voilà le mot d'ordre essentiel. Retour aux choses elles-mêmes, tel est le sens que lui donnait son auteur Husserl. Par retour aux choses elles-mêmes, il est question d'écarter de la philosophie tout ce qui apparaît comme faux problème, c'est-à-dire une affirmation non fondée dont les préjugés des penseurs sont l'origine.

- R. BERNET, *La vie du sujet. Recherches sur l'interprétation de Husserl dans la phénoménologie*, Paris, P.U.F.1994.
- J.-F.COURTINE, « Réduction phénoménologique transcendantale et différence ontologique », in *Heidegger et la phénoménologie*, Paris, J. Vrin, 1990.
- J. DERRIDA, *La Voix et le Phénomène*, Paris, P.U.F., 1972
- J.-P. SARTRE, *La Transcendance de l'Ego*, Paris, J. Vrin, 1937
- IDEM, *l'Etre et le Néant. Essais d'ontologie phénoménologique*, Paris, Gallimard, 1943 dont le point de vue reviendra plus tard.

[64] M. HEIDEGGER, *l'Etre et le Temps, op.cit,,* p. 44

Sur ce point précis, les points de vue de Husserl et de Heidegger sont convergents. Mais cette rupture de Heidegger avec la phénoménologie husserlienne peut s'inscrire dans un cadre purement méthodologique. « Non ! La rupture décisive est ailleurs : elle est de méthode, et se déploie à l'intérieur même de la phénoménologie. Le coup d'envoi de *Sein Und Zeit* est phénoménologique, et ceci dès les premiers mots de la page »[65].

Ainsi, dans la perspective heideggérienne, la phénoménologie est archi-science et « voir » est synonyme d'interpréter ou de comprendre. Savoir, voir et savoir interpréter désignent la même chose. Dans ses *cours de 1919*, Heidegger qualifie la phénoménologie d'herméneutique. La phénoménologie herméneutique, ainsi constituée, n'admet qu'un seul critère critique, à savoir l'évidence des choses vues.

La phénoménologie herméneutique se propose de déchiffrer le « phénomène Etre », car l'Etre ne s'ouvre pas comme l'étant. A ce propos, Heidegger écrit:

> « Puisque entendu phénoménologiquement, le phénomène est toujours seulement ce qui constitue l'Etre et que l'Etre est chaque fois l'Etre de l'étant, il faut, pour parvenir à dégager l'Etre, que l'étant soit d'abord lui-même bien mis en évidence »[66].

Ainsi, se pose la question du sens du phénomène. « Phénomène, entendu à partir de phainomenon, signifie (…) ce qui est manifeste »[67]. Se référant au sens grec du concept phénomène, Heidegger dit de ce dernier qu'il un chemin.

---

[65] J-F.COURTINE, *Heidegger et la phénoménologie,* Paris, J.Vrin, 1990, p.167

[66] M. HEIDEGGER, *L'Etre et le Temps, Op.cit.*, p. 64

[67] J.F. COURTINE, *Op.cit.* 176

2.4. La rupture entre Husserl et Heidegger

Le divorce entre Husserl et Heidegger au sujet de la phénoménologie va intervenir lorsque Heidegger cesse d'utiliser la phénoménologie pour elle-même, mais tout simplement comme une méthode susceptible de contribuer à la formation d'une ontologie fondamentale. C'est en rapport avec l'Etre que Heidegger pratique désormais la phénoménologie. Le problème d'importance secondaire, on l'aura deviné, c'est tout simplement l'analytique du *Dasein*. Et, à entendre De Waelhens : « Heidegger ne pratique pas la phénoménologie pour elle-même, mais à titre de méthode capable d'obtenir un résultat déterminé : la constitution d'une ontologie »[68].

Heidegger se démarque de son maître Husserl. Le point d'achoppement, c'est la réduction phénoménologique qui met en question l'existence des choses. L'Etre et l'existence sont mis en *époché* chez Husserl. Or, l'Etre et l'existence constituent le pivot de la pensée de Martin Heidegger.

C'est ainsi que la méthode phénoménologique, chez Heidegger, devient herméneutique. Cette dernière vise à la compréhension, à l'interprétation, au discours afin de montrer l'Etre dans sa vérité dernière. L'herméneutique heideggérienne porte sur la métaphysique classique. Dans sa *Leçon inaugurale* de juillet 1929 portant sur *Was ist Metaphysik* ? (Qu'est-ce que la métaphysique ?), Heidegger veut opérer « Le retour au fondement de la métaphysique »[69]. Il s'agit d'expliciter le sens du retour à la métaphysique. Si la phénoménologie dont se réclame Heidegger, dans *Sein Und Zeit*, est une description, alors le sens « le sens méthodique de la description phénoménologique est explicitation »[70]. C'est pourquoi l'analytique existentiale de Heidegger se révèle comme une

---

[68] IDEM p. 169
[69] J –F. COURTINE, *Op.cit*, p.187
[70] M. HEIDEGGER, L'Etre et Temps, *Op.cit*,p. 37

explicitation des existentiaux du *Dasein*, c'est-à-dire les déterminations structurales et indissociables du *Dasein*.

L'Etre et Temps, œuvre principale de Heidegger, commence par la clarification de sa méthode, c'est-à-dire l'herméneutique phénoménologique. Mais dans sa leçon inaugurale, à laquelle nous avons fait allusion ci-haut, tout porte à croire qu'il s'agit de la consécration de ce divorce entre Heidegger et Husserl. « Si la Leçon de 29 peut effectivement être interprétée comme un « Adieu à la phénoménologie »[71].

L'Idée de la conscience pure ou de la subjectivité, présente déjà dans la philosophie moderne depuis Descartes, conduit la phénoménologie vers la mise en relief de la subjectivité, de la conscience et vers une science absolue. Parvenu au terme de sa « réponse » à la question : Qu'est-ce que la métaphysique ? Heidegger souligne fermement et assurément contre Husserl que « La rigueur d'aucune science n'atteint le sérieux de la métaphysique. Jamais on ne peut prendre mesure de la philosophie à l'étalon de l'idée de science »[72], alors que Husserl place au centre de sa phénoménologie l'idée du savoir rigoureux, absolu, Heidegger par contre n'en fait pas sa préoccupation. En d'autres termes, ce qui préoccupe Husserl dans la phénoménologie n'est nullement la question ontologique de la conscience, mais plutôt la question de possibilité de la conscience comme lieu d'un savoir absolu. L'on sait que la philosophie moderne, avec Descartes, avait déjà fait de cette idée de la science absolue une question fondamentale. La considération de la conscience pure comme sujet de la phénoménologie ne se comprend plus facilement que lorsque l'on se place dans la tentative traditionnelle de faire de la philosophie une science rigoureuse et non lorsqu'il s'agit de faire un retour aux choses elles-mêmes.

---

[71]J-F. COURTINE, *Op.cit.* 188

[72] M. HEIDEGGER, *Qu'est-ce que la métaphysique* ? Cité par COURTINE *Op.cit.*, p.188

Heidegger, tout en usant de la phénoménologie comme méthode dans *l'Etre et le temps*, pense que ce qui importe c'est l'être de l'étant : « L'ontologie n'est possible que comme phénoménologie »[73]. Ce qui revient à dire que la phénoménologie est l'examen de la manière dont l'Etre de l'étant se manifeste, se montre ou se modifie. Selon les vues de Heidegger, au lieu de se baser sur la seule conscience, la phénoménologie doit se déployer dans et par l'être-là qu'est le *Dasein.* Comme nous l'avons déjà dit, la phénoménologie husserlienne est une phénoménologie transcendantale qui explore le champ de la subjectivité transcendantale ou du moi transcendantal.

Pour Heidegger, l'analyse de la subjectivité transcendantale doit être menée pour la question du sens de l'Etre, question fondamentale de la philosophie, alors que Husserl ne prend pas en compte cette direction vers l'Etre que doit prendre, selon les vus de Heidegger, la subjectivité transcendantale ou la phénoménologie en général. Mais si nous comprenons la « phénoménologie » comme se laisser dire la « question » la plus propre de la pensée, alors le titre devrait être « un chemin à travers la phénoménologie jusque dans la pensée de l'être ». Ce génitif dit alors que l'être comme tel (*das sein*) se montre du même coup comme ce qui est à penser, ce qui a besoin d'une pensée qui lui réponde »[74]. Voilà le sens que Heidegger donne à la phénoménologie, le chemin vers la pensée de l'être, la manifestation de l'être.

En excluant la valeur de l'existence du monde objectif des choses et de tout jugement, ce sont les faits objectifs, tels que l'expérience nous les fait constater, que Husserl écarte. Il s'agit là encore d'un autre point de divergence entre Husserl et Heidegger. Heidegger, bien que disciple de Husserl en phénoménologie, refuse la

[73]M. HEIDEGGER, *L'Etre et Temps, Op.cit*, p. 53
[74] A. DE WAELHENS, *La philosophie de Martin Heidegger*, Louvain, Nauwelaerts, 1967, p.19

réduction phénoménologique ou *eidétique* proposée par son maître. La phénoménologie husserlienne baigne dans une atmosphère de rationalisme radical contre lequel Heidegger réagit avec violence[75].

La phénoménologie, telle que Heidegger l'entend, vise à découvrir, à mettre à jour l'être du phénomène pris dans le sens de « ce qui-se-montre-en-lui-même, le manifeste »[76]. L'idée de la « chose en soi », inconnaissable, telle que nous le dit Kant, est, aux yeux de Heidegger, une affirmation gratuite. La phénoménologie heideggérienne, à l'opposé de celle de Husserl, veut mettre à jour les aspects cachés des phénomènes, se révèle comme la voie d'accès à l'être, moyen par lequel l'on peut expliciter le sens de l'être. La méthode phénoménologique, partie de l'Allemagne, a gagné la France grâce aux philosophes tels que Jean-Paul Sartre, Maurice Merleau-Ponty, Paul Ricœur et Emmanuel Levinas.

La pensée de Maurice Merleau-Ponty a emprunté à Hegel le concept de la dialectique, conçue comme une pensée des contradictions où toute thèse appelle son antithèse et les deux se fusionnent dans la synthèse qui, à son tour, devient une thèse. Il emprunte à Husserl l'idée de « revenir aux choses mêmes ». Revenir aux choses mêmes, pour Merleau-Ponty, c'est revenir à ce monde avant la connaissance. Il s'agit de décrire, et non pas d'expliquer ni d'analyser[77].

Selon Merleau-Ponty, l'existence humaine est irréductible à toute explication scientifique. Il veut assurer la jonction entre le subjectivisme et l'objectivisme dans la notion du monde. « Revenir aux choses mêmes », en dernière analyse, dans la perspective de Merleau-Ponty, c'est redécouvrir l'existence de l'homme et s'interroger sur elle.

---

[75] M. HEIDEGGER, *l'Etre et le Temps, Op.cit*, p. 45

[76] IDEM, *Questions IV, Op.cit*, pp.344-345

[77] M. MERLEAU-PONTY, *Phénoménologie de la perception*, Paris, Gallimard, 1945, p.II

Alors que, pour Sartre, l'existence est le fait de surgir du monde, pour Merleau-Ponty, l'existence est l'engagement dans le monde, c'est-à-dire que l'existence humaine est inséparable de la conscience de la mort par laquelle nous comprenons mieux la vie. A ce propos, il écrit notamment :

> « L'existence au sens moderne, c'est le mouvement par lequel l'homme est au monde, s'engage dans une situation physique et sociale qui devient son point de vue sur le monde(...) Le rapport du sujet et de l'objet n'est plus ce rapport de connaissance dont parlait l'idéalisme classique »[78].

Et dans lequel l'objet apparaît toujours comme construit par le sujet, mais « un rapport d'être selon lequel, paradoxalement, le sujet est son corps, son monde et sa situation, et, en quelque sorte, s'échange »[79]. Merleau-Ponty se méfie de tout rationalisme, de tout idéalisme et de tout scientisme.

Pour ce dernier, toute perception extérieure est immédiatement synonyme d'une certaine perception de mon corps, comme toute perception de mon corps s'explicite dans le langage de la perception extérieure, et considère la conscience individuelle comme source d'une nouvelle ontologie. De Heidegger, Merleau-Ponty emprunte l'idée que l'homme n'est homme que dans la mesure où il s'ouvre à l'Etre.

La pensée phénoménologique de Sartre s'est nourrie d'influences de Husserl et de Heidegger à quelques divergences près. Il a hérité de Husserl l'idée d'intentionnalité de la conscience et de Heidegger l'idée que le *Dasein* est un être-au-monde. La conscience, selon Sartre, est totalement translucide ; elle est tout entière intentionnelle ; elle n'a rien de contenu parce qu'elle ne peut rien dire d'elle-même. Sartre expose brillamment la question centrale de la

---

[78] IDEM, *Sens et non-sens*, Paris, Nagel, 1956, p.143

[79] L'idéalisme classique est cette doctrine philosophique qui accorde la préséance à la pensée ou au sujet connaissant sur la matière ou l'objet connu

pensée de son maître à penser, Edmund Husserl, devenue aussi thème central de sa pensée. La conscience, selon Sartre, n'a pas de contenu, d'essence. Tout ce qui est son contenu, c'est ce qui lui vient de l'objet. Ainsi, « le malheur de la conscience ou la conscience malheureuse », expression chère à Sartre, n'est autre que le fait, pour la conscience, d'aspirer à la plénitude de l'être, d'être pleine et d'éliminer le néant qui est en elle.

De la phénoménologie, Paul Ricœur fait un détour herméneutique. La trace de sa pensée est constituée de la philosophie vue comme réflexion, vue comme phénoménologie et vue comme le détour herméneutique. Ricœur, comme un véritable herméneute français, oriente la philosophie, par-delà la phénoménologie husserlienne, vers l'histoire ou mieux vers le passé. Ricœur s'exprime en ces termes : « l'esprit a une histoire qui importe à toute l'histoire… l'histoire est pour l'esprit même le lieu du danger, de la perte possible »[80].

L'herméneutique ricoeurienne veut désambiguïser le langage écrit. Au niveau de dialogue, il faut un travail d'interprétation, car la polysémie, c'est-à-dire le mot, à plusieurs sens, isolé de son contexte, ne dit rien. Chaque mot prend un sens déterminé dans un message, dans un contexte déterminé, adressé par un locuteur déterminé.

L'histoire, dans la tradition herméneutique, constitue, par ailleurs, le point central de l'herméneutique philosophique de Hans Georg Gadamer. Notons que Heidegger, dans sa pensée ontologique, n'a pas manqué de réfléchir sur la question de l'historicité ou de la tradition. C'est pourquoi il écrit en ces termes : « Entre-temps, la « phénoménologie » au sens de Husserl s'était parachevée en une position philosophique déterminée, celle qui se dessinait depuis Descartes, Kant, et Fichte. L'historicité de la pensée lui demeurait tout

---

[80] P. RICOEUR, *A l'école de la phénoménologie*, Paris, Vrin, 1986, p.22

à fait étrangère »[81]. C'est en contraste avec cette position philosophique que la question de l'Etre, telle qu'elle est déployée dans *l'Etre et le Temps*, prit son profil[82]. Pour Gadamer, l'herméneutique est la voie obligée vers la vérité universelle. La compréhension des intentions, c'est-à-dire le sens de l'intériorité, est, selon Gadamer, le sens à saisir. Hans Georg Gadamer fait dépendre l'épistémologie de l'ontologie. Il passe de la théorie de connaissance à l'étude de l'être en tant que tel. L'être est de prime abord ce qui est intérieur.

Gadamer refuse l'idée que l'histoire est au-devant de l'être et que l'être subit l'histoire. Sur ce point, Gadamer rejoint son maître Heidegger. Il le rejoint encore sur l'idée que l'être et le langage sont identiques. C'est pourquoi, d'aucuns qualifient la philosophie de Gadamer d'ontologie herméneutique. L'œuvre herméneutique de Dilthey va de la compréhension du texte à celle d'autrui qui s'y exprime. Interpréter le texte devient, dès lors, dans la perceptive diltheyenne, l'acte de saisir la vie psychique d'autrui. Le texte à interpréter se donne comme une réalité historique, le vécu qui s'y exprime.

Dans l'ensemble des pensées de tous les disciples directs ou indirects de Husserl, il faut relever ce qui les rapproche les uns des autres : la prédominance de la dialectique, de la phénoménologie au détriment du moi transcendantal. Et effet, la question de la réduction phénoménologique est presque absente de leurs pensées, mais elle est reprise autrement sous forme de la nécessité qu'il y a, pour tout phénoménologue, d'évacuer des données de l'expérience tout ce qui vient de la pensée scientifique. C'est pourquoi Merleau-Ponty considère que la phénoménologie, c'est d'abord le désaveu de la science. Par ailleurs, Martin Heidegger, Merleau-Ponty, Paul Ricœur et Jean-Paul Sartre se consacrent plus à la phénoménologie de

---

[81]Voir le traité de Husserl dont on tient trop peu compte : « La philosophie comme science rigoureuse », paru en 1990-1991 dans la *Revue Logos*, p. 289.
[82] M. HEIDEGGER, *Questions IV*, Op.cit., p. 344

l'existence qu'à celle de la conscience. Mais la question qui préoccupe Heidegger n'est pas celle de l'existence de l'homme, c'est celle de l'Etre en tant que tel. Par ce fait, il vient à dénoncer l'oubli de l'Etre qui a caractérisé l'ontologie traditionnelle. Mais, pour cela, analysons la phénoménologie herméneutique de Heidegger.

2.5. La phénoménologie herméneutique de Heidegger

C'est du moment où le *Dasein* est un être historique qu'il lui devient possible de comprendre et d'appréhender le monde. C'est grâce à la compréhension que les possibilités d'être de *Dasein* deviennent transparentes. Pour Heidegger, la compréhension, vue comme révélation du *Dasein*, révèle à la fois le monde et le *Dasein*. La compréhension consiste dans l'appréhension du monde. Par elle, le *Dasein* « comprenant » l'est en tant qu'il projette ses possibilités[83].

Il y a une certaine auto-compréhension de soi-même. La compréhension appelle toujours la disposition et inversement, car « Le *Dasein* est à la fois compréhension et disposition »[84]. Heidegger, contrairement aux herméneutes Schleiermacher et Dilthey, comprend autrement la compréhension. Si, chez Dilthey, la compréhension s'inscrit dans le cadre de la saisie de la psychologie d'autrui, chez l'auteur de *l'Etre et le temps*, la compréhension cesse d'être comprise sous l'angle de la communication avec autrui, pour devenir le problème du *Dasein* dans-le-monde. La phénoménologie heideggérienne est herméneutique. Elle se comprend dans le rapport du *Dasein* avec le monde et non avec autrui. Par elle, le *Dasein* exprime avant tout sa situation dans le monde. La compréhension, pense Heidegger, n'est pas liée à la psychologie ou à la conscience. C'est ce qui justifie la critique heideggérienne contre la philosophie de

[83] M. CORVEZ, *La philosophie de Heidegger*, Paris, P.U.F., 1964, p. 39
[84] *Ibid.*, p. 42

la conscience ou du sujet. A la place du sujet, Heidegger parle du *Dasein*.

Nous pensons, pour notre part, que la compréhension doit aussi tenir compte de la saisie de la psychologie d'autrui à travers la communication avec lui. Mais ce qui préoccupe Heidegger ce n'est pas cet aspect des choses, c'est avant tout le *Dasein* en tant qu'un habitant du monde. C'est par le monde que le *Dasein* comprend le monde et se comprend en même temps. L'interprétation du monde « prend pour point de départ un étant intramondain »[85]. Au lieu d'être exégèse de texte, l'herméneutique heideggérienne, entendue comme compréhension et explicitation du *Dasein* comme habitant du monde, est une exégèse des étants intramondains. Le comprendre est comprendre dans le monde, la situation du *Dasein* dans le monde.

Le *Dasein* ou l'être-là éprouve le sentiment de la situation. Le sentiment de la situation est une des structures existentiales dans lesquelles se tient l'être du « là ». La compréhension contribue avec lui à constituer cet être à un niveau également originaire[86]. Dès lors, la compréhension est, chez Heidegger, un existential ou une structure fondamentale de l'être-là. Pour Heidegger, « la compréhension est l'être existential du savoir-être inaliénable de l'être-là lui-même, en sorte que cet être (la compréhension) révèle de lui-même où il en est de son être avec soi-même »[87]. Mais comment se présente à nous la structure fondamentale de cet existential de l'être-là qu'est la compréhension ?

La compréhension, c'est précisément ce qui constitue l'être-au-monde. Elle nous fait découvrir l'étant disponible comme ce qui peut être utilisé ou ce qui peut servir. La compréhension, étant constitutive de l'être-là, est également pro-jet. Comme pro-jet, la compréhension projette le *Dasein* vers la mondanéité du monde. Le

[85] M. HEIDEGGER, *L'Etre et le temps*, *Op.cit.*, p. 116
[86] *Ibid.*, p. 178.
[87] *Ibid.* p. 180.

caractère pro-jectif de la compréhension constitue l'être-au-monde, en ce qu'il révèle le « là » comme « là » d'un savoir-être[88]. Existentialement parlant, la compréhension, c'est le savoir-être de l'être-là. L'être-là, tout en étant un être jeté dans le monde sans qu'il l'ait voulu ou choisi, est un être pro-jet. Il est ses possibilités.

Ainsi, l'être-là se comprend à partir de ses possibilités. C'est vers ses possibilités que l'être-là, jeté dans le monde, se projette. Ce qui est projeté n'est rien d'autre que la possibilité. Etre tel ou tel, l'être-là ne le sait pas toujours. La compréhension, c'est que l'être est un pouvoir-être. C'est parce qu'il est avant tout un être facticiel qu'il est ensuite pouvoir-être. Le caractère pro-jectif de la compréhension découle du fait que l'être-là est ce qu'il devient ou ce qu'il ne devient pas. Mais, ce qu'il n'est pas encore ou ce n'est pas encore, par rapport au déjà-là, n'est pas à prendre au sens d'une absence totale.

Heidegger se refuse de porter un jugement de valeur entre ce qu'est déjà l'être-là et ce qu'il n'est pas encore. Le premier de ces deux modes n'est pas plus que l'autre. Et le deuxième n'est pas moins que l'autre. L'être-là n'est pas plus dans l'un et moins dans l'autre. « Car ce que, selon son pouvoir-être, il n'est pas encore, il l'est pourtant existentialement. C'est seulement parce que l'être du « là » trouve sa constitution dans la compréhension qui est le caractère pro-jectif de celui-ci, qu'il est ce qu'il devient ou ne devient pas, qu'il peut, en se comprenant, dire de lui-même : « Deviens ce que tu es »[89]. La compréhension est le savoir-être, elle révèle le *Dasein* comme étant un être-au-monde et projeté vers les possibilités.

Comme pro-jet, la compréhension est déterminée par ce que Heidegger nomme « la vue de l'être-là »[90]. La vue, dont il est question ici, ne signifie nullement la perception, au moyen des yeux comme sens de la vue, moins encore la saisie immédiate ou intelligible de la

---

[88] *Ibid.*, p. 181.
[89] M. HEIDEGGER, *L'Etre et le temps*, *op.cit*, p. 116
[90] *Ibid.*, p. 182

forme comme substance d'un étant. Heidegger constate que la tradition philosophique était habituée à voir dans « le voir » un mode d'accès à l'étant et à l'être. Il veut parler d'une vue existentiale comme il nous parle déjà d'une compréhension existentiale qui ne doit pas être confondue avec la compréhension au sens vulgaire. Dans « la vue »de l'être-là, se découvrent les modes fondamentaux de son être, c'est-à-dire la prévoyance, l'égard et l'Etre. Cette vue sera donc prévoyance dans la préoccupation, égard dans l'assistance à autrui, et vue sur l'être comme tel.

Par pro-jet, structure fondamentale de l'être-là, telle que révélée par la compréhension, le *Dasein* (être-là) se projette en définitive vers la compréhension de l'être. Heidegger écrit en ces termes : « Tout pro-jet de l'être-là vers ses possibilités anticipe déjà une compréhension de l'Etre. L'Etre est compris dans le projet »[91]. Ainsi, notre auteur pense que la compréhension existentiale est à l'origine de l'intuition phénoménologique des essences et de la pensée. Mais quel rapport, notre auteur établit-il, entre la compréhension existentiale ou ontologique, telle que nous venons de le décrire, et l'explicitation ?

C'est dans ce sens que se déploie la compréhension d'un étant intramondain. C'est à partir du moment où un étant intramondain est venu à la compréhension existentiale, au moyen de son lien avec l'être du *Dasein*, que nous pouvons dire que cet étant intramondain acquiert un sens. Le sens n'est autre que l'être de l'étant intramondain ; le sens, c'est une structure existentiale de l'être-là. Dès lors, l'être-là est le seul à avoir un sens. Tous les autres étants sont comme dépourvus de sens s'ils ne sont pas en rapport avec l'être-là. Encore une fois Heidegger se refuse de porter un jugement de valeur ou jugement moral sur le fait d'être doué de sens ou le fait d'en être

[91] *Ibid.*, p. 183

dépourvu. Ce non-sens n'implique ici aucun jugement de valeur, mais veut exprimer une détermination ontologique, précise notre auteur[92].

L'explicitation trouve donc son fondement dans la compréhension. Le sentiment de la situation et la compréhension sont les existentiaux de l'être-là, le sentiment de situation est celui par lequel l'être-là fait l'expérience de sa déréliction, de son insertion dans un monde auquel il demeure rattaché et abandonné. L'interprétation phénoménologique doit, selon Heidegger, donner à l'être-là la chance de se révéler lui-même originellement et, donc de présenter en quelque sorte sa propre explicitation[93].

Le rapport ou le lien étroit existant entre le *Dasein* et ses possibilités[94] nous amène à la question de savoir si le *Dasein* a des possibilités ou si le *Dasein* est ses possibilités. Selon notre auteur, le *Dasein* n'a pas des possibilités, mais il est ses possibilités. Car, être jeté dans le monde, être-dans-le monde signifie aussi être ses possibilités. Ces dernières ne renvoient pas, dans la pensée de Heidegger, comme d'aucuns l'interpréteraient, à la conscience interne ou à la scission sujet-objet.

Il convient de rappeler que Heidegger, qui décompose la philosophie du sujet ou de la conscience, ne peut pas voir en termes de possibilité la structure sujet-objet. Les possibilités, qui structurent le *Dasein* de manière fondamentale, ne désignent que ce que nous sommes déjà ou pas encore, notre pouvoir de dynamisme sur nous-mêmes comme *Dasein*. Heidegger remplace la philosophie traditionnelle de la conscience ou du sujet, telle qu'on la rencontre chez Descartes, par la philosophie du *Dasein* qui, en comprenant ses possibilités, se comprend et comprend à la fois son existence. Car l'existence est faite de possibilités.

---

[92] *Ibid.*, p.189
[93] *Ibid.*, p. 174
[94] *Ibid.*

CONCLUSION

Il se dégage de ce chapitre que le retour aux sources du mot, l'anticipation des objections de ses détracteurs, constituent une des clés pour la compréhension de la pensée de Heidegger. Ce point est important, car il explique aussi l'attrait que Heidegger exerce sur la pensée de certains philosophes, notamment Jean-Paul Sartre, Jacques Derrida et Colan. L'influence du style de Heidegger sur les heideggériens est manifeste. Au lieu de s'orienter vers la phénoménologie transcendantale de son maître Husserl, Heidegger opte pour la phénoménologie herméneutique. Dans l'analytique du *Dasein*, c'est la méthode phénoménologique qui est appliquée dans la question de l'être tombé dans l'oubli.

Si la phénoménologie est essentielle dans l'analytique du Dasein, il convient de retenir qu'il s'agit d'une phénoménologie herméneutique. Selon cette phénoménologie herméneutique, le comprendre est comprendre dans le monde. C'est par le monde que le Dasein comprend le monde et se comprend.

DEUXIEME CHAPITRE
L'OUBLI DE L'ETRE DANS LA METAPHYSIQUE OCCIDENTALE ET SES CONSEQUENSES

INTRODUCTION

Ce chapitre veut aborder la question du sens de l'être oubliée par la tradition métaphysique et les conséquences qui s'en sont suivi. Ainsi, notre souci, c'est de montrer le primat de la présence dans l'ensemble des déterminations grecques de l'Etre. Il résulte que l'être est quelque chose de présent aux yeux de l'homme. Vu de telle manière, l'être, pense Heidegger, n'a pas été vraiment pensé. D'où l'urgence ou la nécessité qu'il y a, selon Heidegger, de ressusciter la question de l'être, de penser l'être demeuré longtemps impensé. La pensée ontologique occidentale se révèle comme une pensée de la subjectivité. La conscience de soi ou la subjectivité du sujet est la certitude de soi. Elle est le lieu essentiel du vrai pour Hegel. Le sujet devient la référence pour tout étant. C'est justement dans cette philosophie du sujet ou de la subjectivité que réside cet oubli de l'Etre.

1. RETOUR AUX ORIGINES GREQUES DE L'ETRE COMME PRESENCE

Cette section, vue comme un regard rétrospectif sur l'être comme présence dès les origines grecques, veut nous rendre compte de cinq volets. Le premier volet porte sur l'être parménidien, le deuxième sur l'Idée platonicienne, le troisième sur l'*Ousia* selon Aristote, le quatrième volet sur le temps comme horizon de l'être et le cinquième volet nous rend compte de la temporalité du *Dasein*.

1.1. L'Etre parménidien comme *physis*

Parménide passe, sans conteste, pour le philosophe de l'Etre et le père de l'ontologie. Sa doctrine veut dire que l'Etre, l'Un, est et que le devenir, le changement sont illusoires[1]. L'Etre est simplement et il est un. Ainsi, Parménide écarte de l'être tout ce qui est comme pluralité. L'Etre parménidien est conçu comme une réalité immobile, éternelle, immuable et incréée.

Parménide parle d'un voyageur se trouvant à la croisée de deux chemins : celui de la vérité et celui de l'opinion. Sur le chemin de la vérité, « l'Etre est et le non-être n'est pas. Sur le chemin de l'opinion, « le non-être existe »[2]. Dans la perspective parménidienne, le non-être, entendu comme le néant, est impossible. Penser et être sont un.

De l'Etre parménidien, on ne peut dire ni qu'il a été, ni qu'il sera, mais seulement qu'il est. L'Etre n'a ni commencement ni fin. L'Etre est identique à lui-même. Car, le changement, le devenir et le mouvement sont impossibles. Cette thèse parménidienne s'oppose à celle d'Héraclite, philosophe du devenir. En effet, pour Héraclite, tout change sans cesse : « Toutes les choses sont en mouvement, rien n'existe de manière fixe »[3]. Rien ne subsiste ni ne demeure identique : « On ne peut pas descendre deux fois dans le même fleuve »[4]. Le devenir ne s'opère que dans l'Etre.

L'être, au sens absolu parménidien, n'est autre que ce qui est. On ne peut pas penser à la fois l'Etre et le non-être. Commentant Parménide, sur cette idée, Etienne Gilson écrit : « Penser l'un c'est chasser l'autre. Devenir autre chose serait, pour lui, cesser d'être »[5]. Chez Parménide, l'Etre et la pensée se confondent. On ne peut penser que l'être et non le non-être. Penser le rien, c'est absurde dans l'ontologie parménidienne. Dès lors, les déterminations de la pensée et de l'Etre sont les mêmes. Heidegger pense, par contre, que la pensée

---

[1] F. COPLESTON, *Histoire de la philosophie. La Grèce et Rome*, Casterman, 1964, p. 61

[2] Cf. PARMENIDE, *De la Nature*, cité par J. RUSS, *Op.cit.*, p. 36

[3] HERACLITE, *De cacte*, cité par F. COPLESTON, *Op.cit.*, p. 51

[4] *IDEM*, *Fragments* n°105

[5] F. GILSON, *L'Etre et l'essence*, 3ème éd., Paris, J.Vrin, 1994, p.255

se laisse revendiquer par l'Etre pour dire la vérité de l'Etre. Heidegger dénonce même, comme nous le verrons plus loin, la conception technique de la pensée. La pensée pense l'Etre : « La pensée est, dans son essence, comme pensée de l'Etre, revendiquée par l'Etre. La pensée se rapporte à l'Etre comme à l'avenant. La pensée est, comme pensée, liée à la venue de l'Etre en tant qu'il est la venue »[6]. La facilité de percevoir, c'est alors la raison. « Mais une même chose est le percevoir et aussi ce pourquoi la perception est. Car, sans l'être et l'étant, dans lequel il (le percevoir) réside en tant que chose dite, tu ne trouveras pas le percevoir »[7]. Penser l'être, c'est exclure le non-être.

Il se dégage de cette fameuse phrase de Parménide, aux vues de Heidegger, l'idée que la pensée n'est que la représentation de la chose présente. C'est pourquoi Heidegger considère que l'être de Parménide est une *physis* qui se déploie dans la nature et non l'Etre en général. Le trait fondamental de la pensée est la représentation. C'est dans la représentation que se déploie le percevoir[8]. Dès lors, enchaîne Heidegger, Etre (*Sein*) veut dire présence (*Anwesen*). Est présent ce qui persiste, ce qui déploie son être dans la non-occultation, apparaissant en elle et y demeurant. La présence ne se produit que là où déjà règne la non-occultation[9]. Dans cette perspective, la non-occultation ou la présence est l'être.

Dans sa lecture de *Fragment* d'Héraclite, ce qui a retenu l'attention de Heidegger, c'est le concept de *Logos*, cher à Héraclite. Héraclite conçoit le *Logos* comme raison ou verbe, c'est-à-dire la loi à l'origine du devenir. « Depuis l'Antiquité le *Logos* d'Héraclite a été interprété de différentes façons : comme *ratio*, comme *verbum*, comme loi du monde, comme ce qui est « Logique » et comme la nécessité de la pensée, comme le sens, comme la raison. Sans cesse

---

[6] M. Heidegger *Questions III et IV*, p.26

[7] PARMENIDE (*Fragment VIII*, 34-36) cité par M.HEIDEGGER, *Essais et conférences*, Paris, Gallimard, 1958, p.166

[8] M. HEIDEGGER, *Essais et conférences*, Paris, Gallimard, 1958, p. 167

[9] *Ibid.*, p.168

retentit un appel à la raison comme à la mesure et à la règle du faire et du non-faire »[10]. La doctrine d'Héraclite est la prise de conscience de sa participation au *logos* universel pour être éveillé. Héraclite joue sur la plurivocité de sens de ce mot *Logos* : de la raison fournie à la raison d'être, au principe d'existence, à la cause suprême ou loi fondamentale, au feu et à Dieu. La tâche qu'Héraclite se donne ici est celle de nous faire prendre conscience de notre participation oubliée à ce *Logos* universel. Car c'est le Logos qui fait en sorte qu'il y ait harmonie entre les contraires. Il se révèle, par ailleurs, comme principe unique d'explication, de transformation de toute chose et, par conséquent, de leur devenir perpétuel.

Mais le *logos* héraclitéen est en même temps feu, principe de toutes choses. En lui, ce qui était contraire, trouve son harmonie. L'harmonie naît de l'équilibre des tensions. C'est pourquoi, pense Héraclite, le combat, la guerre sont féconds, générateurs de l'harmonie. La guerre des opposés est quelque chose d'utile à l'Un. L'apport le plus important d'Héraclite à la philosophie est sans doute l'idée que l'unité est dans la multiplicité. Pour Héraclite, le conflit des opposés, bien loin d'être une tache, quelque chose qui souille la pureté de l'Un, comme le pense Anaximandre, est essentiel à l'être de l'Un[11]. L'Un ou l'Unique doit être entendu au sens de ce qui rassemble ou unit toutes choses. Car, c'est de l'Un qu'elles viennent.

A l'issue de sa lecture d'Héraclite, Heidegger nous présente l'interprétation habituelle que l'on fait du *logos* au sens héraclitéen comme avant tout ce qui a quelque chose à dire. Ensuite, ce que le *logos* a à dire, c'est que Tout est Un[12]. C'est pourquoi Héraclite nous invite à être sages et attentifs à la parole du *logos* (raison) selon laquelle Tout est Un. Connaître le *logos*, c'est là la sagesse. Le *logos* est à la fois ordonnateur de tout et le contenant de tout. Les Stoïciens,

---

[10] *Ibid.* p.250
[11] F. COPLESTON, *Op.cit.,* p.52
[12] HEIDEGGER, M., *Essais et Conférences*, Op.cit., p226.

plus tard, vont récupérer cette conception héraclitéenne du *logos* (raison) comme ordonnateur de tout. Selon les sages Stoïciens, la raison universelle est la substance du monde. Car tout n'est qu'une partie de cette substance. Le *logos* stoïcien, à l'opposé de celui d'Héraclite, est matérialiste, panthéiste et moniste. Le principe actif, pensent les stoïciens, est la Raison immanente ou Dieu[13].

Après avoir donné l'interprétation habituelle du *logos* héraclitéen, Heidegger finit par donner au *logos* une signification distincte. Le *logos* devient celui qui collecte ou qui rassemble toutes choses, car « Il rassemble en recueillant et laissant l'étendu-devant s'étendre-devant, comme tel et dans son ensemble. L'Un-Unique unit comme Pose recueillante »[14]. Heidegger met l'accent sur le rôle qu'a le *logos* de laisser s'étendre ou de laisser-étendre-ensemble-devant toutes choses. Selon Heidegger, ce qu'est le logos dans son sens profond, c'est qu'il est « la Pose recueillante »[15]. Poser signifie ici protéger contre l'occultation. Il (*Logos)* pose les choses dans la présence, dans la non-occultation. Il repose, en quelque sorte, pense Heidegger, la chose présente dans la présence. En d'autres termes, le *logos* est ce qui dévoile la chose présente dans sa présence. Voilà ce qui conduit, dans la pensée de Heidegger, à la problématique de la vérité dont nous aurons à parler plus loin.

Il s'ensuit que, dans la pensée de Heidegger, il y a une identité ou adéquation entre le dévoilement et *l'Alèthéia*. « Or, le dévoilement est *l'Alèthéia* »[16]. Dans son étymologie grecque, le terme *alèthéia* signifiait vérité lumière, non-voilé, non-caché, non-occultation. D'où la présence du privatif *a* devant *lèthéia* (voilement, occultation) ou *léthè* (oubli).

---

[13] Cf. F. COPLESTON, *Op.cit.*, p.411
[14] M. HEIDEGGER, *Essais et Conférences, Op.cit.*, p.266
[15] *Ibid.* p.267
[16] *Ibid.*

Heidegger en arrive alors à la saisie d'un des éléments constitutifs du sens authentique, ou mieux de l'essence de la vérité ou de l'Etre. Cet élément fondamental ou constitutif de la vérité ou de l'Etre n'est rien d'autre que le retrait ou l'occultation. Les Grecs, pense Heidegger, ont compris la vérité ou l'Etre comme dévoilement, présence. L'Etre est ce qui se dévoile. Heidegger s'exprime en ces termes : « Le dévoilement a besoin de l'occultation (...). Le *logos* est en lui-même à la fois dévoilement et voilement. Il est *l'Alèthéia* »[17]. Le retrait va de pair avec le dévoilement. Il n'y a pas de dévoilement sans voilement et vice versa. « La nature du *logos*, de la Pose qui recueille, est d'être à la fois dévoilante et voilante »[18].

Le retrait fait partie intégrante de l'Etre. Il est inséparable de la présence ou du dévoilement. Dans sa lecture de Fragment d'Héraclite, Heidegger découvre que « La nature aime à se cacher ». Cette fameuse phrase d'Héraclite, reprise par Copleston[19], ne veut pas dire que l'Etre est absent. Par le retrait, l'Etre ne demeure pas absent. Si le retrait signifiait absence pure et simple, il n'y aurait pas alors d'être. Le retrait ne fait pas disparaître définitivement l'Etre. Comme le dévoilement ne préexiste pas à l'Etre et ne s'ajoute pas à celui-ci comme quelque chose venu de l'extérieur, il en est de même du retrait.

Loin d'effacer l'Etre, « au contraire, le retrait est la façon dont l'Etre déploie son essence »[20]. Le voilement, ce n'est pas la disparition ou l'effacement de l'Etre, c'est plutôt l'acte par lequel l'être se soustrait à la vue de l'homme, par lequel l'Etre se préserve. C'est pourquoi Heidegger l'appelle « incubation de l'Etre »[21]. L'incubation de l'Etre est justement ce moment de voilement de l'Etre, la source même de tout dévoilement. Si le dévoilement est possible, c'est parce qu'il y a voilement et vice versa.

---

[17] *Ibid*, p. 167
[18] *Ibid.*
[19] Cf. F. COPLESTON, *Op.cit.*, p.51
[20] M. HEIDEGGER, *Le principe de raison,* Paris, Gallimard, 1946, p.164
[21] *Ibid.*, p.155

En ce qui concerne la thèse héraclitéenne selon laquelle « la nature aime à se cacher », cela suppose qu'il appartient à l'essence de l'Etre de se retirer, de dérober à nous son essence, bien que Héraclite ne parle pas explicitement de l'Etre comme l'entend Heidegger. L'on sait qu'Héraclite, comme nous l'avons déjà dit, par sa théorie de *panta reis*, enseignait l'écoulement perpétuel de toutes choses : tout passe. Cela demeure le trait le plus important et le plus significatif de sa philosophie, comme le souligne Copleston, avant toute sa conception de l'unité dans la diversité, de la différence dans l'unité, de l'un dans le multiple. L'harmonie est à la jonction de deux contraires. Les hommes, dit Héraclite : « Ne savent pas combien ce qui n'est pas d'accord s'accorde avec lui-même. C'est une harmonisation des tensions opposées »[22]. L'Etre trouve son harmonie dans cette jonction de la présence et du retrait.

L'Etre qui se dévoile garde toujours quelque chose de ce qu'il a en propre. L'Etre se préserve par le retrait. C'est une et même chose de comprendre l'Etre comme présence et retrait. Nous ne pouvons donc penser l'Etre uniquement sur le modèle de la simple présence.

L'Etre, vu ici comme ce qui est arrivé, comme ce qui se passe ou encore, ce que Heidegger appelle *Ereignis*[23], est le porte-dans-l'ouvert, la lumière. L'Etre dans son oubli a été conçu aussi, dans l'histoire de la philosophie, comme *Eidos* ou Idée chez Platon et comme *ousia* ou P*arousia* chez Aristote.

1.2. L'Etre comme *Eidos* (*Idea*) chez Platon

Chez Platon, l'Etre véritable, c'est *l'Eidos* (Idée). L'ontologie platonicienne distingue l'Etre du devenir, le savoir de l'opinion. En bon disciple d'Héraclite, Platon affirme que la réalité du devenir,

---

[22] HERACLITE cité par F.COPLESTON, *Op.cit.*, p.54

[23] Cf. M. HEIDEGGER, *Questions III et IV Op.cit.*, p. 125

l'instabilité caractérisent le monde sensible. Ce dernier est le lieu des apparences changeantes. Sur ce point précis du devenir, Héraclite ne se range pas du côté de Parménide pour qui le devenir est illusoire. Platon va rejoindre, comme disciple, Parménide pour qui seul est réel l'Etre éternel, et le savoir est distinct de l'opinion. Il convient de rappeler que Parménide distinguait deux voies, celle de la vérité (savoir) et celle de l'opinion (opinion conçue ici par Parménide, influençant Platon, comme illusion, non-vérité, non-être). Chez Platon, les Idées se révèlent à la fois comme source de lumière et la seule véritable chose à contempler. La vérité devient la perception exacte. De ce fait, l'Etre se réduit à l'étant.

Dans l'ontologie platonicienne, se retrouve la thèse parménidienne selon laquelle l'Etre et la pensée sont la même chose ; l'être est éternel, intemporel et immuable. Cependant, à l'opposé de Parménide, Platon conçoit la pluralité des êtres. Chez Platon, il n'y a pas de monisme ontologique, car il ne parle pas d'un être unique, mais d'êtres. Le monisme ontologique est la caractéristique de la pensée parménidienne. Dans la *République*, Platon affirme que toutes les fois qu'une pluralité d'individus possède un nom, elle possède aussi une Idée ou Forme correspondante[24]. Platon fait situer le discours dans l'Etre. Ainsi, la multiplicité des noms entraîne un pluralisme ontologique.

Platon accorde au monde intelligible le primat sur ce monde sensible. Le monde intelligible ou idéal est celui des Idées ou Essences tandis que le monde sensible est celui des phénomènes, des ombres ou des reflets. Qu'en est-il de l'Idée ou Essence dans la pensée de Platon ?

L'idée, c'est l'Essence conçue comme Forme intelligible, principe d'unité, modèle de toutes choses ou le paradigme[25]. L'Idée

---

[24] PLATON cité par cité par COPLESTION, *Op.cit.* p. 184

[25] PLATON, *Parménide* in Œuvres complètes II, Trad. et notes par Léon Robin et J.M Moreau, Paris, Gallimard, 1950, p. 2000, 2001

platonicienne constitue la réalité, la substance des choses. Elle est différente de l'idée au sens vulgaire. Dans son sens vulgaire, l'idée est subjective, elle est une imagination. Les Essences, conçues comme Idées ou Formes, vivent éternellement et ne sont saisissables que par l'esprit alors que les objets sensibles le sont par les sens. « L'essence, elle-même, que, dans nos demandes et nos réponses, nous définissons par l'être véritable, est-elle toujours la même et de la même façon ?»[26].

L'Essence ou Idée est une réalité, être véritable, non perçue, mais plus réelle que les objets sensibles. Les choses sensibles sont des images ou copies de ces réalités éternelles immuables et universelles que sont les Idées. « Or ces choses, on peut les toucher, les voir et les saisir par les autres sens ; au contraire, celles qui sont toujours les mêmes on ne peut les saisir par aucun autre moyen que par un raisonnement de l'esprit, les choses de ce genre étant invisibles et hors de la vue »[27].

A ces Idées, qui sont les Essences ou Formes des phénomènes, participent toutes les réalités sensibles. Sans Idées, pense Platon, aucune connaissance parfaite n'est possible. C'est ainsi que l'on peut remarquer que, chez Platon, c'est l'ontologie qui est le fondement de l'épistémologie. Ces deux domaines sont indissociables. La connaissance consiste en la saisie de l'essence.

Dans l'ordre des Idées, Platon place l'Idée du Bien à un niveau supérieur au point que certains de ses commentateurs se croient autorisés à ériger en dieu l'Idée du Bien. Le Bien est au-delà de l'être[28]. La prétention de diviniser le Bien ou de l'identifier au Démiurge ne semble pas venir de la pensée de Platon. De même que, comme l'affirme Gilson, le Bien est aux essences ce que le Démiurge

---

[26] Cf. PLATION, « Phédon », in *Œuvres complètes I*, Paris, Gallimard, 1950
[27] *Ibid.*
[28] Cf. E. GILSON, *L'Etre et l'essence*, 3ème édition, Paris, J. Vrin, 1944, p.40

est aux existences, mais aucun dieu platonicien n'est une Idée, aucune Idée platonicienne n'est un dieu[29].

Si Platon considère le Bien comme le premier principe aux êtres, Plotin, quant à lui, prend l'Un pour le premier principe aux êtres. Ainsi, le Bien et l'Un sont identiques dans la mesure où ils transcendent l'être : « L'Un-Dieu », proche du Bien de Platon, dans la *République*, est le Principe de tout, principe auquel notre âme peut s'unir, si elle se purifie suffisamment. L'« Un » est conçu comme une réalité parfaite et ineffable, sans multiplicité interne, principe d'où procèdent toutes choses. Cet Un est le Bien[30].

La doctrine de Plotin est centrée sur l'idée que l'Un est ineffable, c'est-à-dire que l'Un, étant transcendant, aucun langage ne peut l'exprimer, car il n'a pas de déterminations susceptibles d'être exprimées en des mots adéquats. De l'Un, on ne peut dire qu'il est ceci ou cela. Car ce faisant, c'est vouloir le délimiter. C'est ce qui justifie l'identité qu'établit Plotin entre Dieu et l'Un. « L'Un, écrit-il, est antérieur à quelque chose. C'est pourquoi, en vérité, il est ineffable : quoi que vous disiez, vous direz quelque chose ; or ce qui est au-delà de la vénérable intelligence, ce qui est au-delà de la vérité qui est en toutes choses n'a pas de nom »[31]. Ainsi, l'Un plotinien diffère de l'Un parménidien ou héraclitéen, principe moniste.

Jusque-là, l'on peut s'apercevoir de la réduction de l'Etre à l'Idée, précisément à l'Idée du Bien, chez Platon et son dépassement par l'Un chez Plotin. C'est justement cette réduction que Heidegger dénonce comme étant oubli de l'Etre. Dans son contenu réel, la métaphysique se déploie dans la perspective de l'étant en tant qu'étant. La métaphysique représente ainsi, aux yeux de Heidegger, l'étant ou l'étantité de l'étant et non l'Etre en général. La

---

[29] *Ibid.* p.41

[30] J. RUSS, *Les chemins de la philosophie*, *Op.cit.*, p. 107

[31] PLOTIN, *Ennéades, Livre V*, Paris, Belles-Lettes, p. 66

métaphysique traditionnelle a étudié l'étant en tant qu'étant. C'est pourquoi Heidegger prône le dépassement de la métaphysique.

Le dépassement de la métaphysique est l'une des expressions chères à Heidegger. Par son souci d'opérer un retour au fondement de la métaphysique en vue de bien penser la vérité de l'Etre, Heidegger se rend compte que, pour y parvenir, il faut dépasser la métaphysique. En d'autres termes, il s'agit, par l'expression dépassement de la métaphysique, de l'acte de surmonter le point d'où la métaphysique est partie pour la vérité de l'Etre. « Le dépassement de la métaphysique signifie : pensée de l'Etre lui-même. Une telle pensée, affirme Heidegger, qui rejoint, par-delà la non-pensée qui a servi jusqu'ici, du fondement de la racine de la philosophie. La pensée qui s'essaie dans *Sein und Zeit* (1927) se met en chemin de préparer le dépassement de la métaphysique ainsi comprise »[32].

Heidegger comprend toujours par la métaphysique l'histoire de l'oubli de l'Etre. C'est dans l'oubli de l'Etre que réside la métaphysique. Avec le dépassement de la métaphysique, nous nous orientons vers la vérité de l'Etre qui est restée impensée par l'histoire de la métaphysique. Le dépassement de la métaphysique ne s'éloigne pas de la métaphysique, mais retourne à son fondement, et dépasse ainsi la métaphysique vers ce quelque chose d'originel, qui a été oublié et caché dans la métaphysique et qui doit maintenant être ramené grâce à un « nouveau commencement », passage vers la fondation de la vérité de l'être même[33]. Il s'agit de dépasser la métaphysique oublieuse de l'Etre vers l'Etre.

Heidegger veut penser autrement à partir de l'oubli de l'Etre. Tout comme Derrida pense autrement à partir de l'oubli de l'écriture, et Kant veut penser autrement à partir de la prétention dogmatique de la raison de tout connaître et de l'oubli de l'apport du sujet

---

[32] M. HEIDEGGER, *Questions I et II*, *Op. cit.* p.26-27

[33] O. POGGELER, *La pensée de Heidegger, un cheminement vers l'être*, Paris, Aubier-Montaigne, 1967, p.196

connaissant dans l'acquisition de la connaissance. A ce propos, Poggeler écrit :

> « Heidegger a essayé de développer la question de l'être, lorsqu'il a conçu la métaphysique comme théorie des catégories ou logique, la phénoménologie comme phénoménologie herméneutique et ensuite la métaphysique comme métaphysique de l'être-là »[34].

En dépassant la métaphysique, dans son point de départ (oubli de l'être au profit de l'étant), Heidegger vise à retourner au fondement de la métaphysique parce que la métaphysique ne pense pas l'Etre dans sa vérité, ni la vérité en tant que décèlement, ni celui-ci dans son essence[35]. L'Etre est le fondement sans fond. Dans son essence, l'Etre est « fondement »(*Grund*) sans fond de l'être humain. Car, dans son essence, l'être humain appartient à l'Etre en général. L'Etre revendique et appelle l'homme. Dans sa relation à l'être-là, l'homme doit être à l'écoute de l'appel de l'Etre dans la mesure où l'Etre se livre à lui.

L'Etre et l'homme s'approprient mutuellement dans une coappartenance ou appartenance réciproque. Dans la métaphysique traditionnelle, qu'il faut surmonter ici, l'Etre, vu comme présence constante qui rend présent tout étant et comme fondement de l'étant, devient objet de la pensée. Dès lors, le dépassement de la métaphysique renverse la voie suivie par la pensée occidentale.

Le dépassement de la métaphysique est en réalité une pensée qui va en fouille du fondement abandonné de la philosophie en labourant ainsi le sol. Au lieu de représenter l'étant en tant qu'étant plutôt que l'Etre, comme le faisait la métaphysique, le dépassement de la métaphysique se veut une pensée qui représente l'Etre. Voilà ce qui justifie la nécessité qu'il y a de dépasser la métaphysique. Ainsi, nous écrit le philosophe allemand, dans la pensée qui pense la vérité de

---

[34] *Ibid.*, pp. 255-256

[35] M. HEIDEGGER, *Questions I et II*, op. cit. p. 28

l'Etre, la métaphysique est dépassée[36]. Faute d'avoir oublié la différence ontologique et d'avoir fait et entretenu la confusion entre l'Etre et l'étant, c'est-à-dire de n'avoir pas posé la vérité de l'Etre et d'avoir nommé l'Etre en visant l'étant en tant qu'étant, Heidegger déclare la métaphysique dépassée dans son essence. Heidegger considère cette confusion non pas comme une faute ou comme liée au destin de la métaphysique, mais comme événement.

Mais l'on ne peut surmonter ou dépasser la métaphysique que par la métaphysique. Heidegger reconnaît-il ce fait réel ? La possibilité du dépassement de la métaphysique ne passe-t-elle pas par la métaphysique ? Le dépassement de métaphysique, comme pensée de l'Etre, ne pense pas pour autant contre la métaphysique. Heidegger ne reconnaît-il pas cette évidence lorsqu'il écrit en ces termes : « La métaphysique, l'élément premier de la pensée »[37]. Heidegger nous paraît ici indécis sur la démolition de la métaphysique. C'est pourquoi le terme déconstruction de la métaphysique devient préférable à celui de la destruction ontologique. Certes, Heidegger n'a pas l'intention d'inhumer la tradition ontologique dans la nullité totale. Son but, dans le dépassement de la métaphysique, c'est de ressusciter la question du sens de l'Etre tombée dans l'oubli et de libérer l'Etre de la confusion avec l'étant. Beaucoup de philosophes prétendaient penser l'Etre, mais sous l'influence de la métaphysique traditionnelle, ils se sont retrouvés penser en réalité les étants. C'est la raison pour laquelle, pense notre auteur, la « désobstruction » s'impose. La « désobstruction » vise à creuser dans le passé en vue d'extraire le sens primordial de la question de la vérité de l'Etre altérée par la tradition ontologique. Il ne s'agit pas, par « désobstruction », d'une négation totale de la tradition philosophique ou ontologique. La « désobstruction » est alors la « transposition » de l'histoire de l'ontologie.

---

[36] *Ibid.*, p.25
[37] *Ibid.*

En effet, Heidegger a évité de marcher dans le sillage de Nietzsche qui, après avoir critiqué de la manière la plus acerbe la métaphysique traditionnelle[38], n'a pas su sortir de cette tradition métaphysique, mais l'a au contraire établie en dernière possibilité. C'est pourquoi Heidegger considère Nietzsche comme le penseur qui a amené la métaphysique à son achèvement. Achèvement ne doit pas être entendu au sens de la fin, mais de son point culminant, de l'oubli de l'Etre au profit de la volonté de puissance.

« Dépasser » la métaphysique, c'est penser l'Etre en dehors de toute métaphysique. C'est alors que Heidegger commence son ouvrage intitulé *Qu'est-ce que la métaphysique* avec l'image de l'arbre qu'est la philosophie (telle que présentée par Descartes) dont les racines sont la métaphysique, le tronc la physique et les branches les autres sciences[39]. Mais où est le sol dans lequel l'arbre qu'est la philosophie plonge ses racines et à partir duquel il tire sa sève ou sa nourriture ? Heidegger nous invite à aller fouiller dans le « terrain » de la métaphysique ce qui demeure impensé. Poser un pas en arrière dans le sol de la métaphysique, revient à poser un pas en dehors de la métaphysique ou à opérer le dépassement de la métaphysique.

Ainsi, le dépassement de la métaphysique, comme pensée de l'Etre en dehors de la métaphysique, ne peut se réaliser qu'en termes métaphysiques ; et notre auteur le reconnaît lorsqu'il dit : « on assure à bon droit que la métaphysique questionne tout de même vers l'Etre de l'étant, il serait donc manifestement insensé de mettre au compte de la métaphysique une oubliance de l'Etre »[40]. Ce qui revient à dire que la métaphysique, comme telle, est « indépassable » et « indispensable » à tout discours ou pensée sur l'Etre. La pensée de

---

[38] Pour Nietzsche, la métaphysique dévalorise le réel sensible et glisse vers le néant. Aussi la critique générale logique dénonce-t-elle dans la métaphysique une fiction née, chez les faibles, de la souffrance et de la lassitude de vivre. Cf. N. BARAQUIN et J. LAFFITE, *Dictionnaire des philosophes*, Paris, Armand Colin, 2002, p.240.

[39]M. HEIDEGGER, *Questions I et II*, Op.cit., p.23

[40] IDEM, *Introduction à la métaphysique*, Paris, Gallimard, 1987, pp. 10, 11

l'Etre, pour dépasser la métaphysique, doit encore s'exprimer « avec les concepts fondamentaux de la métaphysique »[41].

Dès lors, il est établi que l'oubli de l'Etre par la métaphysique traditionnelle se révèle comme destin même de l'Etre, et non, avons-nous déjà dit, comme faute ou fruit de la négligence. L'événement du retrait de l'Etre est son destin historial. Etant donné que cet oubli de l'Etre est le destin même de l'Etre, il nous faut alors nous tenir debout dans cet oubli en vue d'atteindre avec patience l'advenue ou le dévoilement de la vérité de l'Etre comme *Aléthéia*.

Selon Heidegger, l'histoire de la métaphysique, c'est l'histoire de l'oubli de l'Etre. Chez Parménide, on trouve plus la « physique » que la métaphysique ; il s'agit ici de l'être vu comme *physis*, c'est-à-dire comme l'étant qui se déploie. « Des interprétations d'Héraclite, de Parménide et même de Sophocle nous montrent la pensée originelle comme une violence productrice qui fait paraître l'être (la *physis*) dans le recueillement du *logos* »[42].

Platon, de son côté, pense l'être en tant qu'intelligible, c'est-à-dire *l'eidos* (Idée) située au-dessus du sensible et en dehors des choses pour lesquelles elle est essence. On peut se rappeler ici la critique aristotélicienne contre la théorie platonicienne des Formes (Idées). Aristote n'était pas d'accord avec son maître Platon lorsque ce dernier, considérant les Formes comme essences des objets sensibles, les situe en dehors de ces objets dont elles sont essences. Pour Aristote, les Idées, comme essence, doivent demeurer dans les choses « On doit tenir pour impossible que la substance, et ce dont elle est la substance, puissent exister séparément ; comment donc les Idées peuvent-elles, étant la substance des choses, exister séparément ? »[43].

[41] IDEM, *Questions I et II, Op.cit.*, p.246
[42] M. HEIDEGGER, *Introduction à la métaphysique, Op.cit.*, p.12
[43] ARISTOTE, *Métaphysique*, 991.b 1-3 cité par F. COPLESTON, *Histoire de la philosophie. La Grèce et Rome, Op.cit.*, p.315

La fin du cours professé par Heidegger en 1935 évoque chez Platon, déjà, la séparation qui s'opère entre l'être et ses corrélats et, finira par réduire l'Etre à l'étant[44]. Heidegger présente la métaphysique traditionnelle à partir de quatre corrélats traditionnels de l'être : devenir, pensée, apparence et devoir. Si l'être platonicien est Idée (Forme), celui d'Aristote est *Ousia* ou *Parousia*.

1.3. L'Etre aristotelicien comme *Ousia* ou *Parousia*

Bien qu'Aristote n'ait pas inventé le terme de métaphysique, il passe, sans conteste, pour le père de la métaphysique. Par cette dernière, il entend la science de l'Etre en tant qu'être. La métaphysique a pour objet l'Etre en tant qu'être ; elle recherche les causes premières de l'Etre en tant qu'être. « Il y a une science qui étudie l'Etre en tant qu'être et les attributs qui lui appartiennent essentiellement. Elle ne se confond avec aucune autre des sciences dites particulières, car aucune de ces autres sciences ne considère en général l'Etre en tant qu'être »[45]. L'Etre, pris ici au sens d'un substantif et non d'un infinitif, désigne chez Aristote la réalité fondamentale, la Forme pure.

1.4. Objet de la métaphysique selon Aristote

Aristote donne à la métaphysique comme objet l'Etre en tant qu'être, c'est-à-dire l'Etre en général ou *l'ousia*. Le terme grec *d'ousia* se traduit par substance, être et essence. Mais qu'en est-il de l'Etre en général ? Aristote écrit : « L'Etre se dit de plusieurs manières ». D'où la polysémie de l'être. Dans la *Métaphysique*, livre VI, ce philosophe grec analyse l'être de plusieurs façons : l'Etre selon les catégories, l'être en acte et en puissance, l'être vrai et l'être faux. Dans la pensée d'Aristote, il y a dix catégories selon lesquelles l'être

---

[44] M. HEIDEGGER, *Introduction à la métaphysique*, Op.cit., p.12
[45] ARISTOTE, *La Métaphysique*, livre Ier, Paris, J.Vrin, 1964, p.171

se dit. Il peut se dire : Substance, qualité, quantité, lieu, relation, temps, position, possession, action et passion. La première signification de l'être, selon les catégories, c'est la substance (sujet). Heidegger préfère les existentiaux aux catégories. « Et puisque l'Etre se dit d'une part, de la substance, de la qualité ou de la quantité et d'autre part, l'Etre selon la puissance et selon l'entéléchie »[46]. Qu'en est-il alors de la substance aristotélicienne ?

La substance doit être un sujet réel et déterminé. Elle est la quiddité, ce qu'est la chose. La quiddité est dans la chose, elle est la chose ; perdre la quiddité, c'est cesser d'être soi-même. Telle chose et sa quiddité sont la même chose. La substance, c'est au fond le principe d'intelligibilité, la Forme. C'est ici que l'on remarque le platonisme d'Aristote. A ce sujet, il écrit :

> « Nous avons traité de l'Etre, pris au sens premier, et auquel se rapportent toutes les autres catégories de l'Etre ; autrement dit, nous avons traité de la substance »[47].

Sur ce point, Aristote rejoint son maître Platon qui considérait que toute intelligibilité se concentre dans la Forme ou dans l'essence. Connaître la chose, c'est connaître la Forme. La chose n'est intelligible que par la Forme. Heidegger, pour sa part, met une scission entre les catégories et les existentiaux. Il préfère les existentiaux aux catégories parce que les catégories sont des structures ou des déterminations fondamentales du *Dasein*.

Alors que chez Platon la Forme (essence) était séparée de la chose sensible dont elle est essence, chez Aristote la chose et sa Forme sont une et inséparables. C'est ce que nous pouvons appeler l'essentialisme métaphysique d'Aristote.

La Forme n'est pas séparable de la matière. C'est la Forme qui, en déterminant la matière, confère à celle-ci une essence bien déterminée. D'où la doctrine aristotélicienne d'hylémorphisme (du

---

[46] *Ibid.*, p. 482

[47] ARISTOTE, *La métaphysique I, II*, *Op.cit.*, p.481, 482

grec *hyle*= matière et *morphé* ou *eidos*=la Forme). La pure matière est aussi rare que l'est la pure forme. Le déploiement de l'essence dans la chose est justement ce qu'Aristote nomme entéléchie. C'est en vertu de sa doctrine hylémorphique qu'Aristote critique la séparation faite par Platon entre la Forme (essence) et la matière (objet sensible). Par cette doctrine, Aristote soutient que la Forme, comprise comme essence, est contenue dans la chose sensible. La matière, principe d'individuation, est inconnaissable en elle-même.[48]

Pour Aristote, la substance (du grec *Ousia*) des choses réside dans celles-ci. La substance découle de quatre causes énoncées par Aristote, dans son effort d'expliquer le mouvement. Il y a la cause matérielle, formelle, efficiente, finale (c'est la substance ou l'essence vers laquelle tend la matière).

La pensée d'Aristote va évoluer vers ce que Heidegger appelle « la constitution onto-théologique de l'étant ». L'Etre devient ce qui est le moins mêlé de matière et ne subissant aucun changement. En d'autres termes, l'Etre c'est l'acte pur. Ainsi, Dieu est l'Acte pur, pensée de la pensée, Forme pure et transcendante qui meut sans être mue, moteur premier, éternel et immobile[49].

Dans le 9ème Livre de *La Métaphysique*, le Stagirite analyse la puissance et l'acte. L'acte, dit Aristote, est premier par rapport à la puissance[50]. L'Etre en acte est un plein en qui il y n'a aucun changement et en qui toutes les perfections demeurent. Tandis que l'être en puissance est un être potentiel, irrituel, sujet au changement. Ainsi, dit Aristote, Dieu existe nécessairement, et ce qui existe nécessairement doit être pleinement en acte[51]. Dieu est Acte pur. Le fait d'être en acte, plutôt que la puissance, est « élément divin que l'intelligence semble renfermer, et l'acte de contemplation est la

---

[48] F.COPLESTON, *Op.cit..*, p.329
[49] ARISTOTE, *La métaphysique*, Tome 2, Livre 1, Paris, J-Vrin, 1964, pp. 672, 673
[50]*Ibid.*, p.674
[51] *Ibid.* p.674

béatitude parfaite et souveraine. Si donc cet état de joie, que nous ne possédons qu'à certains moments, Dieu l'a toujours, cela est admirable »[52].

Chez Aristote, on assiste à ce que, nous l'avons déjà dit, l'onto-théologie. La philosophie se fait théologie dans ce sens que Dieu est présenté comme un étant situé au-dessus des étants.

L'ontologie devient théologie, car Dieu devient le fondement de tout ce qui existe. On identifie ce fondement, c'est-à-dire cet étant suprême à l'Etre. Le thème de l'onto-théologie est devenu depuis quelques années une des grandes critiques des conceptions traditionnelles de Dieu, toutes celles qui ont eu une tendance à devenir théodicée (système de pensée raisonnable sur Dieu pris comme fondement de toute réalité). Pour Heidegger, l'histoire de la métaphysique est comme une constitution onto-théologique. Elle montre qu'on a sans arrêt confondu la question de l'Etre avec l'analyse des étants. Etre ne saurait se confondre, pense Heidegger, ni avec une chose, ni avec une substance, ni avec ce qu'on nomme improprement « un être »[53]. La confusion entre Etre et Dieu entraîne la confusion entre l'ontologie (Science de l'Etre) et la théologie (Science de Dieu).

Dieu est donc l'étant particulier, la cause incréée et immobile de toutes choses, premier Moteur immobile. Parlant de cette métaphysique aristotélicienne, Heidegger s'exprime en ces termes : « Elle est, selon son essence, à la fois ontologie au sens restreint et théologie »[54]. Comme chez Descartes, Dieu est « causa sui », l'étant par excellence qui fonde tous les étants. Mais, Dieu, en fondant les étants, se laisse fonder lui-même comme étant. La cause n'est cause

---

[52] *Ibid.*, p.682

[53] Cf. htt : // www.ict-toulouse.f/ble/site/320.html. ou G. FERRETTI, *ontologie et théologie chez Kant, relire Kant après Heidegger et Levinas,* Trad. P. Chapel de la Pachevie, Paris, éd. Cerf, « Philosophie et Théologie »,2001.

[54] M. HEIDEGGER, *Question I (Qu'est-ce que la métaphysique ?)*, Paris, Gallimard, 1968, p.40

qu'étant incluse dans le sujet pensant. « En bref, le premier Moteur immobile d'Aristote est la substance première, cause de la substantialité de toutes choses et, par conséquent, cause de leur être »[55].

La substance aristotélicienne est, en dernière analyse, un sujet déterminé ou une substance supra-sensible. Dès lors, la métaphysique apparaît comme science de l'étant indépendant des étants particuliers, mais aussi comme science de Dieu, l'étant au- dessus des étants. L'Etre, en tant qu'objet de la métaphysique, est abandonné ou oublié. « Le premier Moteur est donc un être nécessaire, et, en tant que nécessaire, son être est le Bien, et c'est de cette façon qu'il est principe »[56]. *Parousia* renvoie à une chose présente. C'est presque toute la pensée grecque, de Platon à Aristote, qui va être centrée sur l'idée de la présence.

Penser la dispensation de l'Etre, c'est penser le retrait de l'Etre. Le retrait se révèle dès lors comme une des caractéristiques fondamentales de l'Etre. Par ailleurs, lisant La *Physique* d'Aristote, Heidegger découvre que chez l'un de ces grands philosophes grecs, la présence ou « Etre est ce qui est en soi le plus manifeste »[57]. Ce qui revient à dire que, chez Aristote, l'Etre est ce qui se dévoile, l'Etre est présence. Loin de se retenir ou de nous dérober son essence, l'Etre, selon Aristote, nous la dévoile. D'où le primat de la présence dans l'ensemble de déterminations de l'Etre.

2. Primat de la présence dans l'ensemble de déterminations de l'Etre

Heidegger constate que la tradition philosophique occidentale a pensé l'Etre comme ce qui est plus manifeste. L'être est interprété à partir de l'idée de présence. « Etre, c'est être présent, c'est-à-dire

---

[55] E. GILSON, *L'Etre et l'essence*, 3ème éd., Paris, J. Vrin, 1944, p.65
[56] ARISTOTE, *La Métaphysique,* Tome 2, nouvelle édition refondue avec commentaire Par
J. Tricot, Paris, J. Vrin, 1964, p.680
[57] M. HEIDEGGER, *Le principe de la raison*, Paris, Gallimard, 1962, p.163

coïncider avec notre présent vécu. Ce qui est, c'est ce qui se donne à sentir, à percevoir, à comprendre dans le temps présent. De l'équivalence entre l'être et la présence, la métaphysique déduit que » ce qui est suprêmement doit aussi être présent, c'est-à-dire éternel »[58]. L'Etre y est conçu comme simple dévoilement. Dans ses *Questions III et IV*, Heidegger s'exprime en ces termes :

> « Depuis le matin de la pensée européenne-occidentale et jusqu'à aujourd'hui, l'Etre (…) veut dire la même chose que Anwesen. Dans ce mot d'Anwesen parle le présent »[59].

Ainsi, l'Etre, constate Heidegger, est déterminé par le temps, dans la mesure où le présent, selon la conception ordinaire, constitue, avec le passé et l'avenir, l'essentiel du temps.

Or, ce qui est déterminé par le temps, ce qui est temporel demeure un certain temps, c'est-à-dire pendant le temps qui est le sien, le temps qui est imparti, car « Chaque chose a son propre temps »[60]. Mais l'Etre n'est pas une chose, un étant. Il n'est pas parmi les étants. Et l'étant n'est pas l'Etre. En effet, « L'Etre n'est pas d'abord quelque chose qui est pour soi et qui ensuite opère un dévoilement. Se dévoiler n'est pas une propriété de l'Etre, mais fait partie de sa propriété »[61]. Dans la détermination grecque de l'Etre prédomine la présence. « La pensée qui pense l'Etre sur la base de la simple-présence est considérée comme une pensée « infondée » qui oublie le véritable problème auquel elle devrait prêter l'attention »[62].

Mais quel sens donner à cette prédomination de la présence dans la représentation de l'Etre ? Il y a deux sens à supposer. Le premier sens est que « la présence (Anwesen) en tant que « présence » est réservée à la pensée »[63]. La présence est alors l'acte ou le

---

[58] http://www.keepschool.com/cours-fiche-heidegger_la_question_de_l_etre_.html
[59] M. HEIDEGGER, *Questions III et IV,* Trad. J. Beaufret, Paris, Gallimard, 1976, p. 194
[60] *Ibid*., p. 195
[61] M. HEIDEGGER, *Le principe de la raison*, *Op. cit.*, p.162
[62] Cf. G. VATTIMO, *Introduction à Heidegger,* Paris, Cerf, 1985, p.73
[63] M. HEIDEGGER, *Questions III et IV*, *Op.cit*, p.240

mouvement qui laisse advenir à la présence, qui dévoile. Dans le deuxième sens, la présence peut se laisser comprendre comme ce à partir de quoi le temps parle. Dès lors, « l'Etre est déterminé comme présence par le temps »[64]. Voilà ce qui est pensé par Heidegger dans sa Conférence sur « Etre et Temps » prononcée le 31 Janvier 1962 au Stadium Général de l'Université de Fribourg-en-Brisgau.

2.1. Le temps comme horizon transcendantal de l'Etre

Le primat de la présence dans la représentation grecque de l'Etre pose en même temps la question du rapport entre l'Etre et le temps chez Heidegger. La dialectique Etre-Temps dans la pensée heideggérienne se rend manifeste en ces termes : « L'Etre n'est pas une chose : par suite ce n'est rien de temporel et, cependant, en tant qu'être-en-présence, il est déterminé par le temps. Le temps n'est pas une chose ; par suite, ce n'est rien d'étant-mais dans son passer, il demeure constant, sans être lui-même quelque chose de temporel comme l'étant qui est dans le temps »[65]. L'Etre n'est pas temporel, car il n'est pas un étant. Le temps n'est pas un étant.

Ce qui revient à dire que l'Etre et le temps se déterminent l'un par l'autre. Toutefois, l'Etre n'est pas temporel. Cette dialectique, mieux encore cette relation réciproque entre l'Etre et le temps, c'est justement ce que l'on appelle la dialectique Etre et temps. Le temps est l'horizon transcendantal de la question de l'Etre. Le temps, c'est ce que Heidegger appellera plus tard dans *Question IV* la prise en garde de l'Etre à travers la phénoménologie. La question est ici celle de savoir si l'Etre et le temps forment une seule chose ou les composantes d'une question. Une chose est vraie, l'Etre est une question et non un étant ; et le temps est une question, mais rien de temporel. Car, « Nous ne disons pas : l'Etre est, le temps est, mais : il

---

[64] *Ibid.* p.241
[65] *Ibid.*, p. 296

y a être, et il y a temps. Au lieu de « il est », nous disons « il y a »[66]. Cet « il y a » se laisse apercevoir par la présence.

Ainsi, l'Etre se donne comme donation. Etre signifie se déployer en présence ou laisser se déployer en présence. Etre, c'est être-présent. Le présent dont il est question ici n'est pas l'équivalent de la succession des maintenant. Il veut dire plutôt se déployer en présence. « Le présent entendu à partir du maintenant n'est absolument pas l'égal du présent entendu au sens de l'être-présent »[67]. Ainsi, le temps, compris comme l'unité de présent, du passé et du futur, est représenté à partir du maintenant. Mais la présence n'est que l'une des dimensions du temps.

Le temps, tel que Heidegger l'entend, n'est pas à confondre avec le temps vulgaire compris comme une série d'instants, un mouvement. Si l'Etre est le temps, il faut dire aussi que la temporalité est l'existential de l'Etre-là. Cette temporalité comprend trois extases.

La finitude du *Dasein* s'explique par l'origine du temps dans la mort. La temporalité du *Dasein*, qu'il ne faut pas confondre avec celle de l'Etre qui fait un avec ce dernier, découle de la mort, de l'être-là de la mort. La mortalité est donc l'origine de la temporalité.

2.2. La temporalité du Dasein

En vue d'établir la temporalité comme le sens de l'être du *Dasein*, Heidegger commence avec la résolution en marche dans laquelle la temporalité se révèle elle-même. « Le *Dasein* comme être est toujours en venant vers lui-même, ce qui veut dire, dans la mesure où il est l'avenir dans son être en général »[68]. Les trois extases temporelles, à savoir le passé authentique, le futur ou l'avenir et le présent, constituent les trois déterminations, c'est-à-dire aucune

---

[66] *Ibid.* p.197
[67] *Ibid.*, p.206
[68] M. HEIDEGGER, *L'Etre et le temps*, Paris, Gallimard, 1986, p.373

d'entre elles n'a, de manière générale, la préséance sur les autres. Ces trois extases temporelles sont les éléments constitutifs de la structure ontologique de l'être-là.

2.2.1. Le Passé authentique

La passé authentique de l'être-là réside, selon Heidegger, dans la déréliction. Le passé authentique implique la déréliction. Ce passé ne signifie aucunement ce qui a eu lieu et qui n'aura plus jamais lieu. Le passé authentique se distingue du passé vulgaire par le fait qu'il est toujours un passé qui se survit, qui est toujours là. Ce passé m'apprend que l'homme porte toujours son passé avec lui. « Je suis ayant été »[69]. Selon Mudimbe, « la tradition comme le passé, c'est en nous qu'ils sont et non derrière nous. Ma tradition comme mon passé sont dans ma parole présente, cette parole qui, marquée par les données concrètes de mon espace socio-économique, me fait lire subjectivement mon « histoire », et, dans un mouvement inverse, réfléchit le champ de ma spécificité »[70].

Certes, le passé ou la tradition peut s'interpréter sous plusieurs angles. Le passé peut être interprété sous l'angle ontologique, herméneutique, juridique, éthique, historique, littéraire, esthétique etc. Selon l'herméneute Okolo, qui nous invite à penser à partir de la tradition, « lire une tradition, ce n'est point remonter la chaîne d'interprétations jusqu'au point de départ originel -entreprise impossible et sans intérêt d'ailleurs -, mais bien recréer la chaîne en l'actualisant. Le tout se résume dans le terme récréer »[71]. C'est dans ce souci de l'appropriation ou de la reprise de la tradition qu'en bon

---

[69] A. DE WAELHENS, *La philosophie de Martin Heidegger,* Louvain, Paris, Nauwelaerts, 1964, p.349

[70] V.Y. MUDIMBE cité par OKOLO, *Pour une philosophie de la culture et du développement. Recherches d'herméneutique et de praxis africaine*, Kinshasa, P.U.Z, 1986, p.33

[71] OKOLO, O., *Op.cit.,* p.37

herméneute, Heidegger affirme qu'un peuple « ne se fera un destin que si d'abord il crée en lui-même une résonance, une possibilité de résonnance pour ce destin, et s'il comprend la tradition d'une façon créatrice »[72].

La reprise ou l'appropriation du passé ne se fait pas en termes d'un retour aveugle au passé, mais d'une actualisation ou récréation afin que ce passé soit en nous où que nous soyons. Nous ne pouvons pas nous débarrasser de lui sans, par la même occasion, provoquer notre déséquilibre ontologique. Tout regard vers l'avenir doit s'accompagner d'un regard vers le passé. L'herméneutique ontologique heideggérienne du passé ou de la tradition évoque aussi l'idée du destin de l'Europe et, par ricochet, l'idée du destin du monde entier. Ce destin de l'Europe trouve son origine, selon Heidegger, dans les tragédies grecques. L'Europe est appelée par Heidegger à dominer, à civiliser, à libérer et à spiritualiser les autres peuples du monde[73].

Heidegger précise en disant que le passé n'est pas quelque chose qui n'est plus ; le passé est là. Il n'est point question ici d'un passé révolu, mais d'un passé perpétuel. Comme la déréliction se perpétue, de même le passé originaire (authentique) se perpétue. Le *Dasein*, c'est son passé comme ce dernier a été. Il est ce qu'il a été. Je suis mon passé tel que celui-ci fut. Je porte avec moi mon passé. A ce propos, Heidegger s'exprime en ces termes :

> « Mais assumer l'être-jeté, ce n'est possible que si le Dasein à venir peut être son « ainsi » qu'il a chaque fois déjà été. Ce n'est que dans la mesure où le Dasein est en bloc comme le « suis-été » qu'il peut, lui-même tout en revenant en arrière »[74].

---

[72] M. HEIDEGGER, *Introduction à la métaphysique*, Paris, Aubier, 1960, p.325
[73]M. HEIDEGGER, *Introduction à la métaphysique,* Paris, Gallimard, 1967, p.53
[74] IDEM, *Etre et Temps*, Paris, Gallimard, 1986, p.386

L'être-déjà-dans-le-monde du *Dasein* est rendu possible par « être-été ». Car le « déjà » ne veut pas dire « non-plus », mais l' « avance ». Le « déjà » désigne plutôt « Ce sens d'être temporel existential de l'étant, qui, dans la mesure où il est, est chaque fois déjà un étant jeté »[75]. Le *Dasein*, existant factuellement, n'a pas un « passé » dans le sens de « non plus », mais « être-été » dans le sens de « je suis été ». Heidegger écrit :

> *« Tant que le Dasein existe factivement, il n'est jamais passé, mais il a bien toujours « déjà été » au sens de « je suis été ». Et il ne peut être été qu'étant qu'il existe. Ainsi, le sens existential premier de la facticité réside dans l'être-été »*[76].

Il est possible pour le *Dasein* d'être en-avance-sur-soi-même parce qu'il est enraciné dans l'avenir.

2.2.2. L'avenir ou le futur

Le futur est donc l'acte qui anticipe (ma mort) ou, mieux, le futur est ce qui est anticipé. Pour Heidegger, l'anticipation, c'est la mort. Le futur ou l'avenir authentique ne veut pas dire une chose qui n'est pas encore là et qui le sera dans le moment qui vient. Il est plutôt cette capacité que possède le Dasein d'avancer vers sa mort ; cette projection de ma finitude. La notion de « avance » implique celle de « avant » qui ne signifie pas « en avance de quelque chose » dans le sens de pas encore maintenant, mais après. Heidegger précise qu' « il n'est pas question de saisir ici « avant » dans « avance » et « déjà » à partir de l'entente courante du temps. L' « avant » ne veut pas dire « avant de » au sens de « pas encore maintenant », mais auparavant »[77].

---

[75] M. HEIDEGGER, *Etre et Temps*, *op.cit*, p.388
[76] *Ibid.*
[77] *Ibid.* pp. 387-388

L'avenir, c'est justement l'acceptation, par le *Dasein,* de l'anticipation de sa mort comme possibilité de l'impossibilité, possibilité la plus absolue. Pour que cette anticipation soit possible, il faut que j'assume l'acceptation de mon néant comme condition originelle. D'où la réciprocité qui existe entre le passé et le futur. Si je suis mon passé tel qu'il fut, par le futur (l'avenir) je projette alors mon passé. Tout se passe ici comme si le *Dasein* est doué de la capacité de faire resurgir son néant. Dans l'avenir, c'est le passé qui se pro-jette continuellement. C'est en cela même que réside l'existence authentique du *Dasein.* L'acte de pro-jection de mon passé comme néant (mort) constitue le sens profond du futur authentique tel que l'entend Heidegger.

Ainsi, quand le *Dasein* va en avance de sa possibilité propre, il revient compréhensivement à son « été » propre ou son « jeté ». Dans son analyse ontologique de la temporalité du *Dasein*, Heidegger nous dit que « L'être-été naît de l'avenir de telle sorte que l'avenir ayant été (mieux voudrait dire : étant été) laisse aller le présent hors de lui. Cette sorte de phénomène unificateur où l'avenir s'apprésente en ayant été, nous le nommons temporalité »[78].

Nous savons, par ailleurs, que le *Dasein* est souci, comme nous le verrons plus tard. Le souci, c'est l'être du *Dasein.* Ce dernier, étant toujours et déjà jeté au monde, se donne comme voulant aller au devant de soi, il tend toujours à. Il est pro-jetant. Le souci est donc « Un être-en-avance-de-lui-même qui-est-déjà-au-monde»[79].

2.2.3. Le présent authentique ou originaire

Le passé, nous l'avons déjà dit, ne saurait être identifié à ce qui a déjà eu lieu et qui ne pourra plus jamais avoir lieu. De même l'avenir n'est nullement ce qui sera. De même que le passé et le futur

---

[78] *Ibid.*, p.234.

[79] M. HEIDEGGER, *L'Etre et temps,* Paris, Gallimard, 1964, p.386.

(avenir), le présent n'est nullement, dans la pensée heideggérienne, cet instant qu'est le maintenant. Le présent authentique n'implique aucune idée de la durée-étendue. Il est, comme le passé, ce qui dérive de l'a-venir. Le *Dasein*, dans la mesure où il est, est un ayant été.

Il s'ensuit que ce sont l'avenir, le passé et le présent qui constituent les caractères phénoménaux du « jusqu'à soi », du « en retour à », du « ménager la rencontre de » qui sont appelés « ekstases »[80] de la temporellité. Le présent réel ou authentique n'est pas un point, toute présence vécue unit en elle les trois dimensions du temps (passé, présent et futur). Il est essentiel à toute présence de comporter les trois dimensions temporelles[81]

Bien que ces trois extases (ekstases) de la temporalité soient co-originaires, il faut faire remarquer qu'en réalité, c'est le futur (avenir) qui a une certaine primauté sur les deux autres extases temporelles[82] parce que le temps dérive de l'anticipation du passé (néant). De ce dernier procède le présent. Dans l'unité ekstatique de la temporalité (temporalité) originale et authentique, l'avenir a une priorité. Le *Dasein* n'existe pas comme évoluant vers une fin à laquelle il s'arrête, il existe finitivement, c'est-à-dire comme être déjà fini.

A l'opposé du temps vulgaire, successif, sans filiation et qui considère ces trois moments comme des parties du temps en général, le temps authentique est la jonction de ces trois moments, il est l'existential de l'être-là. Ces trois extases forment une unité au sein de laquelle se remarque une certaine préséance ou primauté de l'avenir (futur).

---

[80] Le terme « *Ekstase* » dérive du grec *Ekotaais*, qui signifie être tenu à l'extérieur.

[81] http://www.keepschool.com/cours-fiche-heidegger_la_question_de_l_etre_.html, page consultée le 12 novembre 2008 à 12h00'

[82] M.HEIDEGGER, *Op.cit.*, pp.329-331

L'être-là se révèle dans ces trois existentiaux :

- La compréhension qui trouve son sens existential dans l'avenir ; il s'agit de comprendre l'être-là comme se pro-jetant en avant de lui-même. Il devient attentif à ce dont il se préoccupe ;
- La disposition a son sens existential dans le passé. En d'autres termes, l'être-là est disposé à se reporter à son être-là ;
- L'échéance a son sens existential dans le présent, c'est-à-dire que l'être échéant « présentifie » l'étant qui vient à son encontre.

Heidegger ne perd pas de vue l'évolution du temps. Mais les thèses principales de l'interprétation ontologique de la temporalité par Heidegger sont exprimées par celui-ci en ces termes :

> « Le temps est original comme temporisation de la temporellité, en quoi elle rend possible la constitution de la structure du souci. La temporelité est essentiellement ekstatique. La temporellité se tempore originalement à partir de l'avenir. Le temps original est fini »[83].

Pour nous démontrer la manière dont l'horizon de l'ekstase illumine l'être des étants présents avec le *Dasein*, Heidegger choisit l'extase du présent. Comme ekstatiquement temporisant, le *Dasein* rend présents les étants qui l'accompagnent. Cette projection ekstatique dans l'être des étants est déterminée par la présenteté.

Ainsi, l'oubli de l'Etre dans la métaphysique occidentale est caractéristique. C'est ce qui justifie la critique heideggérienne de la métaphysique traditionnelle. La métaphysique désigne alors une pensée qui cherche l'Etre au-delà de l'étant. « Meta » veut dire au-delà ; par cette pensée, il s'agit de dépasser l'étant. « Mais dans l'histoire de la pensée occidentale, ce dépassement de l'étant en direction d'une conscience de l'Etre s'est toujours dans les faits accompagné d'une « erreur », c'est-à-dire qu'on a toujours eu tendance à concevoir l'Etre sur la base de la simple-présence »[84].

---

[83] M. HEIDEGGER, *Etre et temps*, trad. par F. Vezin, *Op.cit.*, p.391
[84] G. VATTIMO, *Introduction à Heidegger*, *Op.cit.*., p.73

Dans son ouvrage *Introduction à la métaphysique*, Heidegger fait prendre au concept métaphysique un sens négatif. « Le mot métaphysique en vient ainsi à prendre une connotation décidément négative : toute la pensée occidentale est métaphysique en cela qu'elle n'a pas su se maintenir au niveau de la transcendance constitutive de l'être-là, mettant l'être sur le même plan que l'étant »[85].

Nous savons que, depuis très longtemps, Heidegger voit la « métaphysique » dans une perspective de la destruction de l'ontologie traditionnelle, oublieuse de l'Etre ; et il met en exergue la question de l'Etre. D'où le dépassement de la métaphysique exigé par Heidegger. La pensée de Heidegger est, on le sait, dominée par cette unique question : « qu'en est-il de l'essence de l'Etre lui-même »[86]. Mais quelles sont les raisons d'un tel oubli de l'Etre ?

3. Les préjugés à l'origine de l'oubli de l'Etre

Non seulement l'Etre a été ramené à l'étant, mais aussi et surtout à l'étant suprême avec l'onto-théologie ; c'est pourquoi l'Etre est tombé dans l'oubli. Mais quelles sont les raisons pour lesquelles l'Etre est oublié ? Selon Heidegger, il existe trois préjugés à l'origine de l'indifférence manifestée à l'endroit de la question de l'Etre. Ces préjugés trouvent leur fondement dans la métaphysique antique. Dans la pseudo-métaphysique traditionnelle et même dans celle d'aujourd'hui, le concept d'Etre est ainsi devenu le plus obscur de tous les concepts. Ainsi, il n'existe, dans cette pseudo-métaphysique, aucun espoir de pénétrer cette obscurité, car l'on demeure encore fidèle aux perspectives de la philosophie traditionnelle. En réalité, les

---

[85] *Ibid.*

[86] M. HEIDEGGER, *Lettre sur l'humanisme*, Trad. Nouv. Ed., Paris, Aubier-Montaigne, 1964, p.8

raisons de cet oubli de l'Etre « ont leur racine dans l'ontologie antique elle-même »[87].

Il s'agit, dans un premier temps, du préjugé de la généralité absolue, du concept d'Etre. Le concept d'Etre est ainsi devenu, en même temps que le plus général, le plus obscur de tous. L'Etre, disait Aristote, est le concept le plus général[88].

Dès lors, définir l'Etre, chercher et donner son sens, devient une tâche très ardue, car la généralité du concept d'Etre entrave toute possibilité de sa définition. La généralité s'érige en obstacle à toute tentative de réponse à la question du sens de l'Etre. L'Etre se dit de plusieurs manières. Aristote lui-même s'était heurté à cette difficulté de la polysémie de l'être, au problème de l'unité de l'être et d'une science unique (philosophie première) qui aurait pour objet l'être en tant que tel. Ces sens de l'être sont appelés par Aristote, dans sa Métaphysique, les catégories. Celles-ci sont au nombre de dix dont une substance et neuf accidents. Les catégories sont donc les genres suprêmes de l'être. Cependant, pense Aristote, il existe une sphère de l'être où l'être peut se dire en un seul sens. Il s'agit de la sphère divine. Dieu est donc l'essence en qui il n'y a point d'accidents. L'être est ici réduit à Dieu ou identifié à Dieu. D'où la critique heideggérienne de l'onto-théologie.

L'ontologie scolastique, avec Saint Thomas d'Aquin, s'est intéressée aussi à ce problème de l'Etre, mais sans parvenir à une réponse satisfaisante parce qu'elle était toujours dépendante de l'ontologie antique de Platon et d'Aristote. Abordant cette question de l'Etre, Saint Thomas d'Aquin écrit en ces termes : « Une compréhension de l'Etre est déjà incluse dans tout ce que nous saisissons de l'étant »[89].

---

[87] J. GREISH, *Ontologie et temporalité. Esquisse d'une interprétation intégrale de Sein und Zeit*, Paris, P.U.F. 1994, p. 75

[88] ARISTOTE, *La Métaphysique*, T II, Paris, J.Vrin, 1964, p.4, 1001, a21

[89] THOMAS D'AQUIN, St, *Somme théologique, III*, Q U.94, a.2

S'il est vrai que le concept d'Etre est le concept le plus général, il doit s'ensuivre que ce concept est aussi le plus obscur. Le caractère général qu'on attribue à l'Etre n'implique pas la clarté ou l'évidence. C'est dire que, quand bien même l'Etre serait le concept le plus général, il ne demeure pas moins évident qu'il est le concept le plus obscur. Au contraire, c'est eu égard à cette obscurité, pense Heidegger, que l'Etre nous invite à une explication, à la recherche de son sens. La question du sens de l'Etre, pense notre auteur, loin de nous dispenser de toute explication, nous y invite au contraire. Dès lors, l'urgence de s'enquérir de la signification de l'Etre s'impose.

Le deuxième préjugé ayant entretenu l'indifférence à l'égard du problème de l'Etre dans l'ontologie traditionnelle, c'est le fait qu'on a pensé que « Le concept de l'Etre est indéfinissable. C'est ce que l'on déduisait de son absolue généralité »[90]. L'indéfinissabilité de l'Etre transcende ainsi tous les genres. Etant donné que l'Etre est ce qu'il y a de plus général, il ne serait pas raisonnable qu'il soit impliqué ou contenu dans un genre plus vaste que lui. Sur ce point précis, l'indéfinissabilité de l'Etre, qui a fonctionné comme préjugé, nous place dans l'impossibilité de comprendre l'Etre, de le saisir et d'en donner une définition. Tel est également le point de vue de Blaise Pascal pour qui « On ne peut entreprendre de définir l'Etre sans tomber dans cette absurdité : car on ne peut définir un mot sans commencer par celui-ci, soit qu'on l'exprime ou qu'on le sous-tend. Donc, pour définir l'Etre, il faudrait dire c'est, et ainsi employer le mot défini sans sa définition »[91]. L'Etre est le concept le plus universel, et par conséquent, transcende la différence genre-espèce. Aristote, pense Heidegger, avait le mérite de soulever le problème de l'unité de l'Etre, nonobstant la multiplicité des catégories[92].

---

[90] M. HEIDEGGER, *L'Etre et le temps*, *Op.cit.* p.19
[91] B. PASCAL, *Pensées et opuscules*, Paris, éd. Brunschvig, 1912, p.169
[92] J. GREISCH, *Op.cit,* p.76

Il nous faut préciser ici, au regard de ce qui précède, que l'Etre ne doit pas se confondre avec l'étant. Il est vrai qu'il n'y a pas d'Etre sans étant et qu'il n'y a pas d'étant sans Etre. L'Etre n'est pas l'étant. Ainsi, la question du sens de l'Etre, en dépit de cette indéfinissabilité à laquelle on la rattache, demeure incontournable, urgente et fondamentalement philosophique. « L'impossibilité de définir l'Etre ne dispense pourtant pas de s'interroger sur son sens : au contraire, elle rend cette interrogation nécessaire »[93]. En d'autres termes, l'impossibilité de définir l'Etre, parce qu'il est le concept le plus général, aiguise davantage notre interrogation sur le sens même de l'Etre. Loin d'inhiber ou d'annuler la question du sens de l'Etre, l'indéfinissabilité la fait, au contraire, rebondir, la rend indispensable et primordiale. Déjà, Aristote était conscient de la difficulté qu'il y a à définir l'Etre. C'est pourquoi il concevait aussi la polysémie de l'Etre. L'Etre, disait-il, se dit de plusieurs sens. Devant cette indéfinissabilité de l'Etre, l'on conclurait que la question du sens de l'Etre ne vaut pas la peine, il faut ainsi la taire ; mais seulement parce que l'Etre n'est pas un concept habituel, il est d'autant plus problématique[94].

Le troisième et dernier préjugé entretenant l'indifférence à l'égard de la question de l'Etre, et par là-même son oubli, c'est l'évidence de l'Etre. L'Etre, disent certains penseurs traditionnels, est tellement évident qu'il n'est plus nécessaire de s'interroger à son sujet. Aristote, dans sa *Physique*, énonce : l'être est ce qui de soi est manifeste. Dans cette perspective d'évidence de l'être, toute question sur le sens de l'Etre devient absurde, dépourvue de tout sens. L'Etre est un concept qui va de soi, car n'importe quel énoncé présuppose déjà une certaine compréhension du signifiant être. Heidegger pense qu'il est nécessaire de ressusciter cette vieille question du sens de l'Etre : « Que toujours nous vivons dans une compréhension de l'Etre

---

[93] M. HEIDEGGER, *L'Etre et le temps*, *Op.cit*, p.19
[94] J.GREISCH, *Op.cit*., p.76

et qu'en même temps le sens de l'Etre soit enveloppé dans l'obscurité, voilà qui prouve la nécessité fondamentale de répéter la question du sens de l'Etre »[95].

Néanmoins, l'Etre n'est pas aussi évident que l'on croit. Il est ce qui est plus obscur, plus énigmatique. Heidegger précise que « Le recours au critère de l'évidence, en matière des concepts fondamentaux, et principalement lorsqu'il s'agit du concept de l'Etre, est en soi suspect »[96]. Par conséquent, l'Etre se donne comme ce qui doit être interrogé en premier lieu. L'Etre a été oublié parce qu'il n'est justement rien de l'étant. « La métaphysique s'est tellement familiarisée avec l'étant qu'elle a oublié de se tourner vers l'essentiel »[97].

Comme l'on peut bien constater, ces trois préjugés, qui ont alimenté l'occultation de la question du sens de l'Etre et qui plongent leurs racines dans l'ontologie traditionnelle, semblent décourager, voire arrêter, toute recherche ou analyse d'ordre ontologique. A y regarder de près, ces préjugés ruinent toute entreprise sur l'ontologie parce que la rendant ainsi vaine et oiseuse.

Loin d'être considérée comme une question vaine et inutile, la question sur le sens de l'Etre s'avère fondamentale. Certes, toute question ou toute quête sur l'Etre ne va pas de soi, c'est-à-dire sans difficultés. Mais ces difficultés inhérentes à toute recherche du sens de l'Etre ne rendent pas, pour autant, nulle cette recherche.

La première, la plus générale des difficultés liées à une quête systématique sur la signification du vocable Etre, c'est que toute recherche du sens de l'Etre doit partir du sens ou de la compréhension ordinaire et vague de l'Etre. Cette explication ordinaire et vague a encore besoin d'être expliquée parce qu'elle est au départ confuse et indéterminée. Toute quête sur le sens de l'Etre doit donc

---

[95] J.GREISCH, *Op.cit.*, p.76.
[96] M. HEIDEGGER, *L'Etre et le temps*, *Op.cit.*, p.21
[97] *IDEM*, *Acheminement vers la parole*, Paris, Gallimard, 1976, p.234

nécessairement s'instituer à partir du sens moyen donné qui, à son tour, devra être élucidé et faire l'objet d'un problème. Le sens de l'Etre devra donc nous être déjà accessible en quelque manière. « Nous avons dit que nous nous mouvons toujours au sein d'une compréhension de l'Etre déjà présente »[98].

Mais ce sens moyen donné, qui semble admis universellement, Heidegger ne le rejette pas du revers de la main. Il estime que ce sens commun de l'Etre mérite d'être tiré au clair. Il faut qu'une réflexion philosophique soit portée sur ce sens commun de l'Etre.

La deuxième difficulté, la plus particulière, réside dans le fait que toutes les significations avancées sur l'Etre ne pourront pas faire l'objet d'une démonstration. Elles ne peuvent pas être démontrées comme si on démontrait une quelconque réalité. Ce constat est semblable à celui de Gabriel Marcel pour qui l'existence est un aboutissement et non une démonstration. C'est pourquoi il établit une distinction entre la réalité-mystère qui est d'essence ontologique et la réalité-problème qui est d'essence ontique. Il n'y a de problème que là où un certain contenu est délié du contexte qui l'unit au je[99]. Le mystère, par contre, m'implique et m'engage. Il est uni au je. Mais là où Heidegger se démarque de Marcel, c'est dans la distinction explicite entre l'existence et l'être de l'existence. Marcel n'établit pas cette distinction alors que, chez Heidegger, elle est capitale.

Chacun des penseurs antiques s'était engagé dans la voie de la question de l'être de l'étant. Ainsi, avons-nous dit, Parménide conçoit l'Etre dans la *physis*[100], Héraclite dans le *logos* ; pour Platon, l'essence de l'étant ou son étantité fut l'Idée[101]. Quant à Aristote, c'est

---

[98] M. HEIDEGGER, *L'Etre et le temps*, Op.cit., pp.20-21

[99] G. MARCEL, *Journal Métaphysique*, Paris, Gallimard, 1927, p. 329

[100] Dans *Questions I et II,* Heidegger montre ce qu'est et comment se détermine la *physis*

[101] M. HEIDEGGER, « Qu'appelle-t-on penser » dans Heidegger, *Questions I et II*, Paris, Gallimard, 1968, p.74

dans la substance que réside l'être de l'étant. Pour Saint Augustin, les êtres contingents en tant qu'ils ont des perfections, sont des participations de Dieu ; c'est donc Dieu qui est leur fondement. Mais aux temps modernes, nous assistons à une pensée subjective. Le *Subjectum* rassemble tout sur soi. Si, à présent, l'homme devient le premier et le seul véritable *subjectum*, cela signifie alors que l'étant, sur lequel désormais tout étant comme tel se fonde quant à sa manière d'être et quant à sa vérité, ce sera l'homme[102].

4. LA PENSEE ONTOLOGIQUE OCCIDENTALE COMME PENSEE SUBJECTIVE

Avec Heidegger, nous partons, dans cette section, de l'idée que la pensée occidentale, à l'époque moderne, est essentiellement fondée sur la subjectivité.

4.1. Construction de la subjectivité comme fondement métaphysique : Du doute au cogito chez Descartes

Fondateur du rationalisme moderne, n'acceptant ni l'autorité des Anciens, ni les vérités émanant des sens, si ce n'est que l'autorité de la raison, Descartes, dans sa métaphysique, part du doute au *cogito*. Mais avant tout, il considère le bons sens ou la raison comme la chose du monde la mieux partagée. La raison, donnée à tous, doit être guidée à l'aide d'une méthode en vue d'atteindre la vérité. Le mauvais usage de la raison nécessite la méthode pour bien mener la recherche sur la vérité. Cette méthode ne vaut rien si elle n'est pas associée au doute non pas sceptique, mais méthodique.

Le doute est indispensable pour atteindre la vérité. Il est le chemin qui conduit à la vérité. Parlant de ses six *Méditations métaphysiques*, Descartes écrit en ces termes : « Dans la première, je mets en avant les raisons pour lesquelles nous pouvons douter

---

[102] IDEM, *Chemins qui ne mènent nulle part*, Paris, Gallimard, 1962, p.80

généralement de toutes choses, et particulièrement des choses matérielles, au moins tant que nous n'avons point d'autres fondements dans les sciences que ceux que nous avons eus jusqu'à présent »[103].

Descartes doute de ses sens qu'il considère comme porteurs d'illusion. Néanmoins, il paraît impossible de douter de nos sens. Et comment est-ce que je pourrais nier que ces mains et ce corps-ci soient à moi ? Encore que les sens nous trompent quelquefois.

Descartes fait de la conformité, de la ratio et de l'objet une certitude vérifiable, scientifique, souscrite en définitive par Dieu. Le *cogito* vient avant le *Sum*, la pensée précède l'Etre, et la vérité est une fonction de la certitude du sujet humain[104]. Mais Descartes, précisons-le, est à la recherche d'un ensemble cohérent de vérités métaphysiques capables de le satisfaire. Pour établir quelque chose qui soit vrai, il faut, pense Descartes, une fois en sa vie, rejeter toutes ses anciennes opinions.

> « Il y a déjà quelque temps que je me suis aperçu que, dès mes premières années, j'avais reçu quantité de fausses opinions pour véritables, et que ce que j'ai depuis fondé sur des principes si mal assurés, ne pouvait être que fort douteux et une fois en ma vie de me défaire de toutes les opinions que j'avais reçues jusques alors en ma créance, et commencer tout de nouveau dès les fondements, si je voulais établir quelque chose de ferme et de constant dans les sciences »[105].

Chez Descartes, le doute ne représente qu'un moment provisoire. Il disparaît dès que la vérité recherchée est découverte de manière claire et distincte qu'aucun doute ne subsiste plus. Il donne l'espoir ou la possibilité de la vérité. C'est ce qui le distingue du doute

---

[103] R. DESCARTES, *Méditations métaphysiques*, Paris, P.U.F., 1970, p.18
[104] M. STEINER, *Martin Heidegger*, Op.cit. p.96
[105] R. DESCARTES, *Méditations métaphysiques*, *Op*.cit., p.25-26

sceptique n'offrant aucune possibilité de la vérité et entendu comme « doctrine d'après laquelle l'esprit humain ne peut atteindre avec certitude aucune vérité »[106].

Dans le doute, Descartes découvre son existence et son essence comme attestant la première certitude. « Mais, aussitôt après, je pris garde que, pendant que je voulais ainsi penser que tout était faux, il fallait nécessairement que moi, qui le pensais, fusse quelque chose. Et remarquant que cette vérité : *Je pense, donc je suis*, était si ferme et si assurée que toutes les plus extravagantes suppositions des sceptiques n'étaient pas capables de l'ébranler, je jugeai que je pouvais la recevoir sans scrupule pour le premier principe de la philosophie que je cherchais »[107]. Le *cogito* se révèle ici comme une prise de conscience, par un sujet déterminé, du doute, de son existence et de son essence d'être pensant doutant, imaginant et apercevant.

Avec Descartes, aux temps modernes, la subjectivité sera découverte comme le fondement inébranlable en philosophie. Ainsi, pense Heidegger, avec le cartésianisme les choses seront caractérisées par le mode d'être-pour-un sujet ; elles seront désormais pour une subjectivité[108]. Kant sera un des continuateurs de cette mutation dans la modernité philosophique.

4.2. La subjectivité et l'idéalisme kantiens : une forme de l'oubli de l'Etre

Comme Descartes, Kant reconnaît que toute perception ou représentation va de pair avec le cogito. L'on ne peut voir ou sentir qu'avec le « Je pense » *cogito*. Dès lors, Kant se rend compte qu'aucune représentation n'est possible sans la conscience. Il y a là une unité entre le *cogito* et la conscience. Le « Je pense » doit pouvoir accompagner toutes mes représentations ; car, autrement il y aurait en

---

106 A. LALANDE, *Vocabulaire technique et critique de la philosophie*, Paris, P.U.F, 1962

107 R. DESCARTES cité par J. RUSS, *Op.cit.*, p.146

108 M. HEIDEGGER, *Qu'est-ce qu'une chose*, Paris, Gallimard, 1971, p.115

moi quelque chose de représenté qui ne pourrait pas être pensé, ce qui revient à dire ou que la représentation serait impossible ou du moins qu'elle ne serait rien pour moi[109].

Aussi, Kant désigne-t-il l'unité du *cogito* avec la représentation sous le nom d'unité transcendantale de la conscience[110]. Dès lors, dans la perspective kantienne, le *cogito* est une forme a priori jouant le rôle d'unificateur. Le « Je pense » (cogito) sert à réunir toutes mes représentations en une conscience générale. C'est à cette condition- là que ces représentations sont pour moi et non pour un autre sujet. Cette unité transcendantale est alors la condition de possibilité de toute connaissance a priori.

Pour Kant, conclure de la pensée à un sujet pensant, comme le fait Descartes, est une tautologie, un paralogisme (faux raisonnement). Le *cogito*, loin de nous faire découvrir la quintessence d'un sujet quelconque, nous dit plutôt que toute représentation est toujours liée à un sujet et s'inscrit dans l'unité transcendantale de la conscience. L'on peut ici se rappeler la critique kantienne de l'argument ontologique qui remonte à Saint Anselme de Cantorbéry et hérité par Descartes : « de cet argument ontologique, dont une formulation moins concise avait déjà été proposée par Saint Anselme, et critiquée par Saint Thomas d'Aquin, Descartes avouait qu'il a d'abord quelque apparence de sophisme »[111]

Dans cette critique, Kant précise que l'existence ne rentre pas dans le domaine de la pensée pure. Il refuse, à l'opposé de Saint Anselme et de Descartes, de partir d'une simple idée[112] d'un être tel que rien de plus grand ne peut être conçu, d'un être parfait et infini à son existence. Certains penseurs, notamment NGIMBI NSEKA, se demandent si l'argument ontologique n'est pas un débordement de la

---

[109] E. KANT, *Critique de la raison pure,* 6è éd., Paris, P.U.F., 1968, p.110
[110] *Ibid.*
[111] G. RODIS-LEWIS, *Descartes et le rationalisme,* Paris, P.U.F., 1970, p. 34.
[112] *Ibid.*

pensée par le réel, par l'être, un dépassement du cogito par le credo qui l'accompagne, une découverte d'une « présence », la présence du transcendant au sein de notre esprit, de notre subjectivité humaine. N'est-il pas ce débordement du cogito par son *cogitatum* ?[113]

Si l'on se met dans la pensée grecque en général, on verra que toute subjectivité devient impossible dans la mesure où l'être est perçu ici comme simple présence. L'être de l'étant se déploie non pas comme chez Descartes à partir du *subjectum* en tant qu'*ego* et *substantia finita*, mais, chez Leibniz, à partir de la monade ; chez Kant, à partir de l'essence transcendantale, ancrée dans l'imagination de la raison finie[114].

Voulant mettre en accord la réceptivité de la sensibilité avec l'entendement, faculté d'organisation des expériences en unité ou concept, Kant en arrive à l'idée que le sujet ne se règle pas sur les objets, mais que ce sont les objets qui se règlent sur le sujet. C'est ce que l'on appelle « la révolution copernicienne », un changement du centre de référence. Il en est ainsi de l'idée qu'avait conçue Copernic qui, lui aussi, avait déplacé le centre de référence. L'idéalisme transcendantal de Kant se révèle ici comme le dépassement du rationalisme et de l'empirisme. Kant veut appliquer à la métaphysique une révolution conceptuelle semblable à celles des mathématiques et de la physique. Dès lors, c'est l'esprit qui impose au réel un ordre. « Il en est ici de l'idée que conçut Copernic : voyant qu'il ne pouvait venir à bout d'expliquer les mouvements du ciel en admettant que toute la multitude des astres tournait autour du spectateur, il chercha s'il ne serait pas mieux de supposer que c'est le spectateur qui tourne et que les astres demeurent immobiles »[115].

---

[113] H. NGIMBI NSEKA, « *Infini et transcendance chez E. Levinas. Une forme contemporaine de l'argument ontologique* » dans Revue philosophique de Kinshasa, Vol XII, n°21-22 Janvier-Décembre, 1988, p.28, 29

[114] M. HEIDEGGER, *Chemins qui ne mènent nulle part, Op.cit,* p.91

[115] E. KANT, *Critique de la raison pure*, Paris, P.U.F., 1968, p.16

L'idéalisme transcendantal de Kant fonde l'objectivité des sciences sur la subjectivité. Cet état de choses est semblable au changement de paradigme opéré par Descartes. Dans toutes ses trois *critiques*, Kant veut déterminer les conditions de possibilité d'une juste perception de l'objet par le sujet. Ce paradigme nous fait passer de l'objectivisme naïf au subjectivisme transcendantal. Dans sa *critique de la raison pure*, Kant écrit : « J'appelle transcendantale toute connaissance qui ne porte point en général sur les objets, mais sur notre manière de les connaître, en tant que cela est possible a priori. Un système de ce genre serait une philosophie transcendantale. Une pareille science devrait embrasser à la fois toute la connaissance analytique et toute la connaissance synthétique a priori »[116].

La critique transcendantale ou philosophie transcendantale est justement la synthèse de la connaissance analytique et de la connaissance synthétique a priori. Les concepts, chez Kant, sont, a priori, indépendants et antérieurs à toute expérience.

Le concept n'est pas empirique, mais il se rapporte à une intuition empirique. Car, pour Kant, il n'y a pas d'intuition intellectuelle. Toute intuition est empirique. Il y a intuition lorsqu'un objet nous est donné. Ainsi, c'est grâce au concept qu'un objet est pensé et organisé. Toute notre connaissance est rendue possible grâce à l'intuition et au concept. Le concept, sans intuition, ne peut donner lieu à aucune connaissance ; et l'intuition sans concept non plus. « Notre connaissance découle, dans l'esprit, de deux sources principales, dont la première est la capacité de recevoir les représentations (la réceptivité des impressions) et la seconde, la faculté de connaître un objet au moyen de ces représentations (spontanéité des concepts) »[117].

L'homme, pense Kant, a la capacité d'élaborer les Idées de la raison. Les Idées, dans la perspective kantienne, dépassent le cadre

---

[116] E. KANT, *Critique de la raison pure*, Paris, Garnier- Flammarion, 1976, p. 73
[117] *Ibid.* p. 109

empirique ou expérimental. La raison, c'est la faculté qui forme les Idées. Celles-ci sont aussi au-delà de l'expérience. Aux Idées de la Raison, rien de sensible ne correspond. L'Idée est ainsi ce à quoi s'achève la chaîne des conditions parce que la raison exige que la chaîne des conditions s'achève pour aboutir à l'inconditionné. Telle est l'Idée de l'âme, du monde et de Dieu. A ce propos, Kant écrit : « J'entends par Idée un concept rationnel nécessaire auquel ne peut correspondre aucun objet donné par les sens. Ainsi, les concepts purs de la raison que nous examinons maintenant sont les idées transcendantales »[118]. Ces Idées sont transcendantales dans la mesure où elles sont au-delà de toute expérience possible. Elles sont les conditions a priori de possibilité de la connaissance.

Chez Platon, l'Idée ou l'Essence, avons-nous déjà dit, est une Forme intelligible, le modèle de toutes les réalités, non perceptible par les sens et pourtant plus réelle que les choses sensibles. Sans Idées, pensait Platon, il n'y a aucune connaissance possible. Descartes, pour sa part, établit une nette distinction entre les trois sortes d'idées (l'Idée innée, l'Idée adventice et l'Idée factice : « Or, de ces Idées, les unes semblent être nées avec moi, les autres être étrangères et venir du dehors et les autres faites et inventées »)[119].

Chez Kant, par contre, les Idées sont des concepts a priori formés par la raison et grâce auxquels je peux construire l'ordre de l'univers. Ainsi, toute connaissance humaine commence avec les intuitions ; de là elle passe aux concepts ou catégories de l'entendement et s'achève avec les Idées transcendantales.

Comme l'on peut bien le constater, la subjectivité est donc érigée en possibilité transcendantale[120]. La métaphysique devient alors une théorie de la connaissance, c'est-à-dire une réflexion relative aux conditions de possibilité de la représentation objective. Alors que pour

---

[118] E. KANT, *Critique de la raison pure*, Paris, P.U.F., 1968, p. 324
[119] R. DESCARTES, *Méditations métaphysiques, Op.cit*, p.57
[120] M. HEIDEGGER, *Questions I et II*, Paris, Gallimard, 1968, p.98

les Grecs, dit Heidegger, « les choses apparaissaient, se montraient ; pour Kant, au contraire, elles lui apparaissaient »[121], elles existent pour le sujet qui les saisit, les connaît et les possède.

Dans ses trois œuvres maîtresses commençant toutes par le mot critique, Kant a aussi posé la raison comme fond. Selon Heidegger, Kant conçoit la raison comme faculté qui fonde[122]. Ainsi comprise, la raison n'est pas déterminée par la sensibilité. Rappelons que la doctrine kantienne est avant tout un idéalisme critique.

Réveillé de son sommeil dogmatique par Hume, Kant s'est aperçu que le rapport existant entre la cause et l'effet ne peut être pensé que par la raison a priori. Comme Descartes, Kant tombe dans la même erreur, celle du *cogito* qui ne débouche pas sur le *sum*. C'est pourquoi Jean Greisch s'exprime en ces termes : « Si Kant a échoué c'est pour une double raison : il est victime du ratage de la question de l'être comme telle et il manque une ontologie thématique du *Dasein* (...)

De même que Kant est dépendant de l'ontologie cartésienne, Descartes est dépendant de l'ontologie médiévale et de l'opposition de incréé et créé »[123].

Heidegger admire Kant pour l'attention qu'il a accordée à la relation entre le temps et l'être. Kant a temporalisé les concepts purs de l'entendement. Pour Kant, le temps n'est pas un concept empirique ; il ne dérive pas d'une expérience quelconque. Le temps est une représentation nécessaire qui sert de fondement à toutes les intuitions[124]. Toute intuition ne nous est possible ou ne nous est donnée que par les formes a priori d'espace et de temps. Le temps est donc le fondement de toute expérience. Une chose n'est possible que lorsqu'elle est dans le temps et elle est nécessaire si seulement elle est

---

[121] *Ibid*. p. 418
[122] M. HEIDEGGER, *Principe de la raison*, Paris, Gallimard, 1946, p.167
[123] J. GREISCH, *Op.cit.*, p.98
[124] E. KANT, *Critique de la raison pure*, Paris, Garnier-Flammarion, 1976, p. 89

en tout temps. L'espace et le temps, pense Kant, sont des cadres a priori de notre perception, des conditions subjectives de ma représentation du monde[125]. D'où l'idéalité transcendantale de l'espace et du temps selon Kant.

Si le temps désigne la forme du sens interne, dans la mesure où je perçois ma vie intérieure comme succession d'états, l'espace désigne, pour sa part, la forme du sens externe dans la mesure où c'est selon l'espace que je perçois le monde extérieur. Cependant, l'espace et le temps ne sont pas seulement régis par l'idéalité transcendantale, mais il y a aussi en eux la réalité empirique. Dès lors, ils sont à la fois formes a priori et données empiriques, c'est-à-dire des intuitions pures de ma sensibilité. « Le temps n'est autre chose que la forme du sens interne, c'est-à-dire de l'intuition de nous-mêmes et de notre état intérieur. Le temps est la condition formelle a priori de tous les phénomènes en général »[126]. En dehors du sujet, le temps n'est rien. Le temps est donc rattaché à la subjectivité. Le temps ne découle pas de l'expérience, il est, a priori[127], nécessaire, mais aussi intuitif.

Kant, pense Heidegger, a eu le mérite d'avoir temporalisé les concepts purs de l'entendement. C'est la raison pour laquelle Heidegger dit de lui qu'il est « Le premier et le seul penseur qui, durant une étape de son chemin de recherche, se soit mû dans la direction de la dimension de la temporalité, ou qui se soit laissé pousser dans cette direction par la contrainte des phénomènes est Kant »[128]. Il se révèle en quelque sorte une parenté entre la conception

---

[125] IDEM, cité par D. HUISMAN et A. VERGEZ, *Métaphysique*, Paris, Fernand-Nathan, 1966, p.77

[126] E. KANT, *Op.cit.* p. 89

[127] *A priori*, dans la pensée de Kant, désigne tout ce qui est antérieur et indépendant de l'expérience, tout ce qui précède l'expérience. *L'a priori* s'oppose à *l'a posteriori* qui signifie ce qui est dépendant de l'expérience, ce qui est engendré à partir de l'expérience. Le temps est une *forme pure de l'intuition* dans ce sens qu'il n'est pas un concept ou une catégorie de l'entendement, mais de l'intuition pure. L'intuition pure est la saisie immédiate d'une vérité non de manière empirique, mais a priori dans l'esprit. Le temps, comme l'espace, sont des éléments constitutifs de l'esprit.

[128] M. HEIDEGGER, *L'Etre et temps, Op.cit*, p. 23

kantienne du temps, vue comme forme a priori et comme ce qui n'est pas engendré à partir de l'expérience sensible, et la conception heideggérienne du temps, comme nous le verrons plus loin, vue comme ce qui a , en commun avec l'Etre, la capacité de ne pas se laisser réduire à l'étant. Comme l'Etre, pense Heidegger, le temps n'est pas un objet donné là, ceci ou cela. Le temps, dira Heidegger, c'est l'horizon transcendantal de l'Etre.

L'Etre et le temps se compénètrent, s'impliquent et se conditionnent l'un l'autre. Heidegger reproche à l'ontologie traditionnelle d'avoir fait du temps un étant mesurable. Le temps, c'est ce qui permet aux étants de se déployer. Le temps, c'est aussi, dans la pensée de Heidegger, le lieu d'ouverture du *Dasein* au monde et à l'Etre. Nous avons déjà parlé, à ce sujet précis, de la temporalité du *Dasein* à trois axes : l'avenir, le passé et le présent. L'homme est un étant qui se temporalise. Le temps est l'horizon à partir duquel l'être-là comprend l'être.

Le mot critique, dans les trois œuvres de Kant, à savoir *Critique de la raison pure*, *Critique de la raison pratique* et *Critique de l'entendement*, ne veut nullement dire censure ou rejet de la raison par Kant, mais veut plutôt ramener la raison à ses limites métaphysiques dans sa prétention de connaître ce qui est au-delà de la nature sensible et de s'assurer qu'il est possible de faire de la métaphysique une science.

Il convient de préciser que Kant ne détruit pas toute la métaphysique. Il réhabilite même la métaphysique pour instituer la « métaphysique des mœurs ». Kant critique la métaphysique dogmatique[129] pour substituer une métaphysique critique. Pour Kant, le problème véritable, qu'il pose d'ailleurs dans ses *Prolégomènes à*

---

[129] La métaphysique dogmatique est, selon Kant, celle qui prétend connaître, de manière *a priori*, le *noumène*, la réalité même des choses. Rappelons-nous que, pour Kant, le *noumène*, c'est-à-dire la chose en soi, est inconnaissable parce que nous ne possédons pas d'intuition pure ou intuition intellectuelle. En dehors de l'expérience, pense Kant, la raison humaine est le lieu de contradiction.

toute métaphysique future, c'est celui-ci : « Comment des propositions synthétiques a priori sont-elles possibles ? »[130] Kant appelle cette question de la connaissance par raison pure. Il s'agit de faire passer au crible, à un examen critique, notre faculté de connaître qu'est la raison.

Kant s'exprime en ces termes : « Toute notre connaissance commence par les sens, passe de là à l'entendement et s'achève dans la raison, au-dessus de laquelle il n'y a rien en nous de plus élevé pour élaborer la matière de l'intuition et pour la ramener à l'unité la plus haute »[131]. Ce primat de la raison, chez Kant, ou du *cogito* sur le *sum,* chez Descartes, constitue un ratage de la question de l'être, un oubli de l'Etre. Aux yeux de Heidegger, ces deux philosophes n'ont pas déterminé les sens de l'Etre du cogito, c'est-à-dire ils n'ont pas, dans leurs réflexions, débouché sur l'ontologie du *Dasein.* Le *cogito* (Je pense) kantien est le lieu de l'intelligibilité du lien entre l'être et la conscience.

Kant s'est donné une mission de réformateur en métaphysique, voulant faire de celle-ci une science ayant la même rigueur que la mathématique et la physique. C'est la tentation qui habitait déjà Descartes lorsqu'il voulait faire de la philosophie une « mathesis universalis ». Heidegger dénonce cette tentative de faire de la philosophie une science au même titre que la mathématique et la physique. Car cela appauvrirait la philosophie.

Dans son ouvrage Kant et le problème de la *métaphysique*, Heidegger considère la C*ritique de la raison pure* comme instauration du fondement de la métaphysique. Kant veut y justifier la possibilité de la métaphysique à partir de l'ontologie fondamentale[132]. L'homme est l'étant qui, de par sa nature, a la compréhension de l'Etre. Mais

---

[130] E. KANT, *Prolégomènes à toute métaphysique future qui pourra se présenter comme science*, p. 34

[131] IDEM, *Critique de la raison pure,* Paris, P.U.F., 1968, p. 254

[132] M. HEIDEGGER, *Kant et le problème de la métaphysique*, Paris, Gallimard, 1965, p.13

cette compréhension est encore préontologique, c'est-à-dire qu'elle n'est pas encore savoir ; il faut qu'elle passe de la préontologie à l'ontologie.

Etant donné que l'ontologie fondamentale n'est autre que la métaphysique de l'existence humaine, il s'ensuit que la relation entre l'homme et l'Etre est étroite. « Si on s'efforce de comprendre la critique de la raison pure comme instauration du fondement de la métaphysique, cela revient à saisir, à la lumière de l'essence de l'homme, les limites et le dessein de la possibilité de la métaphysique »[133].

Heidegger nous fait remarquer qu'en réalité la critique de la raison pure n'est pas une théorie de la connaissance ontique (expérience), mais de la connaissance ontologique[134]. Kant pose la raison pure comme faculté de connaître selon les principes a priori. S'il est vrai que les principes a priori que contient la raison sont les conditions de possibilité d'une connaissance ontologique, il faut donc dire que dévoiler les conditions de possibilité de la connaissance a priori, c'est dévoiler l'essence de la raison pure. Heidegger pense que « l'instauration du fondement de la métaphysique, comme dévoilement de l'essence de l'ontologie, est une critique de la raison pure »[135]. Il se dégage l'idée que le but poursuivi par Kant dans la critique de la raison pure est celui de déterminer l'essence de la connaissance ontologique.

Ainsi, la faculté capable et devant apporter la légitimité de tous les jugements sur l'être et l'étant ne peut pas résider dans l'expérience. Kant considère, d'une part, que la métaphysique traditionnelle est insoutenable parce qu'elle incite au scepticisme et, d'autre part, il soutient que la métaphysique s'est plongée dans le scepticisme parce qu'elle avait prétendu à une connaissance du type

---

[133] *Ibid.*
[134] *Ibid.*, p.77
[135] *Ibid.* p.74

scientifique. Dans cette métaphysique, n'est possible que ce qui est observable et expérimental.

Toutefois, Kant est convaincu qu'aucune pensée humaine visant à comprendre le réel ne peut abandonner la recherche d'un Absolu, d'un fondement inaccessible à la science du sensible. Voilà une des raisons qui font dire à Heidegger que la critique de la raison pure est une théorie de la connaissance ontologique et non ontique.

Dans ces critiques, Kant recherche ce qu'il appelle « conditions de possibilité a priori ». L'on sait que ce qui est a priori c'est ce qui est antérieur à toute expérience, à toutes choses. Ces conditions déterminent ce à partir de quoi l'étant est ce qu'il est. C'est le lieu où se détermine l'étant. L'être demeure ainsi dans les conditions de possibilité de l'expérience.

Kant semble penser l'être en termes de conditions de possibilité. Et penser l'être en ces termes, constitue, pour Heidegger, un oubli de l'Etre au profit de l'étant. Si Kant critique la métaphysique, cela ne veut nullement dire qu'il refuse toute métaphysique, mais seulement celle qui se définit comme la science de la raison pure. L'on peut dire que Kant détruit la métaphysique pour instaurer une autre métaphysique. Il est à la fois destructeur et constructeur de la métaphysique.

Aux yeux de Heidegger, la critique de la raison pure comprise comme raison – fond ou raison suffisante, est aussi insuffisante à nous faire voir l'Etre de ce qui se dispense à nous sous le titre de la critique de la raison pure. L'obstacle demeure. Cet obstacle, dit Heidegger, est l'insuffisance de notre médiation touchant le fait que les horizons essentiels des interrogations kantiennes n'ont pu s'ouvrir qu'à la lumière de la formulation rigoureuse et complète donnée par Leibniz au principe de raison[136].

---

[136] *Ibid.* p. 171

4.3. Le principe de raison suffisante chez Leibniz : une forme de fondement logico-ontologique

Une certaine parenté existe entre la problématique kantienne de la connaissance qui ne peut se constituer tout simplement dans une perspective empirique, mais devant requérir l'intervention a priori de l'esprit, et l'idée leibnizienne selon laquelle l'expérience joue un rôle secondaire par rapport à l'esprit, qui est premier, dans la constitution de la connaissance. Leibniz pense qu'à l'origine de toute chose, il y a la loi du réel. Cette loi du réel, c'est ce qu'il appelle « principe de raison suffisante ».

Certes, il existe plusieurs principes de la raison sur lesquels les raisonnements valables s'appuient. Ces principes sont, comme le dit Leibniz, nécessaires comme les muscles et les tendons le sont pour marcher quoi qu'on n'y pense point[137]. Ces principes métaphysiques sont aussi principes fondamentaux de la logique. Parmi ces principes de la raison, nous avons le principe d'identité selon lequel « ce qui est, est ; A est A »[138]. Ce qui signifie que toute chose est égale à elle-même. Par exemple, Jean est égal à Jean, c'est-à-dire à lui-même et non à Pierre. Cet état de choses se conforme au « principe des indéniables » selon lequel deux sujets (ou choses) ne peuvent pas être identiques pour former un seul être. En logique moderne, ce principe d'identité s'exprime en ces termes : p=p.

Le principe de contradiction est énoncé par Aristote de la manière suivante : « Il est impossible que le même attribut appartienne et n'appartienne pas au même sujet sous le même rapport »[139]. Il s'énonce en logique moderne comme suit :
-(p ^ - p) ; la logique formelle distingue des propositions contraires, par exemple, les deux propositions suivantes : Tout homme est mortel

---

[137] W.G. LEIBNIZ, *Nouveaux essais sur l'entendement,* Paris, Garnier-Flammarion, 1960, p20
[138] D., HUISMAN et A., VERGEZ, *Métaphysique*, Paris, Fernand-Nathan, 1966, p.31
[139] ARISTOTE, *Métaphysique III*, 3, 115 b.

et aucun homme n'est mortel. Si l'une est vraie, l'autre est nécessairement fausse. Car de la vérité de l'une, on ne peut inférer à la vérité de l'autre. Mais de la fausseté de l'une, on ne peut pas directement inférer à la vérité de l'autre. Selon le principe de contradiction, un individu ne peut pas réunir, par exemple, en lui-même et sous les mêmes conditions, le prédicat mortel et le prédicat non mortel. D'où la nécessité d'énoncer le principe du tiers exclu.

Le principe du tiers exclu élimine une troisième éventualité entre deux prédicats contraires. « Le principe de contradiction s'appelle principe du tiers exclu lorsqu'il est présenté sous forme d'un dilemme : ou bien le Cheval d'Henri IV est blanc ou bien il est non-blanc. Ou bien il pleut en ce moment, ou bien il ne pleut pas »[140]. Par exemple, poser une troisième éventualité ou prédicat entre mortel et non mortel (ou immortel), pas d'autre forme (éventualité). Ce principe du tiers exclu s'énonce en logique moderne comme suit : $p \vee p$.

Le principe de raison suffisante, principe cher à Leibniz, postule que tout ce qui existe a sa raison d'être. Par raison d'être, il faut entendre les conditions qui expliquent un événement et qui le rendent intelligible. Il est vrai que la raison humaine a l'exigence d'intelligibilité ou de compréhension. Selon Leibniz, le principe de raison suffisante postule que « rien n'est sans raison »[141]. Tous les autres principes de la raison susmentionnés découlent du principe de la raison suffisante.

Ce principe de raison suffisante, en énonçant que toute chose a une raison ou une intelligibilité, touche à un autre principe appelé « principe de causalité ». Meyerson a bien montré que, sous sa forme idéale, le principe de causalité rejoignait celui d'identité. Nous rêvons de ramener l'effet à sa cause comme on ramène une nouvelle proposition mathématique à l'ensemble des théorèmes déjà démontrés.

---

[140] D., HUISMAN et A., VERGEZ, *Op.cit.*, p.31-32

[141] W.G. LEIBNIZ cité par N. BARAQUIN et J. LAFFITTE, *Dictionnaire des philosophes*, 2ème éd., Paris, Armand Colin, 2002, p.183.

L'idéal de la raison serait de déduire l'effet de la cause, de montrer que la cause et l'effet sont la même chose[142]. L'Etre est fond de raison.

La raison se présente alors comme un ensemble des normes ou principes qui régissent tout travail de la pensée. Ces principes rationnels sont universels dans ce sens que tout homme, en tout lieu et dans les conditions requises, peut en faire usage. Ces principes rationnels ne sont pas seulement universels, mais ils sont aussi nécessaires parce qu'ils ne peuvent pas ne pas être. Il paraît impossible de se passer d'eux si l'on veut vraiment penser ou raisonner. Ils se révèlent comme condition nécessaire de toute pensée cohérente et logique. Comme substance simple, la monade est entendue par Leibniz en termes de l'être de l'étant. Dieu, comme monade[143] suprême et infinie, a une connaissance infinie et toutes les perfections les plus élevées.

Pour Heidegger, la raison pour laquelle toute chose est, est elle-même un étant. C'est pourquoi le principe de raison est une proposition portant sur l'étant et il peut être ramené sous cette forme : « A l'Etre appartient la raison »[144]. La critique heideggérienne de la philosophie de la subjectivité ou de la raison vue comme nécessité de la pensée, comme logique et comme sens, est explicite à travers l'interrogation suivante : « Mais que peut la raison lorsqu'elle se rencontre avec l'irraison et la déraison, toutes trois installées à demeure sur le plan de cette même négligence qui oublie de réfléchir à la provenance de l'Etre de la raison et de s'engager dans le chemin de sa venue ? »[145]. En d'autres termes, l'Etre est raison qui fonde. Malheureusement le principe de raison suffisante ne veut pas ainsi

---

[142] M. HEIDEGGER, *Principe de la raison*, *Op.cit.*, p. 172

[143] La monade, au sens leibnizien, est un atome spirituel, sans parties, semblable à l'âme agissant par elle-même. Les monades sont en nombre infini, ni portes ni fenêtres. Elles ne communiquent pas entre elles, cependant vivant dans une harmonie préétablie par Dieu, monade suprême, par rapport à d'autres qui sont les unes nues, les autres sensitives.

[144] M. HEIDEGGER, *Principe de la raison*, *Op.cit.*, p. 27

[145] *IDEM*, *Essais et conférences*, *Op.cit.*, p. 250

dire. A y regarder de près, le principe de raison suffisante cache la vérité selon laquelle « L'Etre est fond de raison »[146].

Dans la pensée de Heidegger, le principe de raison suffisante, énoncé par Leibniz, n'est plus un principe suprême de toute représentation, comme le concevait Leibniz. Ce principe leibnizien devient, chez l'auteur de l'*Etre et temps*, la parole ou la question sur l'Etre et dont la réponse est que l'Etre veut dire fond de la raison. Il n'y a que l'étant qui a raison parce que l'étant est fondé sur l'Etre. C'est l'Etre qui fait que l'étant existe. Mais l'Etre n'est pas fondé ; il est sans raison parce qu'il est ce qui fonde la raison même. L'Etre n'est ni Dieu ni fondement du monde. Le fond, c'est ce sur quoi tout repose, c'est le niveau le plus bas de toute chose. C'est le fond qui porte l'étant. En dernière analyse, l'Etre, le fond et le fond de la raison sont identiques.

Du point de vue de la post-modernité, l'opposé de la raison n'est pas forcément l'irrationnel. Dire que l'homme est un être raisonnable et que ces principes ci-haut analysés sont rationnels, ce n'est qu'une prescription d'un devoir. Ces principes ne peuvent être démontrés. La raison suffisante aide l'étant et non l'être. A ces propos, Heidegger écrit : « La raison suffisante, au sens de Leibniz, n'est aucunement cette raison qui suffit tout juste à soutenir quelque chose dans l'Etre, afin qu'il ne retombe pas aussitôt dans le néant. La raison suffisante est celle qui apporte et présente à l'étant ce qui lui permet d'atteindre à la plénitude de son être, c'est-à-dire à la perfection »[147].

La raison suffisante vise à la perfection. Voilà pourquoi Leibniz l'appelle aussi « la raison suprême ou le grand suprême ». C'est dans ce sens que Heidegger considère que la raison suprême est une anticipation de tout parce qu'il va plus loin.

Ainsi, nous ne pouvons penser l'Etre ni sur le modèle de la simple-présence, ni sur le modèle du simple-retrait, ni sur le modèle

---

[146] IDEM, *Principe de la raison, Op.cit., p.127*

[147] M. HEIDEGGER, *Principe de la raison*, *Op.cit.*, p. 166

de la simple raison suprême, ni sur le modèle de la simple raison suffisante. L'Etre, conçu comme Idée au sens platonicien, fait référer toujours à l'étant. L'Etre n'est pas l'étant et l'étant n'est pas l'Etre. Mais le renversement nietzschéen du platonisme ne viendra-t-il pas achever la métaphysique au point où Heidegger déclare qu'avec Nietzsche nous assistons à l'achèvement de la métaphysique. Cette dernière étant toujours comprise par Heidegger comme caractérisée par l'oubli de l'Etre.

4.4. La volonté de puissance nietzschéenne comme exaltation de la subjectivité et de l'être de l'étant

Pour Nietzsche, la *volonté de puissance* est le fondement universel. La poursuite de l'Etre n'est que néant, vanité. L'Etre véritable, c'est la volonté de puissance, la vie. Cette dernière est la forme particulière de l'être. Elle est sa forme la mieux connue[148]. Nietzsche critique les spéculations métaphysiques ; il rejette la possibilité d'une vérité au-delà des apparences et de la croyance à un arrière-monde. Car, pour Nietzche, le fait de vivre est l'unique représentation que nous puissions avoir de l'être, ceci étant puisque la vie est essentiellement volonté de puissance[149]. Cette dernière est une force, une énergie de l'univers qui détruit, construit (crée) et modifie conformément à *l'Eternel Retour*. Le devenir, chez Nietzsche, n'est pas linéaire, mais cyclique et sans fin ni but. Cette force pousse le sujet humain à la domination et à la création des valeurs.

Entre la volonté de vie et la volonté du néant, Nietzsche choisit la volonté de vie qui est à l'origine de toutes les valeurs. Il rejette l'idée du bouddhisme selon laquelle le vouloir vivre est la cause principale des souffrances humaines, car toute la vie n'est que

---

[148] F. NEITZSCHE, *La volonté de puissance*, Paris, Gallimard, 1995, p.231
[149] R. VERNEAU, *Histoire de la philosophie contemporaine*, Paris, Beauschesne et ses fils, 1960, p.44

de la souffrance. Pour accéder au Nirvâna, il faut alors éteindre le vouloir vivre. Le vouloir vivre implique aussi l'idée de la sélection naturelle qui conduit à la survivance des plus aptes, à l'idée de la lutte pour la conservation, car « la « vie », dans la langue de Nietzsche, signifie la volonté de puissance, trait fondamental de tout ce qui est et non seulement de l'homme »[150]. Dans cette « biosophie » nietzschéenne, on peut remarquer l'influence darwinienne sur Nietzsche. Le vouloir vivre finit par devenir volonté de puissance pour créer le monde dionysiaque auquel Nietzsche fait allusion dans son *Origine de la tragédie grecque*[151].

Nietzsche pense que le vouloir vivre est une force libératrice qui appelle la joie : « Mais mon vouloir vivre vient toujours à moi comme mon libérateur, comme celui qui m'apporte la joie »[152]. Le sujet devient ici le promoteur des valeurs. Le sujet est le lieu des forces et de dépassement. Le sujet humain, en se dépassant, devient le surhomme, l'homme supérieur libre de toute pitié, de toute morale et religion, mais créateur de ses propres valeurs. « Le surhomme est une transformation, et par là un rejet de l'homme traditionnel »[153]. D'où le nihilisme, qui conduit aux nouvelles valeurs, et qui caractérise la pensée de Nietzsche en ce sens que tout n'a aucun sens, toute idée établie est à détruire en vue de nouvelle idée. « Le nihilisme (…) apparaîtra, premièrement, lorsque nous nous serons efforcés de donner à tout ce qui arrive un « sens » qui ne s'y trouve pas ; en sorte que celui qui cherche finit par perdre courage »[154]. L'Etre, entendu comme réalité ultime, absolue et suprême est, pour Nietzsche, ineffable. L'Etre métaphysique ne pourra pas faire l'objet d'un discours ; il échappe au mot, il n'est qu'un simple néant. Nietzsche écrit en ces

---

150 M. HEIDEGGER, *Essais et conférences*, *Op.cit.*., p. 118

151 Dionysos est le dieu grec de l'ivresse, du plaisir, de brisure ou renversement des valeurs pour construire les nouvelles valeurs. Ce dieu grec s'oppose à un autre Apollon qui se caractérise par la soumission à la règle.

152 F., NIETSZSHE, *Ainsi parlait Zarathoustra*, *Op.cit.*., p. 49

153 M. HEIDEGGER, *Qu'appelle –t-on penser ?*, Paris, P.U.F, 1967, p.112

154 F. NIETESCHE, *La volonté de puissance*, *Op.cit.*, p. 43

termes : « En vérité, il est difficile de démonter l'Etre et il est difficile de le faire parler. Dites- moi, mes frères, les choses les plus singulières ne vous semblent-elles pas les mieux démontrées ? »[155].

A travers cette attitude anti-métaphysicienne, Nietzsche critique non seulement l'étude de l'Etre, identique à soi-même à travers l'éternel retour, mais aussi Dieu et l'arrière-monde, qui ne sont que des projections de l'homme, à leur tour conséquences de la souffrance humaine. Ainsi, dans la pensée de Nietzsche, l'Etre, Dieu, l'au-delà ne sont que de simple néant. La souffrance a créé l'arrière-monde. Avec le nihilisme, tous les idéaux supérieurs ou suprasensibles n'ont plus de sens. Car le nihilisme nietzschéen c'est l'absence des significations, des idéaux. La destruction des idéaux implique celle de Dieu, c'est-à-dire la mort de Dieu. La croyance en Dieu, comme suprasensible qui illumine les civilisations du monde, est ainsi ébranlée. La mort de Dieu intervient comme un événement historique qui inaugure une nouvelle ère.
Nietzche écrit en ces termes : « En effet, nous autres philosophes et « esprits libres », à la nouvelle que « le Dieu ancien est mort », nous nous sentons illuminés d'une aurore nouvelle »[156].

L'on peut, cependant, se poser la question de savoir ce qu'est le Zarathoustra de Nietzsche. Il est, affirme Heidegger, le porte-parole de Dionysos. Ceci veut dire : Zarathoustra est le maître qui dans la doctrine du surhomme et pour elle, enseigne le Retour éternel de l'Identique[157]. Zarathoustra prêche le surhomme et enseigne le Retour éternel. Le surhomme et l'Eternel Retour s'appellent mutuellement.

En somme, dans la métaphysique moderne en général et dans la pensée de Nietzsche en particulier, la volonté est saisie comme l'être de l'étant. Le mot « vouloir » nomme ici l'être de l'étant dans

---

155 IDEM, *Ainsi parlait Zarathoustra*, Paris, Librairie générale française, 1983, p. 49
156 IDEM, *Le gai savoir*, p.229, 284
157 M. HEIDEGGER, « Qui est le Zarathoustra de Nietzsche » dans Essais et conférences, *Op.cit.*, p. 143.

son ensemble. Cet être est volonté. Voilà qui nous paraît étrange, et qui l'est effectivement, aussi longtemps que les pensées qui soutiennent la métaphysique occidentale nous restent étrangères. Et elles le restent, aussi longtemps que nous ne pensons pas ces pensées, mais nous bornons toujours à les exposer[158].

Le philosophe allemand Hegel récupère l'Idée platonicienne, mais dans un sens un peu différent de celui que Platon donnait à l'Idée. L'Idée hégélienne, à l'opposé de l'Idée platonicienne, se révèle comme la forme supérieure de l'Esprit, une pensée qui progresse vers l'Absolu. Hegel a hérité également de Spinoza le concept de substance identique à l'Absolu. Cette subjectivité et cet idéalisme hégéliens constituent une forme d'oubli de l'Etre et l'accomplissement même de l'idéalisme allemand.

4.5. L'Idée Absolue hégélienne : une forme de subjectivité et de l'Etre

Dans la pensée hégélienne, l'Idée occupe une place prépondérante. Cette Idée absolue a besoin de la dialectique pour se déployer. Mais qu'est-ce qu'au fond l'Idée absolue ?

L'Idée Absolue est une réalité profonde et spirituelle. « Seule l'Idée absolue est Etre et Vérité »[159]. Il nous paraît souhaitable de saisir la portée profonde et exacte du concept d'Idée qui revêt une importance capitale chez Hegel. Si l'Idée absolue seule est saisie comme l'Etre et la Vérité, cela revient à dire que tout le reste n'est que mode et expression de cette Idée absolue.

> L'Idée est saisie par Hegel comme réalité spirituelle, elle apparaît comme l'Absolu dans ce sens qu'elle possède en elle-même sa raison d'être. C'est pourquoi Hegel considère l'art, la religion et la philosophie comme des tremplins de l'Absolu. Ainsi, écrit Hegel, l'Idée est « le seul objet et le

---

[158] *Ibid.*, p.132.
[159] G.W.F., HEGEL, *Science de la logique. La logique objective, la logique subjective,* Paris, Montaigne, T2, 1949, p.598.

seul contenu de la philosophie. Du fait qu'elle est pour ainsi dire le socle de toutes les déterminations (…) Tout le reste est erreur, trouble, opinion, velléité, tout le reste est arbitraire et passager : seule l'Idée est vie impérissable, qui sait telle »[160].

L'Idée, c'est le vrai à son plus haut degré. C'est ainsi qu'apparaît la distinction entre l'Idée et le concept. Le concept, dans la terminologie hégélienne, c'est la première forme du vrai, le concept est plus abstrait et moins concret. La méthode dialectique chez Hegel n'est pas négative ; elle représente le développement positif du concept. La philosophie ne fait que rendre compte de ce développement. Hegel s'exprime en ces termes : « La pensée, en tant que subjectivité, ne fait qu'assister à ce développement de l'Idée comme l'activité propre de la raison »[161]. Le concept, en se développant, finit par devenir Idée.

Hegel décrit l'évolution de l'Esprit au moyen de la dialectique dont il fait non seulement la méthode rationnelle de la pensée, mais aussi et surtout la vie même du concept et de son histoire. L'Esprit, au sens hégélien, est une pensée qui, en progressant, atteint l'Absolu.

La dialectique est un mouvement du concept en thèse, en anti-thèse et en synthèse. La thèse est appelée concept abstrait, immédiat ; l'anti-thèse c'est le concept dialectique ou réfléchi ; et la synthèse, concept spéculatif ou concret[162]. Cette progression du concept, à travers la dialectique, se découvre aussi dans la dialectique ou l'identité Etre – Néant – Devenir. Nous parlerons plus loin de cette identité qu'Hegel introduit entre l'Etre, le néant et le devenir. Chez Hegel, la subjectivité et l'idéalisme subjectif culminent en une sorte

---

[160] *Ibid.*, p. 549-550

[161] G.W.F., HEGEL, *Science de la logique, T2, La logique objective, la logique objective*, Paris, Aubier, 1949, p. 63.

[162] R. VERNEAUX, *Histoire de la philosophie moderne*, Paris, Beauchesne et ses fils, 1963, p.191.

de certitude absolue, Heidegger n'est rien de plus qu'un solipsisme dynamique[163].

Dès lors, l'être de l'étant se déploie chez Descartes à partir du subjectum en tant qu'ego et substantia finita, mais chez Leibniz, à partir de la monade ; chez Kant, à partir de l'essence transcendantale, ancrée dans l'imagination de la raison finie. Chez Fichte à partir du Moi infini, chez Hegel à partir de l'Esprit comme savoir absolu[164].

Heidegger considère la phénoménologie de l'esprit hégélienne comme l'expérience de la conscience, c'est-à-dire le dialogue entre la conscience naturelle et le savoir absolu. Car, pour Hegel, la conscience, c'est le savoir. Le nom de conscience, en tant qu'être conscient, nomme un être (présence)[165]. Traditionnellement, la vérité se concevait comme l'adéquation entre le réel et l'esprit. Mais avec Hegel, l'absolu seul est vrai. Comme certitude, la vérité est maintenant la représentation elle-même[166].

D'où la critique de l'Esprit hégélien par Heidegger. Avec Hegel, toute connaissance devient celle de l'absolu. La pensée cherche pour elle son *fondamentum absolutum* pensé comme l'Absolu même[167]. La conscience de soi est ici le moment essentiel du vrai. L'homme devient, dans la perspective hégélienne, le sujet ou le fondement et la mesure du vrai. « *Les Méditations philosophiques* (Descartes) jettent le plan de l'ontologie du subjectum à partir de la subjectivité déterminée comme conscientia »[168].

Voilà pourquoi Heidegger critique la philosophie ou l'ontologie de la subjectivité qui consiste en la conscience de soi ou en la vérité comme la conscience de soi-même et en l'homme subjectum

---

[163] Cf. M.STEINER, Martin Heidegger, p. 96

[164] M. HEIDEGGER, *Chemins qui ne mènent nulle part, Op.cit., p. 91.*

[165] *Ibid.*, p.122, 123.

[166] *Ibid.*, p. 115.

[167] *Ibid.*, p. 109

[168] M. HEIDEGGER, *Chemins qui ne mènent nulle part, Op.cit.*, p.98. C'est nous qui insérons les parenthèses et Descartes.

se fondant lui-même. Cette philosophie de la conscience, nous l'avons retrouvée chez Descartes pour qui la pensée est un savoir immédiat de soi-même ; chez Hegel, pour qui l'homme prend conscience lorsqu'il dit moi, la conscience, c'est le retour de la pensée sur elle-même ; chez Sartre, à la suite de Husserl pour qui toute conscience est conscience de quelque chose, la conscience est translucide.

Le malheur de la conscience, disait Blaise Pascal, c'est de ne jamais vivre le présent, mais plutôt de ne penser qu'au passé et à l'avenir. Le présent nous paraît comme une source de misère. « Nous ne pensons presque point au présent, et, si nous y pensons, ce n'est que pour en prendre la lumière pour disposer l'avenir. Le présent n'est jamais notre fin : le passé et le présent sont nos moyens ; le seul avenir est notre fin. Ainsi nous ne vivons jamais, mais nous espérons de vivre ; et nous disposant toujours à être heureux, il est inévitable que nous ne le soyons jamais »[169]. L'homme est incapable de maîtriser le temps, car il est voué à la mort inéluctable.

L'oubli de l'être, caractéristique de l'ontologie traditionnelle, tel que dénoncé par Heidegger, est aussi consubstantiel à l'Etre. C'est ce qui explique l'appropriation métaphysique de l'oubli de l'Etre. « Quand Platon présente l'être comme Idea ; Aristote comme energeia ; Kant comme positio ; Hegel comme concept absolu ; Nietzsche comme volonté de puissance, ce ne sont que des paroles de l'être dans le « Il y a être ». Le « Il » signifie ce qui arrive. Dire « Il y a être »[170] veut dire, selon Heidegger, l'être donne être.

---

[169] Cf. B. PASCAL, *Pensées et opuscules*, Paris, Hachette, 1963, p.408.
[170] M. HEIDEGGER, *Questions III et IV*, *Op.cit.*, p.204

4.6. Oubli comme aventure à l'intérieur de l'Etre et son appropriation métaphysique

Dans son contenu réel, la métaphysique se déploie dans la perspective de l'étant en tant qu'étant. La métaphysique représente ainsi, aux yeux de Heidegger, l'étant ou l'étantité de l'étant et non l'Etre en général. La métaphysique a étudié l'étant en tant qu'étant.

Ainsi, la question du fondement ou de l'être de l'étant tombera dans l'oubli[171] au profit de celle de la subjectivité. Dès lors, écrit Heidegger, « l'Etre sera compté pour rien, il sera oublié, mis à côté et la métaphysique se fourvoiera dans une confusion permanente entre l'être et l'étant »[172]. Le temps moderne s'est donc fourvoyé dans une pensée objectivante selon l'équation sujet-objet[173].Si l'Etre a été compté pour rien, l'absence, par contre, a été comblée par la présence. C'est pourquoi, Heidegger préconise le dépassement de la métaphysique, expression qui lui est chère et que nous avons déjà développée.

Selon Heidegger, l'histoire de la métaphysique c'est l'histoire de l'oubli de l'Etre. L'Etre a été oublié avec Platon et Aristote. Chez Parménide, on trouve plus la physique que la métaphysique, il s'agit ici de l'être vu comme *physis*, c'est-à-dire comme l'étant qui se déploie. « Des interprétations d'Héraclite, de Parménide et même de Sophocle nous montrent la pensée originelle comme une violence productrice qui fait paraître l'être (la *physis*) dans le recueillement du logos »[174]. Platon, quant à lui, pense l'être en tant qu'intelligible, c'est-à-dire *l'eidos* (Idée) située au-dessus du sensible. La fin du cours professé par Heidegger en 1935 évoque chez Platon, déjà, la

---

[171] IDEM, *Questions I et II*, Paris, Gallimard, 1968, p.418.
[172] IDEM, *L'Etre et le temps*, Paris, Gallimard, 1986, p.25.
[173] IDEM, *Acheminement vers la parole*, Paris, Gallimard, 1976, p.234.
[174] M. HEIDEGGER, *Introduction à la métaphysique*, *Op.cit.*, 1967, p.12.

séparation qui s'opère entre l'être et ses corrélats et finira par réduire l'Etre à l'étant[175].

La philosophie nietzschéenne, selon Heidegger, appartient à l'histoire de l'oubli de l'être. En effaçant complètement l'idée de l'être au profit de surhomme, du concept de la volonté de puissance, Nietzsche n'a fait que donner un coup d'arrêt à la métaphysique occidentale. « L'être, pour Nietzsche, est une illusion, une vapeur »[176]. Heidegger voit en Nietzsche l'achèvement grandiose et inquiétant de la métaphysique.

L'achèvement métaphysique ne veut nullement dire, dans l'entendement de Heidegger, le comblement d'une lacune subsistante, moins encore l'effondrement de quelque chose déjà existant, l'achèvement métaphysique signifie le développement ou l'éclosion de l'étant dans toutes ses potentialités accumulées depuis Parménide. L'achèvement métaphysique est, en d'autres termes, l'avènement de ce à quoi on ne s'attendait pas, à savoir l'épanouissement de l'étant dans sa totalité.

C'est dans ce sens que Heidegger écrit : « Dans quel sens nous en sommes à la fin de la pensée des temps modernes et en quoi tout ce qui a précédé veut que nous assistions à la fin de la métaphysique occidentale. Celui qui la porte à son achèvement est précisément l'anti-métaphysicien Nietzsche »[177]. Le concept de l'être de tout étant comme volonté de puissance et devenir se trouve accentué dans la pensée du philosophe allemand Nietzsche ; « tout être est devenir. Ce devenir se caractérise par l'action et l'activité du vouloir »[178].

Au regard de ce qui précède, Heidegger considère que l'être en général a été oublié pour la simple raison que « la métaphysique dit

---

[175] *Ibid.*
[176] Ibid. p. 50.
[177] M. HEIDEGGER, *Nietzsche I*, Paris, Gallimard, 1964, p. 10.
[178] *Ibid.*, p. 16.

ce qu'est l'étant en tant qu'étant »[179]. Même là où la philosophie devient plus critique comme chez Descartes et chez Kant, cette philosophie est toujours dans la perspective de la métaphysique qui pense l'étant et non l'être. La question de l'être est toujours réduite à celle qui porte sur l'étant en tant qu'étant. C'est pourquoi la pensée de Heidegger se donne comme une pensée qui veut penser autrement. Heidegger commence à penser autrement avec la question oubliée de l'être.

Depuis lors, la vérité de l'être reste cachée à la métaphysique. Cette dernière ne pense pas la vérité de l'être. Etant donné que la métaphysique interroge l'étant en tant qu'étant, elle ne s'occupe pas et ne s'oriente pas vers la vérité de l'être ; elle ne touche pas alors au fond de ce qu'est l'être. La métaphysique, considérée comme la racine de l'arbre qu'est la philosophie, demeure pour autant l'instance supérieure de la philosophie. Bien que la métaphysique traditionnelle n'atteigne pas la vérité de l'être, elle ne sera pas totalement exclue. Pour n'avoir pas atteint l'Etre, « le dépassement de la métaphysique qui n'écarte pas, toutefois, la métaphysique » [180] implique aussi l'idée du retour au fondement de la métaphysique abandonné dès le premier pas. La métaphysique doit être dépassée parce qu'il faut partir de la pensée qui pense l'étantité de l'étant vers une pensée qui pense la vérité de l'être. La métaphysique prétend se préoccuper de la question de l'Etre alors qu'en réalité elle se préoccupe de la question de l'étant.

Toutefois, la métaphysique, en n'accordant l'attention qu'à ce qui se dévoile en tant qu'étant, perd de vue ce qui, dans cet étant, s'est voilé. Il n'y a que le dévoilement, et non le voilement, qui préoccupe la métaphysique. C'est pourquoi, Heidegger déclare que la métaphysique, en tant que vérité de l'étant comme tel, est dimorphe[181].

---

[179] *Ibid.*, p.39
[180] *Ibid.*, p. 26.
[181] *Ibid.* p.41

Le voilement ou le célément dans l'être est oublié par la métaphysique traditionnelle.

Néanmoins, cet oubli n'est ni la conséquence de la négligence ni celle du hasard ; cet oubli est inhérent à l'essence de l'être. C'est ce qui justifie l'appropriation métaphysique de l'oubli de l'être. Il est de l'essence de l'être d'être oublié parce qu'il est décèlement et célément. A ces propos, Heidegger s'exprime en ces termes : « ce célément, toutefois, n'est pas une insuffisance de la métaphysique. C'est au contraire le trésor de sa propre richesse qui lui est à elle-même soustrait et cependant présenté »[182]. C'est dire que ce voilement lui-même est l'être ou tout au moins fait partie de l'être.

La question du retrait et de la présence de l'être constitue l'essence de l'Etre. L'Etre, tout en s'offrant à nous, se dérobe en même temps à nous. En d'autres termes, la présence et le retrait s'opèrent concomitamment. Apparemment on est tenté de croire qu'il s'agit, par présence et retrait, de deux événements ou actes qui se produisent de manière consécutive, alors qu'en réalité, ils s'accompagnent mutuellement. L'un ne va pas sans l'autre. « Dispensation et retrait sont un seul et même acte, et non deux actes distincts »[183] . Toute la métaphysique, dès son origine, est oublieuse de l'être.

L'histoire de l'Etre se présente alors comme l'histoire de la dispensation de l'Etre. Il faudrait noter que, pour Heidegger, la dispensation de l'Etre ne veut pas dire le devenir de l'être. Certains penseurs, notamment Nietzsche et Hegel, ont estimé que c'est à partir du devenir qu'il faut saisir l'Etre. Pour Nietzsche, nous l'avons dit, tout être est devenir. Ce devenir se caractérise par l'action et l'activité du vouloir. L'être réel, chez Nietzsche, se manifeste dans un perpétuel devenir, le devenir est ici volonté de puissance en tant que dépassement de soi. C'est ce qui explique l'éternel retour prôné par

---

182 IDEM, *Questions III et IV*, *Op.cit.*, p. 88.
183 IDEM, *Le principe de raison*, *Op.cit.*, p. 150.

Nietzsche où tout passe et tout revient. L'essence la plus intime de l'être est alors la volonté de puissance. La roue de l'être tourne éternellement, pense Nietzsche.[184]

Chez Hegel, c'est grâce à la dialectique de la raison que le réel se laisse appréhender. Heidegger dénonce l'inefficacité de la dialectique à saisir la complémentarité entre l'être et le néant. Dans la pensée de Hegel, l'être est donc ramené à la pensée avec laquelle ils font un, car penser, c'est penser l'être. L'être est une pensée et tout réel est rationnel. Heidegger préconise la conception phénoménologique plutôt que dialectique.

Dire que l'être se dispense à nous et, en même temps, qu'il se dérobe à nous peut paraître étrange à certains esprits. Certes, il y a quelque chose d'étrange que l'être dispense à nous son essence et qu'en même temps, par l'acte de retrait, il nous dérobe son essence. Tout se passe ici comme si on était devant une sorte de convergence dialectique de deux événements concomitants. D'une part, il y a le mouvement par lequel l'être s'offre à l'homme parce que le premier accepte de s'offrir au dernier. D'autre part, le mouvement de l'être qui se dérobe à l'homme.

La vérité fondamentale que nous révèle Heidegger, dans son traitement de la question de l'être, c'est que l'être se donne en se retirant. L'être est à la fois dévoilement et voilement. Voilà ce qui, de prime abord, paraît étrange ou étonnant, et c'est précisément cette suprême étrangeté de l'être qui, de bonne heure, se laisse pressentir dans l'histoire de la pensée occidentale.

---

[184]M. HEIDEGGER, *Nietzsche* I, *Op.cit*, p. 16.

CONCLUSION

Après ce long parcours effectué à travers ce chapitre, il ressort que, pour Heidegger, la tradition ontologique occidentale est caractérisée par l'oubli de la question de l'Etre, oubli de la différence ontologique. De Platon, Aristote, jusqu'à l'époque contemporaine en passant par l'époque médiévale avec St Thomas d'Aquin pour qui Dieu est supérieur à l'Etre, il est l'être suprême et par l'époque moderne avec Descartes et Kant, l'ontologie traditionnelle a pensé l'étant ou mieux l'étantité de l'étant au lieu de l'être. Platon a réduit l'être à l'Idée, Aristote l'a réduit à l'*Ousia*, Descartes l'a ramené au *Cogito*, à la conscience ; Kant à subjectivité et à l'idéalisme et Nietzsche à la volonté de puissance. La métaphysique traditionnelle considérait l'étant en tant qu'étant. Heidegger pense que la véritable question est celle de l'être en général. Heidegger veut élaborer une ontologie fondamentale différente de l'ontologie générale ou traditionnelle oublieuse de l'Etre. Mais, pour y parvenir, il faut passer par l'analytique existentiale du *Dasein. La* compréhension du *Dasein* se donne comme condition de l'élaboration de l'ontologie fondamentale.

DEUXIEME PARTIE

ENJEUX ET PERSPECTIVES DE LA TECHNIQUE MODERNE

INTRODUCTION

Après notre analyse d'élaboration de l'ontologie fondamentale à partir de l'analyse existentiale du *Dasein*, dans laquelle nous avons noté la particularité du *Dasein*, ses différentes déterminations existentiales et le problème de l'ontologie fondamentale, c'est-à-dire la question de l'Etre en général, notre but, dans cette partie de notre dissertation doctorale, est d'explorer les enjeux de la technique, et de proposer quelques perspectives ou voies de sortie pour une technique qui soit ouverte à l'Etre de l'homme.

Dans le premier des trois chapitres qui composent cette partie, nous examinerons les enjeux de la technique en général, la notion générale des concepts « techniques », « science », le rapport entre technique et art, entre science et technique. Il y sera également question de l'opportunité de la réflexion philosophique sur la question de la technique. Ensuite, nous questionnerons au sujet de la technique. Questionner, c'est travailler à un chemin, le construire[1]. Toujours dans ce premier chapitre, de cette troisième partie, nous analyserons la raison opératoire, conquérante et calculatrice de la technique.

La technique moderne se veut plus un savoir-faire qu'un savoir-être ou qu'un être en général. Comme la science dont elle découle, la technique est opératoire. «Le savoir scientifique n'est ni

[1] M.HEIDEGGER, « *La question de la technique* », in *Essais et conférences*, Paris, Gallimard, 1958, p. 9.

de type sapientiel, ni de type contemplatif, ni de type herméneutique mais de type opératoire »[2]. Le même chapitre traitera également de la problématique ou mieux de l'ambivalence du progrès technique. Une chose est vraie, c'est que le progrès technique est un phénomène incontournable, il a une image aussi bien positive que négative surtout dans son aspect technocratique. Cette technocratie, vers laquelle se trouve basculée la technique, entraîne, à son tour, un nouveau totalitarisme. Mais, au fond, la technique ne devrait-elle pas être neutre ? Voilà une question qui nous rend aveugle devant l'essence de la technique.

Le deuxième chapitre de cette partie de notre dissertation doctorale se veut une articulation entre la conception courante de la technique moderne comme ensemble des dispositifs, des outils, des instruments et des machines, c'est-à-dire la technique représentée couramment comme un moyen et une activité humaine, et une conception essentielle de la technique arraisonnement, dévoilement. C'est la première de ces deux conceptions de la technique que Heidegger qualifie d'instrumentale et d'anthropologique[3]. Nous verrons ici que, pour l'auteur de l'*Etre et le temps*, l'essence de la technique n'est rien de technique. L'essence de la technique c'est l'Arraisonnement, la mise en raison de la nature. Comme vide de l'être, la mise en ordre entendue comme la forme sous laquelle l'action sans but est mise en sécurité, la technique, perçue sous cet angle, est, pense Heidegger, sans le savoir, en rapport avec le vide de l'être. La technique opère loin de l'être, dans le vide de l'être et l'abandon loin de l'être[4].

L'idée de dévoilement, que la tradition philosophique occidentale reliait à la vérité comme *aléthéia*, va désormais devenir la

---

[2] J. LADRIERE, *Les Enjeux de la rationalité*, Paris, Aubier, Montaigne, 1977, p. 29.
[3] M. HEIDEGGER, « La question de la technique », in Essais et conférences, *Op.cit.*, p. 10.
[4] *Ibid.*, p. 105.

caractéristique de la technique moderne. La rationalité de la technoscience est une rationalité conquérante, opératoire, calculatrice et maîtrisante du réel. De la vérité comme dévoilement, on en arrive à la technique comme dévoilement. La technique, pense le philosophe de la Forêt Noire, est une pro-vocation, un mode de dévoilement et une interpellation[5]. Dévoiler, pour la technique, c'est provoquer la nature, l'offrir au pouvoir et à l'action du savoir. La technique mécanisée est le prolongement de la technique moderne dont l'essence est égale à celle de la métaphysique moderne. Comme pensée sur le mode des valeurs et des idées, la technique outrage l'être. Il s'y dégage un réductionnisme de l'homme à l'instrument et de l'être à la valeur. Ainsi, la technique se révèle comme le prolongement de la métaphysique au sein de laquelle se découvre la pénurie de l'être au profit de l'équipement du tout de l'étant. Dans la technique, l'être est manquant. Face à ce ratage de l'être quelles perspectives pouvons-nous proposer ? Voilà la question à laquelle tentera de répondre le troisième chapitre de cette partie du travail.

Ce dernier chapitre est divisé en trois sections, la première nous invite à une parole parlante, à une pensée pensante. Etant donné que le langage révèle la coappartenance entre l'homme et l'Etre, non pas un langage jouant le rôle d'instrument de domination technique, mais plutôt un langage vu comme lieu d'écoute et de réponse à l'Etre. C'est la langue qui parle et non l'homme. Et comme le dit Jacqueline Lafitte, le rapport de l'homme à la langue est son rapport même à l'Etre profond et voilé. La technique doit s'opérer dans la conscience morale, elle doit être à l'appel de la voix de la conscience morale, à l'appel et à l'écoute de l'Etre. Selon l'interprétation que Courtine fait de la pensée de Heidegger, l'essence de la langue est d'abord la promesse, la promesse de la langue elle-même : la langue parle et nous parle. Parler, c'est bien répondre, au sens de correspondre à

---

[5] Cf. *Ibid.*, p. 19, 22, 28.

l'appel : la réponse naît de l'appel et se libère vers lui[6]. Et celui qui appelle, c'est la voix de l'Etre. D'où l'essence prophétique de la parole.

La deuxième section, du troisième chapitre de cette dernière partie de notre étude, porte sur une parole poétique. Ou mieux, s'orienter vers une parole poétique. Nous examinerons la parole poétique comme l'une des voies, à côté de la parole parlante et de la pensée pensante, susceptibles de sortir ou de briser le vide, le ratage de l'être au sein de la technique pour une technique nouvelle, responsable et ouverte à l'Etre. La poésie sera examinée ici dans une perspective qui se donne avant tout comme philosophique. Certes, la littérature française voit en elle un de ses éléments constitutifs.

Selon Dhedya, la poésie constitue l'un des grands genres littéraires et elle se retourne dans plusieurs (si pas toutes) sociétés du monde, traditionnelles ou modernes[7]. Pour souligner la nécessité et l'origine divine de la poésie, Dhedya écrit que les poètes sont conscients de l'origine sacrée, voire divine, de la poésie. Et Heidegger reconnaît, lui aussi, cette inspiration divine dans la poésie. C'est là, au moins, qu'il ose toucher pour la première fois à la question de la divinité. « La société a besoin de poètes, comme la nuit a besoin d'étoiles »[8].

Les penseurs ou les philosophes et les poètes sont ceux qui pensent le plus l'être. Après le philosophe, le poète est l'homme qui peut penser l'être et qui porte au langage la révélabilité de l'Etre. Car, comme le philosophe, le poète prend appui sur les étants pour parler de l'Etre, de ce qui n'est pas, du dévoilement-voilement, du clair-obscur et du langage de la métaphore. « Le poète pense dans la direction du site qui se détermine à partir de cette éclaircie de l'être

---

[6] J.-F., COURTINE, *Heidegger et la phénoménologie*, *Op.cit.*, p. 349-350.
[7] V. DHEDYA BUNGANDE, *Cours d'explication approfondie d'un genre littéraire,* inédit, L2 L.C.F., Université de Kisangani, 2007-2008.
[8] CHEVALIE de BOUFFERS cité par DHEDYA, cours cité.

qui, sous la figure de l'accomplissement de la Métaphysique occidentale, est entrée en sa latitude propre. La poésie pensante de Hölderlin a contribué à la frappe de cette figure de la pensée poétique (*dichtendes Denken*)[9].

Enfin, la troisième section de ce dernier chapitre plaide pour une technique agrairienne. Le champ et la forêt étaient déjà au cœur de la préoccupation heideggérienne. Nous souhaitons que la terre redevienne un nouvel espace de jeu. Notre adhésion à une technologie nouvelle demeure une conviction pour l'avènement de l'harmonie entre les besoins humains et la production technique, et ce que nous appellerons avec notre auteur « technologie de la responsabilité ».

[9] M. HEIDEGGER, « Pourquoi des poètes ? », in *Chemins qui ne mènent nulle part*, Paris, Gallimard, 1962, p.328.

TROISIEME CHAPITRE
ENJEUX DE LA TECHNOSCIENCE

INTRODUCTION

Dans ce chapitre, il sera question de déterminer les enjeux de la technique moderne, son essence et les perspectives envisagées pour une technique moderne responsable et ouverte à être.

1. DEFINITION DES CONCEPTS OPERATOIRES

Cette section vise, dans un premier temps, à clarifier les concepts opératoires tels que la technique, la science et, dans un deuxième temps, à établir le rapport existant entre la science et la technique, à faire dégager l'essence de la science moderne, l'organisation et la spécialisation évoluant en son sein. Enfin, nous examinerons le monde comme image conçue.

1.1. La Technique

Généralement on entend, par technique, le procédé utilisé par l'homme en vue de fabriquer un objet matériel. Elle est aussi l'ensemble des moyens utilisés pour une fin bien déterminée. En un sens plus restreint, nous pouvons dire que la technique est une production d'objets, c'est-à-dire outils, instruments, ustensiles, appareils, machines, engins, automates, robots, prothèses[1] et autres objets, car la liste des objets fabriqués est inépuisable. Pour Gabriel Marcel, la technique est « toute discipline tendant à assurer à l'homme la maîtrise d'un objet déterminé ; et il est bien évident que toute technique peut être considérée comme une manipulation, comme un

[1] Prothèse : appareil destiné à remplacer un organe ou un membre.

moyen de brasser ou de travailler une certaine matière qui peut d'ailleurs être elle-même purement idéale »[2].

La technique vise à transformer le réel en vue d'un besoin humain. Pour transformer la réalité en intérêt particulier de l'homme, pour produire des biens utiles, la technique doit appliquer les connaissances scientifiques, les théories élaborées par la science. Comprise ainsi, la technique n'est pas une réalité indépendante de l'homme ou des activités humaines aux multiples formes, indéfiniment variées et constamment en évolution. La technique, pense Gabriel Marcel, est l'ensemble des moyens systématisés qui permettent à l'homme de subordonner à ses fins une nature traitée comme aveugle ou même rebelle[3]. La technique est un ensemble de règles fondées sur la raison, mais éprouvées par la pratique et devenues la propriété collective d'une civilisation par lesquelles on utilise efficacement un outillage en vue d'un but[4]. Chez Aristote, l'instrument est lié à la technique, mais aussi à l'art. L'instrument peut être animé ou inanimé. Car, dans divers métiers, affirme Aristote, celui qui aide rentre dans le genre d'instrument. De même également la chose dont on est propriétaire est un instrument en vue d'assurer la vie, et la propriété dans son ensemble, une multiplicité d'instruments ; l'esclave lui-même est une sorte de propriété animée, et tout homme au service d'autrui est comme un instrument qui tient lieu d'instruments[5].

Du grec *techné*, la technique trouve son origine dans le verbe grec *teuhos* qui, d'après le poète grec Homère, signifie : fabriquer, produire ou construire. Ainsi, ce concept « *teucho* » a le sens de

---

[2] G. MARCEL cité par BANONA NSEKA, D., *Technique et dignité humaine. Perspectives contemporaines à partir de Gabriel Marcel.* Louvain-la-Neuve, Academia, 1998, p. 25

[3] IDEM, Homo Viator, *Prolégomènes à une métaphysique de l'espérance*, Paris, Aubier, 1944, p.157.

[4] V. BURHENNE & R.-F, COTTON, *Profils et perspectives. Anthologie à l'usage de la R.D.C*, Nouvelle édition revue, Kinshasa, Afrique édition, 1999, p.19.

[5] Cf. ARISTOTE, *La politique.*

l'outil, de l'instrument. De par son étymologie, la technique signifie la production ou la fabrication matérielle, l'efficacité dans le faire. Il s'agit là d'un ensemble d'actes coordonnés qui aboutissent à une transformation désirable des choses qui nous entourent, c'est-à-dire du milieu initial, représentant ce que les hommes appellent des procédés techniques, ou plus simplement des « techniques »[6].

La technique somme et contraint la nature à répondre aux besoins de l'homme. Plusieurs penseurs, notamment Martin Heidegger, Nicolas Berdiaeff, Henri Bergson, Gabriel Marcel, Emmanuel Mounier, Hans Jonas, Jürgen Habermas et Jacques Ellul, ont dénoncé le désespoir et le mépris suscités par la technique moderne. Toutefois, l'on ne doit pas perdre de vue la valeur positive de la technique dans certains domaines de la vie humaine.

1.2. La Science.

Du latin *Scire*, c'est-à-dire savoir, la science peut être comprise comme un savoir, un ensemble des connaissances acquises méthodiquement et objectivement dans un domaine précis. Conformément à la tradition philosophique occidentale, la science signifie avant tout : « la forme la plus haute du savoir et de la connaissance humaine »[7]. Il est assez difficile de définir la connaissance, celle-ci étant l'acte de la pensée qui pose légitimement un objet en tant qu'objet. Elle est aussi l'acte de la pensée qui pénètre et définit l'objet de sa connaissance[8]. La connaissance scientifique se veut une saisie rationnelle de l'objet. La connaissance parfaite d'une chose, en ce sens, est celle qui, subjectivement considérée, ne laisse rien d'obscur ou de confus dans la chose connue, ou qui,

[6] P. DUCASSE, *Histoire des techniques*, Paris, P.U.F., 1964, p.6.

[7] *Encyclopédie philosophique universelle*, *Les notions philosophiques*, Tome 2, Paris, P.U.F, 1990

[8] R.VERNAUX, *Epistémologie générale ou critique de la connaissance*, Paris, Beauschène et ses fils, 1959, p. 72.

subjectivement considérée, ne laisse rien en dehors d'elle et de ce qui existe dans la réalité à laquelle elle s'applique[9].

Mais le terme science désigne aussi une forme spécifique d'activité sociale qui, dans les sociétés modernes, est la principale cause productrice des biens et des richesses, ainsi que la matrice du mode de gestion des rapports sociaux. La science est, en principe, dans l'Antiquité grecque, un effort désintéressé en vue de connaître la réalité telle qu'elle est. La science vise à la connaissance vraie.

Ce qui caractérise originairement la science, c'est l'idée d'une connaissance vraie. Cette façon de comprendre la science, pense Kapumba Akenda, peut être aussi naïve. Il est naïf de penser à la vraie connaissance comme ce par quoi la science se définit. Ne peut-on pas, avec Rorty, parler du relativisme modéré du vrai dans la science ? A en croire Kapumba Akenda, on peut lire l'histoire des sciences comme l'histoire de changement des paradigmes qui a conduit tout à la fois au scepticisme, au pragmatisme et à l'anarchisme. Cet auteur pense qua la vérité scientifique est la vérité des énoncés qui dépendent d'un système symbolique[10].

La science se révèle comme la plus moderne forme de l'espérance. Pour les Anciens, notamment les savants grecs, « l'idéal de la connaissance scientifique est de l'ordre de la théorie, au sens platonicien du terme, c'est-à-dire de la contemplation »[11]. C'est pourquoi, comme nous l'avons dit, la science était un effort désintéressé. « C'est seulement à l'époque moderne que le mot science est devenu synonyme d'enquête et de recherche (…) La science confère à celui qui la possède la maîtrise des valeurs et des

---

[9]A. LALANDE, *Vocabulaire technique et critique de la philosophie*, Paris, P.U.F., 1962, pp.171-172.

[10] AKENDA Kapumba J.C., *Epistémologie structuraliste et comparée,* Tome 1, Les sciences de la nature, Kinshasa, F.C.K, 2004, pp.238, 240.

[11] G. GUSDORF, *De l'histoire des sciences à l'histoire de la pensée*, Paris, Payot, 1966, p. 44.

vérités, la sagesse et l'harmonie dans le respect des puissances divines ».[12]

2. RAPPORT ENTRE SCIENCE ET TECHNIQUE AUX TEMPS MODERNES

La modernité est une période ou une pensée qui croit à la totale rationalité, à la référence confiante à un sujet. Il y a ici une croyance ferme et une foi solide au progrès rationnel et aux capacités de l'homme d'assumer son destin. C'est alors le triomphe de la raison sur la foi et sur le mythe. Une démarcation s'établit entre la raison « divinisée » et l'autre de la raison.

Le constructivisme moderne est ce mythe par lequel l'on a cru construire la science ou la connaissance scientifique à partir de la seule raison. Descartes, pour qui la raison est la faculté de bien juger, le bon sens, la chose du monde la mieux partagée par tous, passe pour le père de la modernité. La post-modernité se pose en rapport avec la modernité. Le concept post-modernité a été pour la première fois utilisé en philosophie par Jean-François Lyotard en 1979 dans son ouvrage intitulé *La condition post-moderne*[13]. Selon Vattimo, « Jean-François Lyotard a introduit le mot post-moderne en philosophie dans un livre qui se présente simplement, avant toute intention polémique, comme un rapport »[14]. Vattimo accorde à Nietzsche la première place des penseurs de la post-modernité à cause de son anti-historicisme et de sa pensée de l'éternel retour. Pour Vattimo, ces deux options constituent les points saillants de la critique actuelle contre la modernité. La post-modernité veut briser l'immobilisme de fait du système qu'a pris la philosophie de notre temps. Pour Okolo Okonda, la post-modernité « est un mouvement de pensée non homogène formé par un certain nombre de penseurs après Hegel jusqu'à ce jour, qui ont

---

[12] *Ibid.*, pp.44, 45.
[13]Cf. J.-F., LYOTARD, *La condition post-moderne*, Paris, Minuit, 1979.
[14] G. VATTIMO, *La fin de la modernité,* Paris, Seuil, 1987, p.5.

un seul dénominateur commun : la critique du projet de la modernité »[15]. Par sa critique de la raison ou son refus du subjectivisme, de définir la vérité par le sujet pensant et l'homme comme animal raisonnable, Heidegger peut être classé parmi les penseurs de la post-modernité. Le subjectivisme, en tant que fond (*Grund*), rassemble tout sur soi. Si à présent l'homme devient le premier et seul véritable « *subjectum* », cela signifie alors que l'étant sur lequel désormais tout étant comme tel se fonde, quant à sa manière d'être et quant à sa vérité, ce sera l'homme. L'homme devient le centre de référence de l'étant en tant que tel[16].

Dans la modernité, pense Heidegger, c'est la technique qui détermine ce que doit être la science. Dans l'époque des « conceptions du monde », écrit notre auteur, un phénomène essentiel des Temps Modernes est la science[17]. La technique mécanisée constitue ainsi le phénomène le plus important des Temps Modernes. Dans son rapport avec les sciences, la technique n'est pas avant tout une simple application des sciences de la nature, elle est plutôt une transformation autonome de la pratique[18].

Ce qui paraît étonnant ici, dans l'interprétation heideggérienne du rapport entre technique et science, c'est le fait que Heidegger renverse le rapport habituel que l'on établit ordinairement entre science et technique. Dans le rapport habituel et vulgaire, la technique est vue comme l'appendice de la science ou ce qui dérive de la science, ce qui se sert des connaissances ou théories scientifiques[19].

---

[15] OKOLO OKONDA, « Enjeux du post-modernisme en Afrique », in *Philosophie et politique*, Actes des journées philosophiques de Kinshasa, Canisius, Ed. Loyola, 1997, p.19.

[16] M. HEIDEGGER, « L'époque des conceptions du monde », in *Chemins qui ne mènent nulle part*, Paris, Gallimard, 1962, p. 115.

[17] Ibid., p.99.

[18] *Ibid.*

[19] Habermas parle d'une nouvelle tendance, à savoir la scientificisation de la technique. La technique, pense-t-il, est guidée d'une manière ou d'une autre par la science. Cf. J.HABERMAS, *La technique et la science comme idéologie,* Paris, Gallimard, 1958, pp. 42, 43.

Chez Heidegger, au contraire, la technique n'est nullement la conséquence de découvertes scientifiques, elle est ce qui détermine la science, ce qui fait nourrir la science. La science ne se développe que là où le progrès technique est confronté aux difficultés, aux obstacles. Le deuxième fait étrange dans l'analyse heideggérienne de la science et de la technique, c'est que celles-ci sont l'aboutissement de la métaphysique au sens heideggérien de l'oubli de l'Etre et du règne de l'étant. De toutes les façons, la technique est liée à la science. « Les recherches scientifiques et techniques sont étroitement liées »[20].

La technique est essentielle pour les Temps Modernes. C'est la pratique ou la technique qui détermine ce que doit être la science. C'est lorsque la technique échoue que la science se détermine dans ce qu'elle doit concevoir comme théorie. Les besoins de la technique déterminent et orientent la science. L'échec ou la performance de la technique, dans sa pratique, dans son rôle de transformation de la réalité, détermine ce que doit être la science. La science moderne, pense Jean Ladrière, apparaît liée à la technologie au point d'en être indissociable[21]. Généralement, l'on pense que c'est la science, comme théorie, qui détermine et précède la technique comme la mise en pratique de la théorie. Heidegger nous révèle l'idée que, dans les Temps Modernes ou dans la Modernité, c'est la technique qui détermine ce que doit être la science. La technique apparaît ici plus essentielle et fondamentale que la science. Comme le dit Gabriel Marcel, pour souligner le lien étroit entre science et technique, s' « il n'y a pas de technique possible, il ne peut a fortiori y avoir de science »[22]. Cette dernière devient essentiellement une recherche.

---

[20] J. ELLUL, *La technique et l'enjeu du siècle*, Paris, Armand Colin, 1954, p.8.
[21] J. LADRIERE, *Les enjeux de la rationalité. Le défi de la science et de la technologie face aux cultures*, Paris, Aubier Montaigne, 1977, p. 28.
[22] G. MARCEL, *Journal Métaphysique*, Paris, Gallimard, 1927, p. 247.

3. LA RECHERCHE COMME ESSENCE DE LA SCIENCE MODERNE

Heidegger souligne la différence entre la science grecque et la science moderne. La première « n'a jamais été une science exacte, et cela pour la raison qu'en son essence elle ne pouvait être exacte et n'avait pas besoin de l'être. C'est pourquoi il est insensé de dire que la science moderne est plus exacte que celle de l'Antiquité »[23]. Dès lors, il devient également insensé de parler du progrès de la science moderne par rapport à la science de l'Antiquité. Car la façon de questionner les phénomènes naturels entre la science de l'Antiquité et celle de la modernité n'est pas la même. Heidegger se refuse à dire que la doctrine galiléenne de la chute libre des corps est plus vraie que celle d'Aristote sur les corps légers gravitant vers le haut, moins encore à dire que la poésie de Shakespeare fut en progrès sur celle d'Eschyle[24].

La science de l'Antiquité ne visait pas avant tout l'exactitude. « La Science devient donc recherche par le projet qui s'assure lui-même dans la rigueur de l'investigation. Cependant, projet et rigueur ne se déploient vers ce qu'ils sont que par la méthode »[25]. Comme on peut bien le constater, la méthode se révèle comme ce qui caractérise la science moderne depuis Descartes. Pour ce philosophe français, « il vaut mieux ne jamais songer à chercher la vérité sur quelque objet que ce soit que de le faire sans méthode »[26]. Analysant cette visée méthodologique de la science, Hans Georg Gadamer, dans son ouvrage principal *Vérité et méthode*, propose une voie inattendue qui

---

[23] M. HEIDEGGER, « L'époque des conceptions du monde », in *Chemins qui ne mènent nulle part, Op.cit.*, p. 101.
[24] *Ibid.*, P.101.
[25] M. HEIDEGGER, « L'époque des conceptions du monde », in *Chemins qui ne mènent nulle part, Op. cit.*, p. 105.
[26] R. DESCARTES cité N. BARAQUIN & J. LAFFITTE, *Dictionnaire des philosophes*, Paris, Armand Colin, 2000, p. 96.

consiste à aller vers la vérité universelle par l'herméneutique[27]. Conjuguée à la méthode, l'exactitude fait alors la rigueur des sciences modernes. La connaissance de la nature se transforme en recherche, en projet, en investigation.

Et la recherche, à son tour, appelle l'expérience. « L'expérience c'est le procédé porté et guidé, en son plan et en son exécution, par la loi hypothétique afin que se produisent les faits confirmant la loi ou lui refusant cette confirmation »[28]. L'expérience, caractère essentiel de la science moderne, comprise comme observation attentive des faits en vue de mieux les connaître, remonte à Aristote, le premier vrai observateur de la nature. A l'opposé de l'expérience aristotélicienne ou antique qui vise la connaissance, l'expérience, dans les sciences modernes comme recherche, est exploratoire. L'expérience est la source première de la connaissance scientifique moderne. Seule l'expérience ne suffit pas pour connaître, pense Kant. Il faut lui ajouter l'esprit. L'expérience scientifique moderne est exploratoire. Elle « commence avec l'hypothèse d'une loi »[29]. La science moderne procède à l'organisation et à la spécialisation.

4. ORGANISATION ET SPECIALISATION DANS LA SCIENCE MODERNE

La science moderne, en tant que recherche, n'œuvre pas dans la dispersion. Elle n'examine pas les faits dans la diversité la plus totale. Pour ne pas se perdre, la science moderne s'organise et se spécialise ou se particularise dans les Instituts, Facultés et Universités. Heidegger écrit en ces termes : « On entendra par là tout d'abord le phénomène selon lequel une science, qu'elle soit science de la nature ou science de l'esprit, n'atteint de nos jours vraiment à l'autorité de

---

[27] Cf. H.G. GADAMER, *Vérité et méthode. Les grandes lignes d'une herméneutique philosophique, Paris*, Seuil, 1966.
[28] M. HEIDEGGER « L'époque des conceptions du monde », in Chemins qui ne mènent nulle *part, Op.cit.*, p.107.
[29] *Ibid.*, p. 106.

science que lorsqu'elle est devenue capable de s'organiser dans des instituts »[30]. Ce caractère institutionnel de la science est la conséquence logique de l'exploitation de la recherche. L'Université est une institution au sein de laquelle se révèle la démarcation de toutes les sciences, leurs particularités.

Mais l'Université révèle aussi l'unité des sciences comme exploitation organisée. Ce qui laisse entraîner à l'interdisciplinarité. « La Science moderne se fonde et en même temps se spécialise dans les projets de secteurs d'objectivité déterminés »[31]. C'est ce qui justifie, de nos jours, la présence des centres de recherche. Le chercheur, dans la science moderne, est engagé, il sort de la pure érudition. Heidegger parle de la disparition du savant et de son remplacement par le chercheur engagé, poussé à l'efficacité et la à technique.

5. MONDE COMME IMAGE CONCUE

Analysant la science moderne, Heidegger veut en saisir le fond métaphysique. Le chercheur ne dispose de la réalité (étant) que lorsqu'il peut la calculer, l'objectiver, se la représenter et la mesurer. Le chercheur technicien vise à l'objectivité.

En d'autres termes, le chercheur vise « à faire venir devant soi tout étant, de telle sorte que l'homme calculant puisse en être sûr (*sicher*), c'est-à-dire certain (*gewiss*) »[32]. On peut se rappeler ici que, dans la métaphysique cartésienne, la vérité est saisie comme certitude.

En libérant l'homme des attaches du Moyen-Age, la modernité a instauré le règne du subjectivisme. Dès lors, l'homme, comme sujet, est le centre de référence de l'étant en tant que tel[33]. On

---

[30] *Ibid..*, p. 110.
[31] *Ibid..*, p. 113.
[32] *Ibid..*, p. 114.
[33] *Ibid.*, p. 115.

peut comprendre ici la révolution, opérée par Kant, appelée révolution copernicienne, dont nous avons déjà parlé, comme un changement de centre de référence. Le sujet devient le centre de référence ; c'est sur lui que, désormais, les objets doivent se régler, doivent être décidés et représentés. Nous assistons ici à l'objectivation de l'étant, de la disponibilisation de l'étant par le sujet chercheur, l'étant est ce dont l'homme dispose.

Le monde devient, dans son ensemble, une image conçue ou représentée par le chercheur. Représenter le monde, pour le chercheur, c'est faire venir devant soi le monde comme objet, c'est rapporter à soi le monde. L'être de l'étant, constate Heidegger, dans la science moderne, réside dans la disponibilité. L'étant n'est étant que dans la mesure où il se rend disponible devant l'homme chercheur. Dès lors, l'étant est sommé de répondre au technicien, au chercheur comme un homme appelé en justice. Si dans la conception grecque de l'être de l'étant, l'étant est ce qui s'ouvre à l'homme, l'homme est regardé par l'étant, il est compris, contenu et ainsi porté dans et par l'ouvert de l'étant[34], par contre, dans la conception moderne, l'étant est dans la position d'assignation, d'être regardé, d'être représenté par le chercheur.

Si l'homme grec est dans l'entente de l'étant, l'homme moderne, par contre, est dans la représentation ou la construction de l'étant. Re-présenter l'étant doit être entendu ici dans la perspective heideggérienne comme l'acte de « faire venir devant soi, en tant qu'ob-stant (Entgegenstehendes) ce qui est-là-devant (das Vorhandene), le rapporter à soi »[35]. L'homme grec est l'entendeur de l'étant alors que l'homme moderne est le représentant de l'étant au sens de celui qui fait venir l'étant devant lui. Dans ces conditions,

[34] M. HEIDEGGER « L'époque des conceptions du monde », in Chemins qui ne mènent nulle
part, Op.cit., p. 119.
[35] *Ibid.*

l'on peut se demander ce que devient réellement l'être de l'étant. L'être de l'étant est séparé de l'étant. Du moment où l'étant est devenu objet de la représentation, écrit Heidegger, l'étant se voit en quelque sorte privé de son être[36]. La représentation se révèle comme un trait fondamental de la pensée scientifique moderne. Mais pourquoi philosopher sur la technique ? Telle est la question à laquelle répondra la section suivante de notre étude.

Cette section s'est attelée à la définition des concepts opératoires : science, technique, mais aussi à relever le rapport entre elles. Dans la modernité, c'est la technique qui détermine ce qui doit être la science. La science moderne est essentiellement une recherche, organisation et spécialisation. Le chercheur conçoit le monde comme image.

6. TECHNIQUE ET PHILOSOPHIE

Cette section se propose de mettre en exergue la question de la technique comme une question philosophique. Elle souligne aussi le fait que la technique jalonne de bout en bout la vie de l'homme.

6.1. Pourquoi philosopher sur la technique ?

La technique est née et se développe avec l'homme. Elle fait partie de la vie de l'homme. Longtemps rejetée par la tradition philosophique grecque[37] comme n'étant pas digne de la réflexion ou de l'attention des philosophes, la question de la technique est aujourd'hui l'une des questions qui interpellent la réflexion philosophique. La technique doit être repensée. « La technique pose des problèmes existentiels qui interpellent tout penseur. Mais, au-delà

---

[36] *Ibid.* p. 132.

[37] Dans la tradition philosophique grecque, la technique comme pratique était méprisée au profit de la science comme contemplation des choses. Technique et science sont ici distinctes.

des problèmes qu'elle pose, la technique apparaît ? De nos jours comme un phénomène qui embarque le monde scientifique »[38].

C'est pourquoi Heidegger n'a pas exclu de sa réflexion la question de la technique. Mais la question de la technique, il faut le reconnaître, se situe au carrefour de plusieurs disciplines. Pour nous, la référence principale pour penser la technique est Heidegger. Pour notre auteur, la technique est le projet fondamental de l'Occident qui veut se rendre beaucoup plus maître et possesseur de la nature. Le bonheur réside ainsi dans l'exploitation effrénée de la nature.

6.2. Le Pantechnicisme

La technique jalonne de bout en bout la vie de l'homme. Toute l'histoire de l'humanité est jalonnée des techniques. La science contemporaine est faite d'une jonction de la théorie et de la technique que Descartes considérait déjà comme étant ce qui pourra faire de nous maîtres et possesseurs de la nature, contre la séparation antique de l'action et de la contemplation, du savoir théorique et de l'activité pratique, la science contemporaine les associe. « En certains domaines, il n'est plus guère possible de tracer une frontière entre science et technique»[39].

« L'omniprésence » de la technique dans la vie de l'homme est une chose incontestable. Par ailleurs, les techniques ont partout précédé les savoirs théoriques. Les hommes ont perfectionné la barque, l'arc ou la flèche traçant sa trajectoire avant d'en élaborer la théorie. Ce sont la navigation, la chasse, l'agriculture, la cueillette, l'art militaire, pour ne citer que ceux-ci, qui ont posé aux hommes des problèmes théoriques de calcul, de physique, de mécanique ou d'astronomie. Il convient, toutefois, d'éviter tout amalgame entre le

---

[38] MAIDIKA Asana J., « Les progrès techniques modernes : un défi pour le philosophe », in *Annales de la Faculté des Lettres*, Université de Kisangani, n°4, 2003, p.57.

[39] J. LADRIERE, *La science, le monde et la foi, Tournai*, Casterman, 1972, p.8.

savoir, le faire et le savoir-faire et de ne pas confondre la science avec la technique. Les techniques, cependant, ne se dissolvent pas dans des activités de réflexion en dépit de cette alliance. Les techniques restent des faits humains, dans lesquels s'opère un échange réciproque et permanent de solutions et de problèmes entre l'activité manuelle et l'activité intellectuelle. Cette solidarité ou unité foncière entre théorie et action se concrétise dans la technoscience. La technoscience est une intelligence, une théorie mécanisée ou matérialisée. « La technique est partout, cela veut dire aussi dans tous les domaines de la recherche fondamentale »[40]. Nous vivons dans un monde technicisé. Ce processus de technicisation a des avantages et des inconvénients sur la vie de l'homme. La machine semble remplacer l'outil qui prolongeait la main. L'homme moderne, comme le dit Heidegger, vit avec ses techniques, au milieu de ses techniques. Il vit avec les objets qui forment son monde ambiant. La technique, écrit Heidegger, règne plus exclusivement sur les phénomènes de l'univers et sur la place qu'y occupe l'homme[41].

6.3. Technique : moyens ou fins ?

La technique apparaît aussi comme la situation de l'humanité en quête de ses fins. Parti de la nudité, l'homme s'est forgé un certain destin et se place en une situation grandiose. Platon nous explique cela par la fable de Prométhée et d'Epiméthée.

Epiméthée, lors de la création du monde, a distribué aux animaux la force, la vitesse, les ailes, les sabots, la fourrure et toutes les autres facultés nécessaires, mais il a laissé l'homme dans une nudité totale, c'est-à-dire sans chaussures, sans couverture, sans armes ou moyens de défense : « Or, Epiméthée, dont la sagesse était imparfaite, avait déjà dépensé, sans y prendre garde, toutes les facultés

---

[40] Cf. G. HOTTOIS, « Ethique et technoscience » cité par BANONA NSEKA, *Op.cit.*, p. 135.
[41] M. HEIDEGGER, *Questions IV*, Paris, Gallimard, 1976, p. 116.

en faveur des animaux, et il lui restait encore à pourvoir l'espèce humaine, pour laquelle, faute d'équipement, il ne savait que faire »[42]. Prométhée se décida à voler au secours de l'homme. Il vola aux dieux la connaissance des techniques et le feu les offrit à l'homme. Si Prométhée a pu voler aux dieux *Héphaistos* et *Athéna* la connaissance de la technique et le feu, il n'a pas pu voler au dieu *Zeus* la science politique pour en faire don à l'homme.

Eschyle, dans *Prométhée enchaîné*, nous parle de Zeus qui châtie Prométhée pour le vol du feu et de la connaissance de la technique qui a rendu l'homme puissant. Alors que Prométhée est enchaîné au sommet du Caucase, son foie sera dévoré par les vautours, mais ce foie ainsi dévoré va renaître sans cesse. Dans la mythologie grecque, Prométhée demeure le héros, le sauveur des hommes, de la vie inhumaine ou bestiale.

La technique constitue les moyens dont se sert l'homme pour atteindre les fins. Du grec *technè*, la technique évoque l'idée de production : fabriquer, construire ou produire quelque chose. La technique fait penser à l'instrument, au moyen utilisé rationnellement par l'homme en vue d'atteindre une fin bien précise. Gabriel Marcel conçoit la technique « comme une manipulation, comme un moyen de brasser ou de travailler une certaine matière qui peut d'ailleurs être elle-même purement idéale »[43]. Le moyen, nous précise Heidegger, est ce par quoi quelque chose est opéré et ainsi obtenu[44]. La technique n'est pas qu'un instrument, mais aussi la manière de penser et d'agir.

Cependant, ce qui importe chez Heidegger, comme nous le verrons plus loin, c'est de constater que la pensée technique est un abandon de l'être. Le plus fondamental, chez lui, c'est l'essence de la

---

[42] Cf. PLATON, *Protagoras*, Traduction de Croisert, éd. Belles Lettres, 320.
On peut aussi lire le même ouvrage traduit par E. Chambry, Paris, Ed. Garnier, 1960, 320d.

[43] G. MARCEL, *Etre et Avoir*, Paris, Aubier, Montaigne, 1935, p. 134.

[44] M. HEIDEGGER, « Question de la technique », in *Essais et Conférences*, *Op.cit.,* p. 12.

technique. Cette essence, que nous examinerons plus loin dans le chapitre suivant, n'est que l'arraisonnement épouvantable. Cet arraisonnement est fondé sur le principe leibnizien de raison. La technique est ainsi vue comme vide de l'être.

6.4. La technique comme manière de penser

Caractéristique de l'homme, la technique est bien un phénomène incontournable. Liée à une langue, la technique propage un style de vie ; elle véhicule un ensemble de valeurs et une vision du monde propre. La technique est alors indissociable d'une idéologie qui la fonde. Comme la science à laquelle elle est liée, la technique est aussi une idéologie.

A vrai dire, les investissements exigent une intervention croissante de l'Etat lui-même. C'est non seulement au système économique, mais aussi aux instances administratives centralisées de nos sociétés que s'intègrent la science et la technique. Les investissements ont là une importance décisive ; ce sont eux qui déterminent des priorités qui finissent par se répercuter sur l'ensemble du système. A tel point qu'on a maintenant tout un complexe science-technique-idéologie-armée-administration intégrées, avec un processus de feed-back généralisé. On peut comparer les éléments constitutifs de ce complexe à un système de vases communicants.

C'est ainsi que science et technique deviennent la première force productrice. Il se trouve maintenant que ce sont les scientifiques et les techniciens qui, grâce à leur savoir sur ce qui se passe dans le monde, ont acquis cette puissance immense et croissante, qui dirigent et modifient le monde dans lequel les hommes doivent ressentir à la fois le privilège et l'obligation de vivre.

Conséquemment, la technoscience a permis une maîtrise toujours plus efficace de la nature. Elle en est venue à fournir aussi des concepts purs de même que les instruments pour une domination toujours plus efficace de l'homme sur l'homme au moyen de la maîtrise de la nature. Aujourd'hui, la domination se perpétue et s'étend grâce à la technologie. Cette dernière fournit la grande légitimation à un pouvoir politique qui prend de l'extension.

Habermas, de son côté, condamne l'idéologie technocratique qui légitime la domination et chosifie les choses[45]. Par l'activité technique, écrit Banona Nseka, « le savant acquiert des sentiments nobles et des vertus indispensables pour le meilleur fonctionnement de sa science. Dans la catégorie des sentiments, rangeons la puissance, la liberté et la joie. Le progrès technique engendre chez le technicien un sentiment de puissance ou de fierté »[46]. Jürgen Habermas, parlant du rapport existant entre le savoir technique et la pratique politique, et de la scientifisation de la politique, a écrit en ces termes : « Suivant une tradition qui remonte à Hobbes, Max Weber a donné un certain nombre de définitions claires du rapport existant entre le savoir technique et la pratique politique»[47].

De cette section, nous pouvons retenir que la technique doit être repensée, car elle pose des problèmes existentiels. La technique est liée à la science, elle détermine celle-ci. La science se fonde sur la méthode, elle vise l'exactitude. Elle se révèle aussi comme une organisation et une spécialisation.

7. DE L'EFFICACITE INTERNE A LA TECHNIQUE MODERNE

Cette section vise à nous montrer que la rationalité technique est une rationalité conquérante, efficace et calculatrice. Fondée sur le principe de raison suffisante, la pensée technique est l'achèvement de la métaphysique.

---

[45] J. HABERMAS, *La technique et la science comme idéologie*, Paris, Gallimard, 1958, p.46.
[46] BANONA NSEKA D., *Op.cit*,. p. 36.
[47] J. HARMAS, *Op.cit.*, p. 98.

7.1. Technique comme savoir-faire et raison calculatrice

La technique, entendue comme production ou construction, est de prime abord un savoir-faire consistant avant tout en une efficacité. C'est un savoir-faire artisanal et industriel. La technique moderne se veut un instrument de maîtrise de la nature, d'efficacité dans la production et l'assignation de la nature. Heidegger reprochera aux hommes d'aujourd'hui d'avoir achevé de sacrifier « la pensée méditative » à la pensée calculatrice »[48]. La contemplation, au sens platonicien, cède la place à la domination de la nature. La science, qui était chez les Grecs avant tout une contemplation de la nature, est devenue, aux Temps Modernes, une application pratique, une domination, un agir dans le but d'accroître le pouvoir transformateur de l'homme. On serait tenté de croire que la vocation essentielle de l'homme réside dans l'efficacité au sens de l'agir, du pragmatisme et de la transformation.

L'homme, à l'âge technique, marche, comme le dit Bergson, le regard rivé au sol sans plus voir les rais de lumière qui lui tombent du ciel. Dès lors, l'intelligence, pense Bergson, est conçue comme une faculté de fabriquer des outils artificiels, en particulier des outils à faire des outils et d'en varier indéfiniment la fabrication[49]. L'homme fabrique les instruments ou les objets artificiels à l'aide desquels il doit transformer la réalité dans la nature et accroître son pouvoir de maîtrise. En dernière analyse, l'homme, à l'âge de la technique moderne, est devenu « Homo Faber » (homme fabricateur d'objets artificiels). « L'homo faber » semble être au-dessus de « l'homo sapiens », c'est-à-dire homme savant. « Ainsi le triomphe de l'homo faber sur son objet externe signifie-t-il en même temps son triomphe

[48] J. PAUMEN, *Temps et choix*, Bruxelles, éd. Université de Bruxelles, 1972, p. 167.
[49] H. BERGSON, *L'évolution créatrice*, Paris, P.U.F., Albert-Slora, 1966, p. 140.

dans la constitution interne de l'homo sapiens, dont il était autrefois une partie servile »[50].

La fabrication ou l'invention se révèle comme ce à quoi aspire l'intelligence humaine. Se matérialiser dans la fabrication d'outils ou de machines et dans l'utilisation efficace, méthodique de ces machines et outils divers, tel est devenu l'idéal de l'intelligence humaine. Le philosophe Julien Pacotte, dans son ouvrage intitulé *La pensée technique,* pense que « la technique ne fait que continuer l'œuvre de la nature, que certains penseurs ont pu estimer que toute notre connaissance intellectuelle de la nature aussi bien n'était qu'une connaissance technique, la connaissance d'un être tourné vers la fabrication homo faber »[51]. La raison calculatrice, opératoire au sens de la technique, en arrive au triomphe. La raison technique triomphante place ainsi l'homme au-dessus de la nature, car lui donnant la maîtrise sur cette dernière. Il en résulte que, selon la pensée de Bruno, « l'humanisme agonise au pied de son succès. L'humanisme est déchiré »[52]. La convergence science, économie, philosophie se noue autour de l'idée de maîtrise. L'humanisme, défini au XVIIème siècle, invite l'homme à se rendre « comme maître et possesseur de la nature », selon l'expression de Descartes[53]. Alors que l'homme du Moyen-Age ne se sentait pas maître de la nature. Il se soumettait aux forces inhérentes à la nature.

La raison calculatrice, dans la science moderne, est différente de la raison contemplative dans la science antique grecque. Commencée avec Thalès de Milet (vers le VIème siècle avant J.C), la science grecque se présentait sans violence sur les choses ou la nature. Le savoir grec visait la réalité au-delà des choses sensibles. Connaître, pour les Grecs, c'est aller au-delà de la réalité sensible. La

---

[50] H. JONAS, *Le principe responsabilité. Une éthique pour la civilisation technologique*, Paris, Cerf, 1990, p. 36.
[51] J. PACOTTE, *La pensée technique*, Paris, Alcan, 1931, p.11.
[52] J. BRUNO, *Humanisme et technique,* (Que sais-je ?) Paris, P.U.F., 1966, pp. 7, 8.
[53] R. DESCARTES, cité par J. BRUNON, *Op.cit., p.9.*

science grecque est donc d'une nature radicalement différente de la nôtre. Elle ne permet pas des applications. Elle ne donne ni la force, ni le pouvoir[54]. La menace de l'homme technicien sur la nature consiste à exiger de celle-ci de lui fournir la raison d'être. Mais, il convient de le dire, la pensée technique est fondée sur le principe leibnizien de raison. C'est pourquoi elle est l'achèvement de la métaphysique.

7.2. Principe de raison comme fondement de la pensée technique

Pour notre auteur, la pensée technique est dominée par le principe de raison. Le principe de raison suffisante, énoncé par Leibniz, nous apprend que rien n'est sans raison. La nature ne fait pas des sauts. La pensée technique, qui est l'achèvement de la pensée métaphysique, réduit tout réel au fondement rationnel. En dernière analyse, c'est le sujet humain qui détermine la manière d'être des choses.

Comme la pensée métaphysique qu'elle achève, la pensée technique oublie l'être pour ne s'occuper que des étants. Pour Heidegger, « la pensée métaphysique ne reconnaît comme étant que ce dont on peut rendre raison, ce dont, autrement dit, on peut désigner le fondement, le *Grund* »[55]. Après avoir tout réduit à la raison, l'homme a ainsi un pouvoir sur les choses. La pensée technique voulant ainsi tout expliciter, tout (étants) réduire à la chaîne de la fondation ou de la raison, « oublie ce qui ne se laisse jamais réduire à un fondement : l'être qui transcende toute concaténation et toute explicitation interne au plan de l'étant »[56]. Il y a donc crise d'une pensée authentique au sein de la technique. A ce propos, Heidegger écrit en ces termes : « Le trait fondamental de la pensée jusqu'ici connue est le percevoir

---

[54] J. BRUNO, *Humanisme et technique, Op.cit.*, 1996, p.27.
[55] G. VATTIMO, *Introduction à Heidegger*, *Op.cit.*., p.145
[56] *Ibid.*, p. 146.

(*das Vernehmen*). La faculté de percevoir s'appelle la raison (*die Vernunft*) »[57].

La pensée est ainsi devenue la représentation. « La pensée est ainsi cette présentation du présent, qui nous livre la chose présente dans sa présence et qui la place ainsi devant nous (*vor uns stellt*), afin que nous nous tenions devant elle et que, à l'intérieur d'elle-même, nous puissions soutenir cette tenue »[58]. Toute la pensée technique, de même que la pensée métaphysique dont elle est achèvement, est une pensée rationaliste, de la présentation et de la représentation soutenue par l'homme comme maître. Dans cette pensée technique, l'homme et les choses sont pensés en termes d'instruments.

C'est pourquoi Heidegger pense la technique non seulement en termes de moyens pour parvenir à certaines fins, mais comme une façon d'être : toute l'existence inauthentique dans laquelle l'homme se tient par rapport à l'Etre, à la vérité de l'Etre. La technique devient toute une pensée, un mode de savoir, une manière d'être de l'homme dans le monde loin de l'Etre. Dans la faculté de percevoir, s'accomplit l'acte de remarquer et de prendre devant soi la chose présente. Il en découle que la technique se révèle comme une puissance ou une volonté de disposer de la chose et de réduire l'être de l'étant à l'être-posé par la volonté de l'homme. L'instrumentalité technique fonctionne comme un vide ontologique, un abandon de l'être et comme un véritable achèvement de la métaphysique.

7.3. La technique comme expression du déploiement et achèvement de la métaphysique

La technique est perçue par Heidegger comme l'accomplissement de la métaphysique. C'est toujours dans la

---

[57] M. HEIDEGGER, « Que veut dire penser ? », in *Essais et Conférences*, *Op.cit.*, p. 165.
[58] *Ibid*. p. 167.

perspective de la métaphysique oublieuse de l'être que Heidegger pense la technique. La métaphysique, comme nous l'avons déjà vu, a oublié la différence ontologique, la différence entre l'être et les étants. Elle a étudié l'étantité de l'étant et non l'Etre. L'Etre a été réduit à l'étant suprême, à l'Idée, à *l'Ousia*, à l'esprit absolu, à la raison-fond, à Dieu, à l'absolu, à la volonté de puissance, etc. Devant cet oubli de l'Etre, Heidegger a tenté la déconstruction de la métaphysique par ce qu'il a appelé le « Dépassement de la métaphysique », compris comme retour à l'Etre à partir de son oubli.

La technique achève la métaphysique dans ce sens qu'elle est aussi une pénurie de l'Etre. Heidegger écrit en ces termes : « La technique qui, sans le savoir est en rapport avec le vide de l'être, est ainsi l'organisation de la pénurie »[59]. Il faut donc combler ce vide ontologique au sein duquel opère la technique. La technique se donne comme volonté de puissance, c'est-à-dire volonté de disposer d'une chose. « La technique est précisément le phénomène qui, sur le plan de la manière d'être de l'homme dans le monde, exprime le déploiement et l'achèvement de la technique »[60]. Mais comment la technique accomplit-elle l'oubli de l'être, la suppression de toute différence ontologique ?

Dans la technique, la question de l'être n'existe plus. En elle, il n'y a que des étants. La technique, comme métaphysique achevée, met en place un certain ordre du monde, une organisation des choses. La technique devient une métaphysique achevée en ce sens qu'elle a réalisé toutes les tâches assignées à la métaphysique, notamment le règne de la volonté de puissance, l'oubli de l'être, la pensée rationaliste de la fondation, l'application du principe de raison suffisante, la maîtrise ou le pouvoir de l'homme : exiger de toute chose sa raison et laisser les choses être vues ou perçues par l'homme.

---

[59] M. HEIDEGGER, « Dépassement de la métaphysique », in *Essais et Conférences*, *Op.cit.*, p. 111.
[60] IDEM, cité par G. VATTIMO, *Op.cit.*, p. 102.

Heidegger pense que la technique, comme forme suprême de la conscience rationnelle, - cette dernière entendue au sens technique – et l'absence de médiation comme incapacité organisée, impénétrable à elle-même, d'accéder à un rapport avec « ce qui mérite qu'on interroge » sont solidaires l'une de l'autre : elles sont une seule et même chose »[61].

L'homme, dans le monde technique, est producteur et organisateur. La volonté de l'homme de réduire tout à soi constitue ainsi l'instrumentalisation du monde. Ainsi, la technique, abandon loin de l'être, est, en dernière analyse, l'instrumentalisation du monde. « L'être de l'étant est totalement et exclusivement son être-posé par la volonté de l'homme producteur et organisateur »[62]. Si, dans la métaphysique traditionnelle, l'homme est le plus souvent dans la banalité quotidienne, sous la dictature et l'anonymat du « On », vivant par les idées et les sentiments déjà-faits, exilé de lui-même et de l'être parce que se trouvant dans l'existence inauthentique ; dans la technique moderne, les choses se passent presque de la même manière. Ici, l'anonymat et la dictature du On se muent en ceux de la publicité.

Dans le monde technique, l'homme est dominé par la publicité. Celle-ci se présente comme l'opinion courante universelle. De même l'homme, dans l'existence inauthentique, sous la dictature du On, s'aliène et perd sa responsabilité ; l'homme dans la technique devient l'être public. L'opinion courante, affirme Vattimo, ne peut devenir prédominante que parce que l'étant lui-même est devenu « public », c'est-à-dire universellement et totalement pénétrable[63].

La publicité est ainsi un des traits fondamentaux de la technique. C'est pourquoi, comme le dit bien Heidegger, la technique et l'absence de la méditation sont une même chose. La technique

---

[61] IDEM, « Dépassement de la métaphysique », in *Essais et Conférences*, p. 100.
[62] G. VATTIMO, *Introduction à Heidegger*, *Op.cit.*, p. 103.
[63] *Ibid.*, p. 105.

« appartient au monde de l'avoir et par conséquent au monde problématique. Elle s'occupe des problèmes et non des mystères du sens marcellien du terme »[64]. C'est parce qu'elle (technique) est plus un savoir-faire qu'un savoir, qu'un savoir-être, qu'elle ne saura être une méditation, une contemplation au sens platonicien.

Opposée à la science pure, qui est désintéressée parce qu'elle n'intervient dans le réel que pour le saisir tel qu'il est et non pour le modifier, la science moderne, à laquelle se rattache la technique moderne, « met le réel au pied du mur. Elle l'arrête et l'interpelle, pour qu'il se présente chaque fois comme l'ensemble de ce qui opère et de ce qui est opéré »[65]. C'est pour cette raison que Heidegger affirme que l'essence de la science, c'est la technique. L'oubli de l'être amène l'homme à considérer le réel comme ce qui doit être regardé par lui. La chose ou l'étant doit se montrer en toute objectivité à l'homme, répondre à l'homme.

« Que les choses présentes, par exemple la nature, l'homme, l'histoire, le langage, se mettent en évidence en tant que le réel dans son objectivité, que du même coup la science devienne la théorie qui suit le réel à la trace et s'en assure comme d'un objet, cette situation eût été aussi étonnante pour un homme du Moyen-âge qu'elle eût dû être déconcertante pour la pensée grecque »[66].

Que l'essence de la science moderne soit la technique comme nous révèle Heidegger, telle est une vérité qu'on ne saurait réfuter totalement. Si dans l'antiquité grecque, la science a été désintéressée, elle est aujourd'hui intéressée. Le savant est comparé par Kant à un juge, c'est-à-dire à celui qui pose les questions à la nature, aux choses ou aux étants. Devant le savant, les choses sont comme les condamnés. Elles sont justement condamnées à répondre au savant (juge), à se mettre à nu devant le savant, à lui révéler leurs

---

[64] D. BANONA Nseka, *Technique et dignité humaine*, *Op.cit.*., p.44.
[65] M. HEIDEGGR, « Science et méditation », in *Essais et Conférences*, *Op.cit.*, p. 62.
[66] *Ibid.*, p.63.

objectivités. Heidegger cite une phrase de Max Planck : « Est réel ce qu'on peut mesurer »[67]. Mesurer le réel, trait caractéristique de la technique, c'est, pour le savant ou le technicien, le placer dans son expectative. Le réel est sommé de répondre au savant, d'être à son attente.

Avec la technoscience, le réel devient une donnée de fait, un objet au sens de ce qui est jeté devant moi, ce qui est ou / et regardé. Le réel n'est plus, au sens antérieur, « la chose présente qui, d'elle-même, se met en évidence »[68].

Avec la technoscience, la chose ou le réel apparaît comme objet devant un sujet. La science et la technique sont déterminées par l'objectivité de la chose présente. C'est dans ce sens qu'il faut comprendre l'expression selon laquelle la « science est la théorie du réel ». L'Etre échappe à la science et à la technique. Ni la science, ni la technique ne parlent sur l'être. La pensée de Heidegger se présente comme une prise de position face à l'aliénation de l'homme par la technique accomplissant la métaphysique, et comme une libération de l'homme par la pensée de l'Etre.

8. PROBLEMATIQUE DU PROGRES TECHNIQUE

8.1. Incontournabilité du phénomène de progrès technique

La technique est partout, dans tous les domaines de la recherche menée par l'homme. Un fait est incontestable, c'est que la technique, dans son lien étroit avec la science, progresse continuellement pour maîtriser le réel et le transformer. Ainsi, parmi les penseurs, les uns font l'apologie de la technique en mettant en

---

[67] M. HEIDEGGR, « Science et méditation », in *Essais et Conférences*, *Op.cit.*, p.64.
[68] *Ibid.*, p.57.

relief ses avantages, les autres dénoncent la dérive technocratique[69]. Pour les premiers, la technique est libératrice, pour les derniers, elle asservit l'homme. Comme disait Heidegger, la technique n'est pas ce qui est dangereux, il n'y a rien de démoniaque dans la technique. C'est l'essence de la technique qui est le danger.

8.2. Apologie du progrès technique

Le procès sur la technique aboutit souvent à l'apologie de la technique. Le problème technique est mis en question. En examinant les productions de la technique, on est vraiment tenté de faire l'éloge de cette dernière. Dans son plaidoyer pour la technique, Louis Armand s'exprime en ces termes : « C'est de la technique et de ses machines que dépend, en majeure partie, la promotion sociale. La technique, en effet, a créé, quoi qu'on en pense, en se référant assez sommairement à l'image type de l'ouvrier rivé à une machine-outil, beaucoup moins de métiers ingrats qu'elle n'en a supprimé d'odieux, ceux, par exemple, où l'homme n'était utilisé que pour sa force »[70].

Certes, il faut reconnaître à la technique cette capacité à fabriquer des outils et des machines. Les outils et les machines, une fois fabriqués par la technique, constituent une aubaine pour l'homme. Parmi ces outils et machines, nous pouvons citer : les supports de la communication et les nouvelles techniques de l'information et de la communication, à savoir radio, cinéma, télévision, téléphone cellulaire, etc. ; mais aussi l'ordinateur, l'internet, tous les moyens de déplacement (avion, train, bateau, navette spatiale, véhicule, moto, etc.) aisé et rapide, les machines à calculer. Parmi les productions techniques fascinantes, merveilleuses et susceptibles d'éloges, nous pouvons également citer les produits médicaux, les appareils de

---

[69] Parmi ceux qui font éloge de la technique, nous pouvons citer : Louis Armand, Jean Fourastie qui considère la machine comme libératrice de l'homme. Pour les adversaires, nous avons : Nicolas Berdiaeff qui subordonne la technique à l'esprit et René Duchet qui nous invite à une conscience planétaire face à la technique.

[70] L. ARMAND, Discours prononcé à l'Académie française le 19 mars 1964.

diagnostic médical et d'auscultation (échographie, radiologie, microscopes divers, stéthoscope).

A ces productions de la technique, il faut ajouter toutes les machines qui exécutent de lourds et complexes travaux de fabrication d'autres produits, notamment les robots, les bulldozers. Les énergies atomique et électrique sont classées, parmi ces productions. Dans son *l'Humanisme technique*, Gabriel Veraldy pense que l'adversaire de la technique ne comprend pas que la moitié de l'humanité vit sur les applications de la science. Une régression entraînerait non seulement la mort prématurée d'un milliard et demi d'êtres conscients, mais l'effondrement de la civilisation. Il suffirait, par exemple, que le métal cesse de conduire l'électricité, pour que l'humanité retourne à la barbarie et ses œuvres à la poussière. A propos de la maîtrise technique du monde, Descartes écrit en ces termes : « connaissant la force et les actions du feu, de l'eau, de l'air, des astres, des cieux et de tous les autres corps qui nous environnent, aussi distinctement que nous connaissons les divers métiers de nos artisans, nous les pourrions employer en même façon à tous les usages auxquels ils sont propres et ainsi nous rendre comme maîtres et possesseurs de la nature »[71].

Il est vrai que la machine libère l'homme de certains travaux serviles. Elle lui fait gagner le temps. Elle lui permet, dans certains secteurs, notamment le secteur agricole, d'obtenir un rendement considérable. Au regard de ce tableau positif, la technique se révèle comme un lieu d'épanouissement de l'homme ou, comme le dit BONONA Donatien, « un moyen de libération de l'homme »[72]. En permettant à l'homme de dompter « les forces de la nature, la technique constitue une libération authentique et doit être saluée comme telle »[73]. Le développement industriel est également lié à la

---

[71] R. DESCARTES, *Discours de la méthode pour bien conduire sa raison et chercher la raison dans les sciences*, Op.cit., p. 168.
[72] BONONA Nseka, D., *Op.cit.*p.39.
[73] G. MARCEL cité par BANONA Nseka, D., *Op.cit.*, p.39.

technique ou, mieux, au progrès technique. Dès lors, la machine devient libératrice. Parlant de la machine comme libératrice, Jean Fourastié pense qu'en libérant l'homme du XXème siècle du travail servile, la machine moderne le rend donc disponible pour les activités complexes de la civilisation intellectuelle, artistique et morale[74].

Même Gabriel Marcel ne s'est pas leurré par cette image positive de la technique. Il a constaté que nous vivons dans un monde cassé par la technique. La technique, pense Marcel, est déshumanisante. Elle a fait perdre à l'homme son poids ontologique.

Toutefois, cette apparente libération de l'homme par la technique, c'est-à-dire par les productions techniques, telles qu'énumérées ci-haut, en partie, ne va pas de soi. Le progrès technique s'accompagne aussi de dérives. La domination du monde moderne par la technique pose dans toute sa profondeur un réel problème philosophique et religieux dans l'existence de l'homme. Beaucoup de penseurs ont dénoncé ces dérives de la technique, notamment Martin Heidegger, Nicolas Berfiaeff, Hans Jonas, Jürgen Habermas, Jacques Ellul, Bruno, Henri Bergson. La technique, dans ses dérives, devient une technocratie.

8.3. Critique contre la technocratie

La maîtrise des forces de la nature, que la technique offre à l'homme, s'accompagne d'une certaine déshumanisation ; elle détourne l'homme de la question essentielle de l'Etre. Comme le dit si bien Banona, la technique fait perdre à l'homme sa dignité. La technique a tendance à le réduire à un de ses éléments.

On reproche à la technique la dérive, le réductionnisme et la chosification de l'homme. Il se dégage un paradoxe : grâce à la technique, l'homme fabrique des outils et des machines pour que ses conditions de vie soient meilleures et pour qu'il soit le maître de la

[74] Cf. J. FOURASTIE, *Le grand espoir du XXème siècle*, Paris, Gallimard.

nature, et pourtant ce sont les mêmes outils et machines qui l'asservissent et le réduisent à l'état de machine. L'homme semble devenir lui-même machine. La tentation de réduire l'homme à la machine est très forte dans la technocratie (technique en dérive).

La machine et les outils, tout en faisant partie de la technique, se distinguent cependant les uns des autres. La machine utilise plusieurs sources d'énergie. Son fonctionnement paraît autonome vis-à-vis de l'homme même si ce dernier intervient pour guider l'opération à certains moments. C'est pourquoi la machine tend à supplanter l'homme. Mais, en dernière analyse, la machine, même la plus automatique et la plus perfectionnée, dépend de l'homme, de sa fabrication jusqu'à sa réparation en passant par son fonctionnement. En demeurant dépendante de l'homme, la machine fait en même temps de l'homme un être dépendant d'elle.

Alors, l'homme devient un jouet du processus de la production et de la transformation techniques. La machine, pense Nicolas Berdiaeff, devient le maître de l'homme, ce qui rappelle les rapports entre le maître et l'esclave[75]. Berdiaeff explique ainsi la crise que traverse l'Occident depuis la Renaissance : l'homme moderne s'est enlisé dans sa propre création ; il a sacrifié son âme à son rêve de domination rationnelle et mécanique de l'univers ; il est prêt aujourd'hui à renoncer à son individualité même pour se dissoudre dans n'importe quel totalitarisme[76]. Avec sa doctrine de l'objectivation, Berdiaeff pense que les hommes des temps modernes, objectifs, prisonniers dans un univers artificiel transformé par la rationalisation et la technique, ne sont pas réellement dans la civilisation authentique. La civilisation technique n'est pas moins que la barbarie. Elle peut être autant que la barbarie.

---

[75] Cf. N. BERDIAEFF, *L'homme dans la civilisation technique*, Paris, Ed. de la Baconnière, 1947.

[76] J. COMBLIN et alii, *Dictionnaire des idées contemporaines*, Paris, Ed. Universitaires, 1966, p. 233.

La dérive technocratique semble conduire à une sorte de totalitarisme tel que dénoncé par le philosophe allemand Herbert Marcuse. Le totalitarisme, compris comme un régime politique où tous les pouvoirs sont concentrés entre les mains d'un parti unique et où l'opposition politique est absente ou prohibée, n'est pas seulement la forme que peut prendre un gouvernement ; il peut aussi découler de la production technique ou, mieux, de la technocratie.

Le règne ou le pouvoir de la technique dans le monde peut se révéler comme une forme de totalitarisme. Au sujet des gouvernements des pays où le progrès technique et scientifique exerce un pouvoir de décision sur la scène politique internationale, Herbert Marcuse écrit en ces termes : « Aujourd'hui le pouvoir politique a tout pouvoir sur le processus mécanique et sur l'organisation technique de l'appareil. Les gouvernements des sociétés industrielles avancées et de celles qui sont en train de le devenir, se maintiennent et se défendent à condition de mobiliser, d'organiser et d'exploiter la productivité technique, scientifique et mécanique nécessaire à une société industrielle. Et cette production mobilise la société comme un bloc, elle passe avant tout intérêt particulier, qu'il s'agisse d'individus ou de groupes »[77].

Dès lors, la technocratie, comme déviation de la technique, peut être comprise à la fois au sens du pouvoir de la technique ou des techniciens dans le monde moderne et au sens du pouvoir politique qui se maintient et se rend efficace grâce à l'action technique. C'est dans ce second sens qu'il faut comprendre la nouvelle forme du totalitarisme, engendré par la technique, dont nous parle Herbert Marcuse dans l'extrait que nous venons de citer. Dans tout totalitarisme, le pluralisme est interdit au profit d'un parti unique. On y observe l'exercice de la violence par le parti unique au pouvoir. De même la technocratie, en tant que totalitarisme, est un pouvoir ou une

---

[77] H. MARCUSE, *L'Homme unidimensionnel*, Paris, Ed. de Minuit, 1968, p. 29.

idéologie de domination des sociétés moins avancées techniquement, scientifiquement, mécaniquement ou industriellement par les sociétés qui le sont déjà à un degré très élevé.

Décrivant les conditions de l'homme moderne, Hannah Arendt pense que l'homme moderne est conditionné par les machines : « Si la condition humaine consiste en ce que l'homme est un être conditionné pour qui toute chose, donnée ou fabriquée, devient immédiatement condition de son existence ultérieure, l'homme s'est « adapté » à un millier de machines dès le moment où il les a inventées. Elles sont certainement devenues une condition de notre existence aussi inaliénable que les outils aux époques précédentes »[78]. Il s'ensuit que l'existence de l'homme moderne est conditionnée par les machines ou par les productions techniques.

Pour Habermas, la technique ou, mieux, la technocratie, comme idéologie, a renvoyé l'homme à s'occuper plus de l'intérêt privé ou propre que de l'intérêt général ou commun. L'incursion de la technocratie dans la vie des hommes a surpris Habermas au point qu'il s'exprime en ces termes : « C'est la thèse de la technocratie, et le discours scientifique qui en a développé la théorie sous différentes versions. Mais le fait qu'elle puisse pénétrer aussi, en tant qu'idéologie implicite, dans la conscience de la masse de la production politisée et avoir un pouvoir de légitimation me paraît important »[79].

Au regard de ce qui précède, nous pouvons dire que l'homme moderne est écartelé entre deux tendances opposées de la technique, à savoir la tendance à la libération de l'homme et la tendance à dominer l'homme. Telle est la situation paradoxale dans laquelle la technoscience place l'homme moderne. Cet état de choses peut être

---

[78] H. ARENDT, *Condition de l'homme moderne*, Paris, Ed. Calmann-Lévy, 1961, p. 165.

[79] J. HABERMAS, *La technique et la science comme idéologie*, Paris, Ed. Denoël, 1973, p.46.

dû au caractère essentiellement opératoire de la technoscience. Jean Ladrière n'avait-il pas raison d'écrire en ces termes : « Le savoir scientifique n'est ni de type sapientiel, ni de type contemplatif, ni de type herméneutique mais de type opératoire »[80]. La liberté technoscientifique a aussi ses retombées dans l'existence humaine. La technique semble fonctionner sans tenir compte des considérations morales. C'est ce qui explique même la raison d'être de la bio-éthique comme censure aux excès inhumains de la production technoscientifique. La bio-éthique lutte, par exemple, contre l'insémination artificielle avec donneur, et contre l'instrumentalisation de l'homme, contre la banque de sperme, contre le bébé éprouvette, contre le clonage et les dangers que présentent la technique nucléaire, l'euthanasie, la pollution de l'air et de l'environnement, la technique génétique pour ne citer que ceux-ci. Pour Jacques Ellul, « La technique ne supportant aucun jugement éthique, ceci nous conduit au troisième aspect ; elle ne tolère pas d'être arrêtée pour une raison morale. Il va de soi qu'opposer des jugements de bien ou de mal à une opération jugée techniquement nécessaire est simplement absurde »[81].

La relation technoscientifique ne libère ou ne délivre qu'en assujettissant l'homme. Elle est exploitation de l'opérativité physique. En ce sens, elle est éminemment active ; elle isole, découpe physiquement ses objets. Elle déconstruit, manipule, reconstruit et même produit ses objets. La relation technoscientifique est centrée sur le faire. Son pouvoir opératoire est objectif et effectif[82]. Dans son ouvrage *La puissance du rationnel*, Janicaud met en relief le caractère opératoire de la science.[83]

---

[80] J. LADRIERE, *Les Enjeux de la rationalité*, Paris, Aubier, 1977, p.29.
[81] J. ELLUL, *Le système technicien*, Paris, Ed., Calmann-Levy, 1977, p. 161.
[82] G. HOTTOIS, *Entre symboles et technoscience. Un itinéraire philosophique*, Bruxelles, Ed. Champ Vallon, 1996, p.91.
[83]JANICAUD, D., *La puissance du rationnel*, Paris, Gallimard, 1985, p.15

Est-ce que cela veut dire que nous cédons, face à la technique ou à la technoscience, au pessimisme ? Nullement. Nous ne cédons ni à l'optimisme béat, ni au pessimisme sceptique. Il s'agit donc, pour nous, d'orienter la technique à être ouverte à l'Etre, d'être plus harmonieuse. D'où la responsabilité qui incombe au savant et au technicien face à la dérive de la technoscience. Nous pensons que l'une des tâches les plus urgentes du philosophe est de relever les défis de la technique. Comme l'expliquera à son tour Hans Jonas, « l'attaque que la technique fait subir à la nature ne saurait être décrite en termes plus élogieux »[84]. Mais cette attaque que la technique fait subir à la nature n'est-elle pas en dernière analyse l'attaque de l'homme contre la nature ? D'aucuns pensent que, prise en soi, la technique est neutre et que c'est l'homme qui est responsable de son utilisation.

9. L'EXPLOITATION TECHNIQUE ET LE DESASTRE ECOLOGIQUE

9.1. L'émergence de la civilisation technicienne et ses implications écologiques

Nous assistons aujourd'hui à l'émergence d'une civilisation technicienne aux dimensions planétaires. La science et la technique s'imposent comme mode de pensée. La technique moderne, certes, est devenue incontournable au regard de ce qu'elle met à la disposition de l'homme tels que les appareils audio-visuels, téléphoniques, médicaux ou sanitaires, etc. La technique moderne, devenue mode de pensée et une culture imposante, a opéré favorablement la mentalité de l'homme moderne. « Nous sommes à l'âge où la technoscience a atteint un degré d'évolution inédit, et a investi tous les secteurs de la vie, où la science réalise la domination

[84] H. JONAS, *Une éthique pour la nature*, Paris, Ed. Desclée du Brouwer, 2000, p. 139.

de la nature dans une proportion toujours plus grande et règle l'administration de la vie en commun des êtres humains »[85].

Cependant, l'exploitation technique ou, mieux, industrielle, engendre aussi le désastre écologique. On ne se sent pas innocent des effets de la technique. « En effet il n'y a pas d'usage innocent de multiples produits de la technique et les transferts des Nouvelles Technologies s'accompagnent toujours d'un certain assujettissement ».[86]

La surexploitation industrielle de l'écosystème entraîne la dégradation de l'écosystème tant sur le plan environnemental qu'humain. La diversité des espèces ou la biodiversité, dont la providence a doté la République Démocratique du Congo, fait de ce pays l'un des pays du monde les plus riches écologiquement. Après l'Amazone, les forêts du bassin du Congo constituent la seconde forêt tropicale au monde, en termes de surface. Le bassin du Congo est reconnu pour son exceptionnelle diversité biologique et culturelle. Les forêts du bassin du Congo se situent majoritairement au Cameroun, au Gabon, en Guinée Equatoriale, en République Centrafricaine, au Congo Brazzaville et en République Démocratique du Congo. Plus de 50% de toutes les forêts équatoriales du bassin du Congo se situent en République Démocratique du Congo[87].

Mais ces forêts du bassin du Congo souffrent aujourd'hui d'une surexploitation de certaines essences d'arbres et certaines espèces animales sont en voie d'extinction à cause d'une exploitation industrielle à outrance. Ces industries d'exploitation forestière

---

[85] ONAOTSHO KAWENDE, J., « *Le christianisme à l'ère des nouvelles technologies* », in Revue philosophique de Kinshasa sur *Sociétés africaines et nouvelles technologies. Enjeux existentiels.* (Sous la direction de G. NDUMBA Y'OOLE L'IFEFO), Vol XIII, n°23-24, (Janvier-Décembre 1999), Kinshasa, F.C.K., 1999, p.71.
[86] J. LADRIERE cité par NDUMBA Y'OOLE L'IFEFO, « *Les enjeux des technologies occidentales pour l'Université en Afrique* », in Revue philosophique de Kinshasa, *Op.cit.*, p. 130.
[87] LUDOVIC FREE, *Les mille et une forêts. Vie et disparition,* Lausanne, Ed. Favre SA, 2001, p. 32.

préfèrent payer les taxes, bien qu'élevées, plutôt que d'arrêter leur exploitation forestière exagérée.

Le problème que pose aujourd'hui l'exploitation industrielle du bois est réel et doit être pris au sérieux si l'on veut éviter le désastre incalculable dans les jours qui viennent. La production mondiale de bois rond industriel (bois destiné à des emplois industriels non transformés dans des scieries ou des usines de contreplaqués) est passée d'environ 1 milliard de m3 en 1997, soit une augmentation globale de 50 pour cent. Rien qu'entre 1990 et 1995, 65357 000 ha de forêts ont été détruits dans le monde[88].

L'agriculture est aussi pointée du doigt pour l'utilisation des engrais. Il en résulte un désastre sanitaire causé par l'usage poussé des engrais. Nous savons que ces derniers sont les fruits de la technoscience soucieuse de maîtriser la nature. La maîtrise de la nature, telle que soulignée dans la Bible, ne veut pas dire dégradation de la nature. Il s'agit, comme le souligne bien Kangudi, d' « une domination salutaire, positive par laquelle l'homme cultive et entretient la nature »[89]. La technique tend à faire accéder l'homme à une maîtrise brutale, destructrice de la nature. La soumission de la nature à l'homme au moyen de la technoscience doit se réaliser de manière humanisante. Elle doit entretenir la nature et l'homme qui y habite. Certes, c'est dans la nature que l'homme doit expérimenter son génie, sa capacité créatrice, mais pas au prix de la destruction sauvage de celle-ci.

La question de la déforestation, consécutive à la surexploitation industrielle, est de nos jours l'une des questions existentielles sur lesquelles se penchent les scientifiques. Selon Ludovic, la forêt couvrait il y a mille ans la moitié de la planète.

---

[88] *Ibid.* p. 83.

[89] KANGUDI KABWATILA, S., « La synergie inventive comme condition d'effectuation du progrès technique en Afrique », in *Sociétés africaines et Nouvelles technologies*, *Op.cit.*, p. 60.

Aujourd'hui 80% de ces forêts primaires ont disparu. Ce sont ces forêts primaires qui abritent la majorité des espèces végétales et animales (bio diversité) de la planète[90]. Avec la surexploitation technique de la forêt entraînant la déforestation, se posent également les problèmes sociaux. Les populations qui habitaient ces forêts, qui ont transformé ces forêts en leur habitat, se sont vues chassées, obligées de se déplacer, pourchassées et confrontées à de nouvelles maladies issues de la déforestation. Le cas des Indiens (Peaux Rouges) en Amazonie est encore plus déplorable. Chassée par les Sociétés multinationales, soucieuses de gains monstrueux, cette population, aujourd'hui privée de son écologie primitive, est en voie d'extinction. C'est aussi le cas des pygmées habitant les forêts du bassin du Congo. Non seulement les hommes sont pourchassés par la déforestation, mais les animaux sauvages le sont aussi et même plus. La déforestation, causée par l'exploitation technique ou industrielle, engendre non seulement la dégradation écologique, mais elle cause aussi la destruction pluviale sur la biodiversité, les effets de serre sur notre environnement, résultat du réchauffement climatique. Toutes les forêts présentent l'avantage ou mieux jouent le rôle de maintenir des conditions écologiques essentielles à la préservation de la vie sur terre.

Les forêts empêchent la désertification et régulent les cycles hydrologiques de certaines régions qu'elles couvrent, la technique moderne engendre la libération dans l'atmosphère d'une importante quantité de carbone. Ne dit-on pas que la forêt constitue la plus grande pharmacie ? En effet, les plantes des forêts constituent, pour les populations locales, des sources de nourriture, des médicaments, des matériaux de construction des maisons et d'autres outils. Rien que la biodiversité des forêts tropicales offre à l'homme toutes les espèces végétales et animales terrestres. Non seulement les industries du bois sont accusées ici, mais aussi les industries minières. Ces dernières

---

[90] LUDOVIC FERE, *Op. cit.*, p. 17.

contribuent beaucoup au désastre écologique. Heidegger, préoccupé par la question de la technique comme émanation de la métaphysique, pense que le déclin de la terre et de la vie est dû au règne de la technique et à l'oubli de l'Etre[91]. La pensée de Heidegger, qui préconise le maintien de la forêt, peut aussi être considérée comme une pensée agraire. « L'idéal néo-marxiste d'une nouvelle technologie humanisée, d'un retour à la concordance harmonieuse entre les besoins humains et les lois de production, est du pur Heidegger. Lui aussi en appelle à une « technologie de la responsabilité ». Heidegger est et demeure un agrairien. Le champ et la forêt sont au cœur du monde heideggérien »[92]. Le réchauffement de la planète est en grande partie causé par les activités techniques de l'homme.

9.2. Effet de serre et réchauffement climatique comme implications de la technique moderne

Le Protocole de Kyoto exige, de pays industriels ayant atteint un progrès technique assez important, la réduction d'émissions de gaz carbonique. Malheureusement il y eut certains pays industriels, notamment les Etats-Unis d'Amériques, qui ont refusé de ratifier ce protocole de Kyoto dont nous parlerons un peu plus loin.

Dès le début de l'ère industrielle, certains pays, dont le progrès technique est avancé, se sont mis à jeter massivement le gaz carbonique entraînant par là une augmentation de cet effet de serre. L'augmentation de l'effet de serre a provoqué à son tour l'augmentation de température, en un mot le réchauffement climatique. « En un siècle, la température de la surface de la Terre a progressé en moyenne de 0,5°C. La dernière décennie a été la plus

---

[91] Cf. M. HEIDEGGER, *Lettre sur l'humanisme*, Paris, Aubier-Montaigne, 1983, p.8.
[92] G. STEINER, *Martin Heidegger*, *Op.cit*, p. 190-191

chaude depuis 1000 ans. Si rien n'est fait, la température moyenne de la surface du globe augmentera de plus de 6°C d'ici 2100 »[93].

Voilà comment l'ère technique s'accompagne aussi des conséquences néfastes sur notre environnement. Beaucoup d'industries des pays au développement technoscientifique sont en train de déverser beaucoup de déchets chimiques, de polluer l'air et l'eau. Si nous n'adoptons pas une technique responsable et une bonne politique de gestion de l'eau, nous risquons de connaître un désastre sanitaire regrettable, conséquence de la pollution engendrée par l'exploitation technique ou industrielle irréfléchie. Les conséquences du réchauffement climatique se traduisent soit par de violentes tempêtes, soit par la montée du niveau de la mer, soit par la canicule. La technique moderne génère également la pollution de l'environnement.

9.3. Le progrès technique et la pollution de l'environnement

Devant ce danger qui pointe à l'horizon, celui de l'effet de serre et du réchauffement climatique, la conférence ou le protocole de Kyoto s'est fixé comme objectif la réduction d'émissions de gaz carbonique (CO2). « La plus grande puissance de la planète, les Etats-Unis, qui émettent plus d'un tiers des émissions mondiales de gaz carbonique, participent en annonçant un droit de veto. En clair, la nation la plus polluante de la planète accepte de participer dans la mesure où elle n'a pas à changer sa politique de pollueur. Les Etats-Unis annoncent qu'il n'est pas question pour eux de diminuer leurs émissions de gaz à effet de serre »[94]. A l'aide du progrès technique enregistré, les puissances américaines et occidentales constituent les grands pollueurs de la planète terre. Elles rendent malsains ou

---

[93] LUDONIC FERRE, *Op.cit.* p. 45
[94] *Ibid..* p.46

dangereux l'air et l'eau. Dans la plupart des cas, c'est en Afrique qu'elles déversent les déchets industriels nuisibles à la santé humaine ou mieux à l'écosystème. C'est l'exemple des déchets toxiques déversés en Côte d'Ivoire et qui ont contaminé la population abidjanaise. Les organisations de protection de l'environnement, conscientes du danger que court l'humanité au risque de perdre la forêt, ne croisent pas les bras. Elles tirent la sonnette d'alarme. Il est donc urgent que l'on adopte une technique responsable, une politique internationale capable d'arrêter des dispositions pratiques susceptibles de réduire, pour ne pas dire d'éradiquer, les effets polluants de la technique moderne sur l'environnement. Un autre problème soulevé par la technique moderne, ce sont les Nouvelles Technologies de l'Information et de la Communication (NTIC).

Les Nouvelles Technologies de l'Information et de la Communication c'est bien, mais pas contre la santé de l'homme. La technique soulève également le problème de la bioéthique : le clonage, le bébé éprouvette, la fécondation artificielle, les expérimentations médicales sur le corps humain, pour ne citer que ces cas, sont autant de problèmes existentiels qui interpellent tout penseur et spécialement le philosophe soucieux du respect de la vie humaine comme valeur sacrée. D'où l'idéal qui habite le philosophe de faire parvenir, à l'aide des garde-fous qu'il place à côté du progrès technique, la société humaine à un espace où l'homme et l'être de l'homme sont considérés comme des vertus cardinales.

9.4. Problématique des Nouvelles Technologies de l'Information et de la Communication (NTIC)

Les Nouvelles Technologies de l'Information constituent une sorte d'impérialisme d'une culture dominante : « Le vingtième siècle s'est éclipsé sous le signe de l'essor et du progrès vertigineux des

Nouvelles Technologies »[95]. Le téléphone cellulaire constitue, certes, un moyen indispensable de communication. Il permet à l'homme l'économie du temps. Il a rendu le monde petit, comme un village planétaire où ce qui se passe à un bout est suivi par un autre bout. Le téléphone cellulaire a modifié quelque peu la façon dont s'organise la société humaine. Les hommes ont utilisé ces outils de télécommunication dans le contexte commercial, politique et social. Des informations peuvent maintenant être partagées très rapidement par un réseau décentralisé. Le téléphone cellulaire s'est avéré utile également pour bien des causes politiques.

Cependant, l'implantation des antennes pour le téléphone cellulaire à côté des habitations des hommes constitue un danger sérieux. On ne peut pas, pour préserver la santé humaine des effets de radiation, placer n'importe où les antennes pour téléphone cellulaire. Malheureusement nous les trouvons côte à côte avec les hommes, sur le bâtiment abritant une agglomération d'hommes. Après dix ans ou un peu plus, les conséquences seront néfastes. Il y aura certaines maladies dont souffriront les personnes habitant à proximité de ces antennes cellulaires. C'est également le cas de l'implantation des antennes des stations de radio ou de télévision qui avoisinent les hommes. Elles émettent certaines radiations nuisibles à la santé des hommes.

Aujourd'hui, on parle de plus en plus de l'enseignement à distance au moyen des Nouvelles Technologies de l'Information et de la Communication. C'est un progrès aussi important dans la pédagogie, surtout universitaire. A l'aide des NTIC, il est possible à l'enseignant d'assurer ses cours, de contrôler les travaux pratiques des étudiants. Ces Nouvelles Technologies de l'Information et de la Communication sont dites nouvelles, non par rapport à leur prolifération, mais par rapport à leur contenu technique et à leur mode

---

[95] ONAOTSHO KAWEND J., « Le christianisme à l'ère des Nouvelles Technologies », in *Op.cit.* p.71.

opératoire distincts de ceux des technologies anciennes. Nous vivons l'époque d'inflation technologique. L'explosion de l'information au caractère multisectoriel a un impact considérable sur la vie sociale. Les NTIC, certes, constituent un support pédagogique important.

L'émergence des NTIC a provoqué, dans les sociétés humaines, de grandes mutations tant sur le plan mental qu'économique. L'Internet constitue un réseau important de communication accessible à toute personne connectée. Les NTIC ont l'avantage de faciliter l'ubiquité et l'instantanéité d'une masse de l'information. Ainsi, l'Internet devient aussi un lieu de marketing et de publicité.

Cependant, comme toute technologie, l'Internet offre aussi des spectacles scandaleux, des programmes qui blessent la pudeur (la pornographie et l'érotisme, etc.). L'Internet tend à supplanter l'homme au point que ce dernier a plus de confiance en l'Internet qu'en lui-même oubliant par là que l'Internet n'est qu'une machine, un outil produit par lui. L'Internet, ayant une force de séduction, fait distraire à certains moments. Les moyens audio-visuels peuvent être intéressants, mais on ne doit pas perdre de vue l'avantage qu'ils nous offrent en nous présentant la densité de l'information.

Dès lors, l'enseignant peut se trouver à distance et assurer aussi valablement ses matières. Cela dispense l'enseignant ou les étudiants de certains déplacements. Il s'agit là des moyens aussi sophistiqués qui véhiculent des connaissances scientifiques et dont nous ne pouvons pas nous passer. Chaque Université du monde veut se doter de ces NTIC. Toutes les Universités occidentales s'en sont déjà dotées. Car c'est de l'Occident qu'est partie cette culture technologique. L'Afrique, encore récepteur de ces Nouvelles Technologies, est en voie de doter ses Universités de ces NTIC. Les NTIC compriment le temps et l'espace.

Réfléchissant sur la manière dont les Nouvelles Technologies sont transférées et utilisées dans les Universités d'Afrique, le philosophe Ndumba Y'Oole pense qu'il y a inadaptation entre les technologies occidentales importées en Afrique et les réalités africaines. « Cela étant, la technologie occidentale se trouve être inappropriée et accroît la dépendance. En effet, cette technologie apparaît souvent comme un précipité des valeurs. Pour elle, les pays récepteurs accèdent à des clichés de comportement et de mode de vie étrangers. La technologie déstabilise, crée des troubles au sein de la société »[96].

Dès lors, le système éducationnel universitaire en Afrique ressemble de plus en plus à une simple reproduction du modèle conceptuel de l'Occident[97]. Cette dépendance technologique des universités africaines entraîne une aliénation culturelle. Les programmes des enseignements dans les universités africaines sont, pour la plupart, calqués sur le modèle occidental au mépris de certains besoins ressentis par l'Afrique. Aujourd'hui les Universités du monde (surtout l'Occident et l'Afrique) sont invitées à entrer dans le *processus de Bologne* pour faciliter la mobilité des étudiants. C'est donc un processus en marche et presque irréversible.

Le transfert en Afrique ou, mieux, l'importation de ces NTIC par l'Afrique, spécialement les universités africaines, occasionnent des dépenses énormes au regard du coût excessif de transport et d'implantation. En rapport à cette dépendance technologique dans laquelle vit l'Afrique, en rapport à ces troubles créés par les NTIC au sein de la société africaine, Brouin s'exprime en ces termes : « Ce ne sont pas vos machines, si perfectionnées soient-elles, qui viendraient à bout de nos problèmes qui ne sont point dans les choses, mais dans les êtres. La technologie ne s'attaque qu'aux effets et, ce faisant, du reste, elle tend à provoquer d'autres motifs de troubles »[98].

Ces technologies permettent aussi aux pays qui en sont exportateurs ou générateurs (les grandes puissances technologiques)

---

[96] NDUMBA Y'OOLE L'IFEFO, G., *Op. cit.*, p. 131..
[97] *Ibid.*
[98] P. BROUIN, cité par NDUMBA Y'OOLE L'IFEFO, *Op. cit.*, p.131.

d'exploiter, sous une forme autre que la colonisation, les ressources naturelles des pays qui en sont récepteurs ou, du moins, comme le dit Watte, « les technologies utilisées pour l'exploitation des ressources naturelles existant dans des régions économiquement développées ne sont guère adaptées à l'exploitation des richesses que possèdent les pays en développement »[99]. Ces technologies créent en outre des modes de pensée et de comportement souvent incompatibles avec les croyances et les convictions socio-religieuses ambiantes. Elles véhiculent des valeurs et peuvent éroder toutes celles qui leur résistent[100].

9.5. L'âge atomique comme prouesse tragique de la technoscience

Le monde connaît beaucoup de mutations parmi lesquelles nous pouvons citer l'ère industrielle et scientifique. Enfin surgit un autre événement qui va opérer un tournant important dans l'évolution du monde et dans la manière de voir le monde. Il s'agit de l'ère atomique.

Grâce au progrès technoscientifique, le savant est parvenu à doter l'homme d'un armement très redoutable. Ainsi, l'homme naît presque sans moyens de défense à la différence des animaux qui naissent avec les moyens de défense contre le danger ou les intempéries. En effet, la nature a donné à ceux-ci des griffes, des dents parfois crochues, des cornes, des sabots et de durs poils couvrant tout le corps. L'homme naît sans protection si ce n'est que la raison, arme forte dont la nature le dote. A la raison que l'homme a reçue de la nature, Aristote ajoute les mains. Raison et mains constituent l'unique moyen de défense que l'homme a reçu de la nature. C'est

---

[99] P. WATTE, *L'éthique avant la technologie*, *un choix universitaire*, Bruxelles, Lumen-Vitae, 1982, pp. 111-112.
[100] J. ONAOTSHO, Kawende, *Art. cit.*, p. 72.

cette lumière naturelle, à savoir la raison, que nous possédons tous et qui est à l'œuvre[101].

Avec le progrès technique, la technique de la guerre a évolué. D'un combat à petite distance contre l'ennemi, l'on arrive à un combat à longue distance. D'un combat à l'arme blanche ou légère l'on arrive à un combat aux armes à feu ou lourdes. L'homme, au départ presque démuni de moyens de défense, se voit maintenant acquérir des moyens assez lourds et sophistiqués. Il est capable de faire face à son ennemi, même à celui qui lui était redoutable tel que le lion. L'homme élargit son espace grâce à ses armes. L'homme se croit maintenant en sécurité. Car l'ère atomique surgit comme un fait qui remet tout en cause. L'armement atteint maintenant un degré aussi effroyable.

L'espérance de paix ou de sécurité suscitée par l'ère atomique commence à se volatiliser. Avec les armes nucléaires ou de destruction massive, capables de décimer un grand nombre d'individus habitant l'endroit ciblé ou avec les armes à longue portée, l'homme sent la menace grandissante de destruction de l'humanité et du milieu où il habite. La sonnette d'alarme est tirée par les penseurs ayant déjà perçu cette menace. Ils invitent les pays générateurs d'armes lourdes à réduire leur armement notamment les Etats-Unis d'Amérique, la Russie, qui sont à l'avant-garde. Mais l'élan vers l'armement est toujours grandissant. Tel est le cas de la Corée du Nord et de l'Iran qui trouvent mieux de poursuivre leurs programmes nucléaires en vue de se doter de l'arme atomique capable de faire disparaître toute vie dans un espace ciblé.

Voilà dans quel sens la question de la technique moderne suscite à son tour celle de l'armement. La question de l'armement est d'autant plus sérieuse qu'elle nécessite une bonne gestion. Comme l'on peut bien le constater, le progrès de la technique, ou, mieux, la

---

[101] F. CHATELET, *Une histoire de la raison. Entretiens avec Emile Noël,* Paris, Seuil, 1992, p. 92.

prouesse de la raison technicienne, n'est pas toujours suivi ou accompagné du progrès moral. Le philosophe Georges Ndumba l'exprime mieux en ces termes : « Non seulement le progrès moral ne suit pas celui des connaissances, mais le développement d'une société rationalisée engendre des périls nouveaux et spécifiques, des dérivations les plus technomophiques du système technicien [102]».

La modernité nous a fait accéder à la technocratie ; celle-ci, à son tour, nous a introduits dans l'ère atomique. La raison technicienne moderne fonctionne comme une machine à double aspect : l'aspect positif et l'aspect négatif. Aussi, « le propre de la technique, c'est d'abord celui d'être un milieu et un règne qui induisent des effets bénéfiques et / ou maléfiques pour l'homme »[103]. Il y a donc lieu de rendre la technique moderne plus responsable.

---

[102] G. NDUMBA Y'OOLE L'IFEFO, « Christianisme et effets technomorphiques en Afrique », in *Revue philosophique de Kinshasa, Vol.* XVI, n°29-30, Kinshasa, F.C.K., 2003, p. 41.

[103] *Ibid*. p. 42

QUATRIEME CHAPITRE
DE L'ESSENCE DE LA TECHNIQUE

INTRODUCTION

Ce chapitre se propose de partir de la conception anthropologique et instrumentale de la technique pour aboutir au dévoilement pro-voquant, c'est-à-dire *l'arraisonnement* comme essence de la technique moderne. La technique moderne *arraisonne* la nature dans ce sens qu'elle la met en demeure de livrer ses énergies pour être conservées.

1. CONCEPTION ANTHROPO-INSTRUMENTALE DE LA TECHNIQUE

Nous l'avons déjà dit, les outils, les machines, les instruments, leur fabrication et leur usage constituent aussi la technique. La technique est ainsi un moyen en vue d'une fin déterminée. Couramment, la technique est perçue comme un instrument. « La représentation courante de la technique, suivant laquelle elle est un moyen et une activité humaine, peut donc être appelée la conception instrumentale et anthropologique de la technique »[1]. Cette conception de la technique est la plus courante. C'est elle qui apparaît aux yeux dès que l'on examine la technique. Même l'homme vulgaire a la conception instrumentale de la technique.

La conception instrumentale de la technique, pense Martin Heidegger, est même exacte d'une façon si peu rassurante qu'elle est aussi applicable à la technique moderne, dont on affirme d'ailleurs, avec un certain droit, que, par rapport à la technique artisanale antérieure, elle est quelque chose de tout à fait autre, donc de

---

[1] M. HEIDEGGER, « La question de la technique », in *Essais et Conférences, Op.cit.*, p. 10.

nouveau[2]. La technique est un moyen et une activité humaine pour des fins. Elle est toujours orientée vers des fins. Heidegger prend l'exemple d'une centrale électrique qui constitue, avec ses turbines et ses dynamos, un moyen fabriqué par l'homme pour une fin déterminée par cet homme. Une station de radar est un moyen pour une fin déterminée par l'homme. Ce qui est important c'est de savoir manier cet instrument ou ce moyen qu'est la technique. « Il demeure exact que la technique moderne soit, elle aussi, un moyen pour des fins. C'est pourquoi la conception instrumentale de la technique dirige tout effort pour placer l'homme dans un rapport juste à la technique »[3].

Mais faut-il penser que la technique est un simple moyen ou instrument ? En d'autres termes, la conception instrumentale de la technique nous dévoile-t-elle réellement l'essence de la technique ? Heidegger ne le pense pas. C'est pourquoi il écrit en ces termes : « La conception instrumentale de la technique, bien qu'exacte, ne nous révèle donc pas encore son essence. Afin de parvenir jusqu'à celle-ci ou du moins de nous en approcher, il nous faut chercher le vrai à travers l'exact »[4]. La conception instrumentale de la technique est donc exacte, mais elle n'est pas vraie.

C'est dans le dévoilement de son essence que nous pouvons saisir la vraie conception de la technique. La vraie conception de la technique se découvre à travers sa conception instrumentale qui est la conception exacte. Le vrai se découvre au travers de l'exact. Dans l'analyse de l'exact, se découvre la théorie de la causalité. Les moyens et les fins dans l'instrumentalité se révèlent comme causes.

---

[2] *Ibid.*

[3] *Ibid.*, p.11.

[4] *Ibid.*, p.11-12.

2. L'INSTRUMENTALITE COMME CAUSALITE

Depuis l'Antiquité, l'homme s'est toujours demandé par quoi un événement est causé et à quelle fin il se produit. C'est dans ce sens qu'il convient de comprendre pourquoi l'étonnement est à l'origine de la philosophie en général et de la philosophie grecque avec des Présocratiques en particulier. La fin de l'œuvre philosophique devient dès lors la découverte de la cause. La science médicale considère l'étiologie des maladies[5] comme un fait essentiel en vue de toute thérapeutique et surtout de la prévention. Pour Aristote et Théophraste, la cause est une des catégories fondamentales, sinon la catégorie fondamentale de tout effort de recherche chez les philosophes naturalistes[6].

C'est Aristote qui est le premier philosophe à élaborer une théorie de causes. Dans cette théorie aristotélicienne des causes, nous découvrons quatre sortes de causes, dans le second livre de sa *Physique* Aristote mène son étude des causes, mais c'est dans sa *Métaphysique* que ce philosophe grec développe les quatre sortes de causes :

> « 1ère la causa materialis, la matière avec laquelle, par exemple, on fabrique une coupe d'argent ; 2ème la causa formalis, la forme, dans laquelle entre la matière ; 3ème la causa finalis, la fin, par exemple le sacrifice, par lequel sont déterminées la forme et la matière de la coupe dont on a besoin ; 4ème la causa efficiens, celle qui produit l'effet, la coupe réelle achevée : l'orfèvre »[7].

---

[5] L'étiologie, c'est l'étude visant la découverte des causes en général et celles des maladies en particulier. Dans la biographie d'Aristote on s'était plu à raconter que lors de sa maladie, ce philosophe déclara au médecin qu'avant de suivre ses prescriptions, il voulait savoir quelles en étaient les raisons. Cf. O.GIGNON, *Les grands problèmes de la philosophie antique*, Paris, Payot, 1961, p.163.

[6] O. GIGNON, *Op.cit.* p.163.

[7] M. HEIDEGGER, « La question de la technique »,in *Essais et Conférences*, *Op.cit.*, p.12.

La science de la substance est, chez Aristote, la science des quatre causes, à savoir la cause matérielle, la cause formelle, la cause efficiente et la cause finale. La première n'est autre que la matière ou l'élément, la deuxième c'est le modèle ou la forme que va prendre la matière, le troisième est l'agent moteur qui actualise ce qui est virtuel et la dernière cause c'est ce vers quoi tend la matière, c'est-à-dire la substance ou l'essence. Pour Heidegger, la doctrine des quatre causes n'est pas aussi évidente. Elle n'est pas une vérité indubitable. La causalité, et l'instrumentalité, ne sont pas aussi évidentes aussi longtemps qu'on ne précise pas encore ce qu'on entend par cause. Heidegger se demande : pourquoi y a-t-il précisément quatre causes ? Quand on parle d'elles, que veut dire à proprement parler le mot « cause » ?[8]

Vulgairement la cause est ce qui opère, ce qui fait obtenir des effets. Ainsi comprise, la cause la plus déterminante est alors la cause efficiente, c'est-à-dire la cause motrice. Chez les Grecs, nous apprend Heidegger, la cause, ce n'est pas ce qui opère, ce qui produit des effets comme l'on pense aujourd'hui, mais plutôt « ce qui répond d'une autre chose »[9]. Loin de désigner l'acte d'opérer, de produire des effets ou des résultats, les quatre causes, pense Heidegger, étant solidaires entre elles, désignent l'acte dont on répond[10]. La causalité demeure encore floue dans la conception vulgaire. Pour bien la saisir, Heidegger nous invite à nous référer aux Grecs pour qui la cause signifiait l'acte dont on répond. Aussi longtemps que nous nous contentons de concevoir la technique comme un simple instrument, nous ne parviendrons pas à saisir l'essence de la technique. Il nous faut alors saisir encore la technique comme dévoilement, c'est-à-dire comme interpellation ou pro-vocation. La technique est justement ce qui requiert, ce qui fait dévoiler le réel comme « fonds ».

---

[8] *Ibid.*

[9] *Ibid.*, p. 13

[10] *Ibid.*

3. LA TECHNIQUE : UN DEVOILEMENT

La technique moderne est plus que l'instrumentalité. De la conception vulgaire de la technique comme instrument ou moyen, Heidegger nous fait passer à la conception selon laquelle la technique est un dévoilement qui pro-voque, une interpellation ou Appel qui met le réel en demeure. « Ainsi la technique n'est pas seulement un moyen : elle est un mode du dévoilement. Si nous la considérons ainsi, alors s'ouvre à nous, pour l'essence de la technique, un domaine tout à fait différent »[11].

La technique s'ouvre maintenant à un autre domaine que celui du simple moyen ou de l'instrument. Elle s'ouvre au domaine du dévoilement. La technique dévoile. Mais que signifie le dévoilement ? Et dans quel sens l'essence de la technique est-elle liée au dévoilement ? Le dévoilement signifie la non-occultation. Dans le dévoilement réside l'acte de produire. C'est ainsi que, pour Heidegger, les quatre causes (qu'il appelle les quatre modes du faire-venir), amènent le réel du caché au non-caché, à la non-occultation, à *l'athéia*.

Le dévoilement, essence de la technique, contient en lui les quatre modes du faire-venir. Nous savons, grâce à Heidegger, que les quatre modes du faire-venir, qu'Aristote appelait les quatre causes, consistent à faire passer le réel de l'état caché à l'état non caché. Les quatre modes du faire-venir laissent s'avancer dans la présence le réel. Or, tout acte du faire-venir est un acte de produire, nous pouvons donc dire que, pour Heidegger, les quatre modes de faire-venir sont une production « tout faire-venir (Veranlassung), pour ce-quel qu'il soit-qui passe et s'avance du non-présent dans la présence, est pro-duction (Hervor-bringen) »[12].

---

[11] *Ibid.*, p18.
[12] *Ibid.*, p16.

La production est à la fois l'acte par lequel la chose s'ouvre d'elle-même et l'acte par lequel la chose s'ouvre par la fabrication artisanale, poétique et artistique. Heidegger donne à ce propos l'exemple d'une fleur, qui s'ouvre d'elle-même dans la floraison, et de la coupe d'argent pro-duite par l'artisan ou l'artiste. Contrairement à la fleur qui s'ouvre d'elle-même dans la production, la coupe d'argent ne peut pas s'ouvrir d'elle-même dans la production. Mais elle a cette possibilité de s'ouvrir dans un autre, c'est-à-dire dans l'artisan ou dans l'artiste[13]. Dans les deux cas (celui de la fleur et celui de la coupe d'argent), nous assistons à la pro-duction.

La technique, nous l'avons déjà dit, n'est pas seulement un moyen, mais elle est aussi un dévoilement. La pro-duction, au sein de laquelle se jouent les quatre modes du faire-venir, a lieu dans la nature, mais aussi dans le travail de l'artisan ou de l'artiste. « La technique dévoile la chose à produire suivant les perspectives des quatre modalités de « faire-venir »[14]. Mais ce que la technique dévoile en réalité, c'est ce qui ne se pro-duit pas soi-même, comme le cas de la coupe d'argent pro-duite par l'artiste ou l'artisan, et qui n'est pas placé devant nous. Avant d'être produite par l'artiste, la coupe d'argent est ce qui n'est pas encore devant l'artiste ou devant nous tous. « Qui construit une maison ou un bateau, qui façonne une coupe sacrificielle dévoile la chose à pro-duire »[15].

Le dévoilement implique la production. La technique, pense Heidegger, n'est pas avant tout la fabrication, moins encore l'usage des moyens ou instruments, mais le dévoilement. C'est parce qu'il y a dévoilement que la pro-duction est possible. Dans cette perspective heideggérienne, c'est en tant que dévoilement et non fabrication que la technique est pro-duction, c'est-à-dire l'acte de faire passer le réel de l'occultation ou de l'état caché à la non-occultation ou à l'état du non-

---

[13] Cf. *ibid.* p.16-17.
[14] *Ibid.* p.19.
[15] *Ibid.*

caché. L'être de la technique apparaît ici comme dévoilement et non instrumentalité comme telle. C'est dans le dévoilement que la fabrication réside. Sans dévoilement, il n'y a point de possibilité de la fabrication productrice et il n'y a point non plus de technique. Peut-on objecter que c'est de la technique artisanale, et non de la technique moderne souvent motorisée, qu'il s'agit ici et qu'il faut comprendre comme mode du dévoilement ? Nullement. Il convient de préciser ici que ce qui a poussé le plus Heidegger à s'interroger sur l'essence de la technique n'est pas avant tout la technique artisanale. Ce qui est aujourd'hui, même du temps de Heidegger, plus inquiétant ce n'est pas la technique artisanale, mais la technique moderne.

Bien que la technique moderne soit fondée sur la science moderne, « elle est aussi un dévoilement »[16]. A la différence du dévoilement – production, régissant la technique artisanale, le dévoilement, qui est le mode de déploiement, de la technique moderne est un dévoilement-pro-vocation. La technique artisanale est un dévoilement producteur tandis que la technique moderne est dévoilement pro-vocant. Dès lors, la technique moderne se révèle comme une interprétation provocante.

4. LA TECHNIQUE MODERNE COMME DEVOILEMENT PRO-VOCANT

Dans son analyse de la technique moderne, Heidegger découvre quelque chose de nouveau et d'étonnant qui la distingue quelque peu de la technique artisanale. Ce qu'il y a de nouveau dans la technique moderne, selon Heidegger, c'est que le dévoilement qui régit la technique moderne ne se déploie pas en une pro-duction. Le dévoilement qui régit la technique moderne est une pro-vocation[17]. Que signifie alors cette révélation heideggérienne selon laquelle la technique moderne est un dévoilement qui pro-voque ? Avant de

---

[16]*Ibid.* p.20.
[17] Ibid.

répondre à cette question, il convient de rappeler ici, comme nous l'avons souligné au début de la première partie de notre dissertation doctorale, que Martin Heidegger a une écriture ou style tout à fait technique ou personnel. Pour bien le comprendre, il faut éviter de prendre littéralement et vulgairement ses concepts qui forment toute une terminologie technique. Par pro-vocation, il faut entendre ici l'acte par lequel la technique moderne somme le réel, l'oblige à fournir ceci ou cela. La pro-vocation, qui est ici le mode de dévoilement déterminant la technique moderne, est ce par quoi « la nature est mise en demeure de livrer une énergie qui puisse comme telle être extraite et accumulée »[18].

Pour bien nous faire comprendre dans quel sens il conçoit la technique moderne comme pro-vocation, Heidegger nous donne l'exemple d'une centrale électrique mise en place dans le fleuve Rhin. La centrale électrique somme le Rhin de livrer sa pression hydraulique, la pression hydraulique livrée par le Rhin somme à son tour les turbines de tourner. Le mouvement des turbines somme à son tour la machine de tourner dont le mécanisme pro-duit le courant électrique. Le courant électrique, une fois produit, la centrale régionale et son réseau sont commis, (obligés) à leur tour, de transmettre le courant électrique jusque dans des interrupteurs des maisons, l'interrupteur à son tour est commis de transmettre l'électricité à l'ampoule et l'ampoule est sommée à son tour de fournir pour l'homme la lumière électrique dans sa maison[19].

Du fleuve Rhin jusqu'à l'interrupteur et l'ampoule situés dans ma maison, il y a provocation ou mieux interpellation. Le fleuve a été interpellé à livrer l'énergie qu'il a de manière cachée. Celle-ci, une fois libérée, doit subir une série de transformations, de répartitions jusque dans l'interrupteur. Ainsi, nous révèle Heidegger, obtenir, transformer, accumuler, répartir, commuer sont des modes du

---

[18] *Ibid.*
[19] *Ibid.*, p.21.

dévoilement[20]. La pro-vocation qui détermine la technique moderne se révèle ainsi comme interpellation. Le dévoilement, qui pro-voque dans la technique moderne, est une interpellation de la nature. La technique moderne pro-voque, interpelle. Heidegger écrit en ces termes : « Le dévoilement qui régit la technique moderne est une pro-vocation par laquelle la nature est mise en demeure de livrer une énergie qui puisse comme elle être extraite et accumulée »[21]. Mais comment s'opère cette interpellation pro-vocante au sein du dévoilement vu comme de la technique moderne ?

Le dévoilement consiste à interpeller, à pro-voquer la nature afin que celle-ci libère l'énergie cachée en elle. Ce qui se réalise par l'interpellation pro-vocante, par le dévoilement qui pro-voque, Heidegger l'appelle le « fonds : une réalité est fonds si elle est commissible, c'est-à-dire en demeure d'assurer une activité quelconque. Ainsi, ce qui est « fonds » n'est plus un objet dans la mesure où il est devenu commissible. « Ce qui est là au sens du fonds n'est plus en face de nous comme objet »[22]. Heidegger donne l'exemple d'un avion posé sur la piste de départ. Cet avion posé là peut nous paraître comme un objet, alors qu'il a été réalisé par le dévoilement qui pro-voque. « Sur la piste où il se tient, il ne se dévoile comme fonds que pour autant qu'il est commis à assurer la possibilité d'un transport »[23].

Pour que cet avion soit réellement fonds, il faut qu'il soit commissible, c'est-à-dire en demeure de s'envoler, prêt à s'envoler pour assurer le transport des gens. Il nous faut bien comprendre les termes heideggériens tels que interpellation, pro-vocation, commission, fonds, requérir, commissible sous peine de se méprendre sur eux. C'est grâce à l'interpellation pro-vocante que le réel est

---

[20] *Ibid*. p.22.
[21] *Ibid*., p.20.
[22] M. HEIDEGGER, « La question de la technique », in *Essais et Conférences, Op.cit.*, p.23.
[23] *Ibid*.

dévoilé comme « fonds ». Une voiture posée là est un réel dévoilé grâce à l'interpellation pro-vocante, mais devenu « fonds » dans la mesure où cette voiture peut être commise à rouler, à transporter. Si la voiture n'est pas commissible à rouler, alors elle ne se dévoile pas comme « fonds ». Dès lors l'acte de commettre se révèle comme mode du dévoilement qui régit la technique moderne.

L'on peut se poser la question de savoir qui, en dernier lieu, accomplit l'interpellation pro-vocante. Nous savons déjà que c'est par l'interpellation pro-vocante que le réel nous est dévoilé comme fonds au sens heideggérien. Mais qui est l'auteur de cette interpellation pro-vocante ? A cette question nous répondons que c'est l'homme. Mais l'homme n'est auteur de l'interpellation pro-vocante que pour autant qu'il soit pro-voqué ou commis à faire quelque chose. Heidegger nous donne l'exemple du garde forestier qui mesure le bois abattu (…) Il est aujourd'hui, qu'il le sache ou non, commis par l'industrie du bois. Il est commis à faire que la cellulose puisse être commise et celle-ci de son côté est provoquée par les demandes de papier pour les journaux et les magazines illustrés. Ceux-ci, à leur tour, interpellent l'opinion publique, pour qu'elle absorbe les choses imprimées[24]. Cet exemple nous démontre que c'est le garde forestier qui accomplit l'interpellation pro-vocante par laquelle le réel est dévoilé comme fonds.

Cependant, l'homme n'est ni « fonds » ni l'auteur du dévoilement. L'homme ne fait que répondre à l'Appel du dévoilement. Il est réclamé par le dévoilement compris comme non-occultation. Le dévoilement pro-vocant pro-voque l'homme afin que celui-ci puisse aborder l'objet dans la nature jusqu'à ce que cet objet soit dévoilé comme « fonds », comme ce qui est commissible à.

La technique moderne arrête, inspecte la nature ; elle exige de la nature qu'elle rende raison ou qu'elle donne sa raison. Ce fait

[24] *Ibid.*, p.24.

d'inspecter, d'arrêter la nature et de la mettre à la raison, Heidegger le nomme « l'Arraisonnement ». Galimberti le dit en ces termes : « L'homme moderne est surtout technicien. De plus en plus, il s'est aperçu de cette vérité, que pour connaître la nature il faut la mettre à l'épreuve, l'aiguillonner, la forcer aussi ce qu'elle ne ferait peut-être jamais »[25].Et c'est l'Arraisonnement qui constitue l'essence de la technique moderne.

5. L'ARRAISONNEMENT COMME ESSENCE DE LA TECHNIQUE MODERNE

La pro-vocation, nous l'avons déjà dit, met l'homme en demeure de commettre le réel comme fonds. Pour que l'homme soit en demeure de commettre le réel comme fonds, il faut qu'il réponde d'abord à l'appel pro-vocant. C'est cet appel pro-vocant qui somme l'homme de commettre comme fonds ce qui se dévoile. Et quel est cet appel pro-vocant auquel l'homme répond afin d'être en demeure de commettre le réel, ainsi dévoilé, comme fonds ? Cet appel pro-vocant, Heidegger l'appelle Arraisonnement : « Maintenant cet appel pro-vocant qui rassemble l'homme (autour de la tâche) de commettre comme fonds ce qui se dévoile, nous l'appelons-l'Arraisonnement »[26].

L'Arraisonnement, conçu comme essence de la technique moderne, *est fondé sur le principe de raison suffisante* énoncé par le philosophe et savant Leibniz. Le principe de raison exige de toute chose de rendre sa raison. Le principe de raison est le fondement logique et ontologique, selon Leibniz. Comment l'Arraisonnement se fonde-t-il alors sur le principe de raison ? De même que le principe de raison, qui exige de toute chose de rendre sa raison, la technique

---

[25] A. GALIMBERTI, « La technique dans la perspective de l'histoire humaine », in *La vérité, Actes du XIIème Congrès des Sociétés de langue française*, Bruxelles-Louvain, Nauwelaerts, 1964, p.251.
[26] *Ibid*. p.26.

arraisonne la nature. Elle l'ar-raisonne, cela signifie qu'elle met la nature à la raison. La technique exige de toute chose dans la nature qu'elle donne sa raison. L'Arraisonnement pro-voque l'homme, le requiert, le somme de commettre comme ce qui se dévoile. Laisser-être l'étant, voilà l'esprit de la technique moderne. Et c'est là que Heidegger trouve que la technique moderne opère dans le vide de l'être[27]. Elle est l'achèvement de la métaphysique. Nous savons que Heidegger considère toujours la métaphysique comme oubli de l'être au profit de l'étant. C'est ce qui justifiait son projet du dépassement de la métaphysique ou/et de la déconstruction de la métaphysique.

L'Arraisonnement (Ge-*Stell*) requiert l'homme, l'appelle, le pro-voque. Et l'homme répond à cette interpellation (*Stellen*) de l'Arraisonnement. « La technique arraisonne la nature, elle l'arrête et l'inspecte, et elle l'ar-raisonne, c'est-à-dire la met à la raison, en la mettant au régime de la raison, qui exige de toute chose qu'elle rende raison, qu'elle donne sa raison »[28]. La technique moderne inspecte la nature. Car elle veut dévoiler toute chose (réel) dans la nature comme fonds. La technique moderne apparaît comme un policier dans la rue interpellant, arrêtant et exigeant de tout passant de rendre sa raison d'être, de lui présenter ses pièces d'identité. La technique moderne, dont l'essence est l'Arraisonnement, réclame à tout réel sa raison suffisante. C'est à l'homme que s'adresse la pro-vocation de l'Arraisonnement, et c'est à celle-ci que l'homme répond. La réponse de l'homme à l'appel ou à la pro-vocation de l'Arraisonnement consiste à mettre le réel inspecté, arrêté et arraisonné en état de commission, de dévoilement comme fonds et non comme objet. L'Arraisonnement, comme essence de la technique, n'est rien de

---

[27] A. GALIMBERTI, « La technique dans la perspective de l'histoire humaine », in *La vérité, Actes du XII ème Congrès des Sociétés de langue française*, Bruxelles-Louvain, Nauwelaerts, 1964, p.111.
[28] Ibid., p.26.

technique. La tâche principale de la technique moderne consiste à dévoiler le réel comme fonds.

Dès lors, la technique ne peut plus être conçue comme instrument dont l'homme se sert pour une fin. D'où le dépassement de la conception anthropo-instrumentale de la technique telle que nous l'avons analysée plus loin. « La conception purement instrumentale, purement anthropologique, de là devient caduque dans son principe ; on ne saurait la compléter par une explication métaphysique ou religieuse qui lui serait simplement annexée »[29]. Heidegger pense que le rapport que l'on a toujours établi entre la technique moderne et la science naturelle n'est pas réel. Dire que la technique moderne c'est la science naturelle appliquée c'est se faire illusion. Ceci n'est vrai que lorsqu'on n'est pas encore parvenu à saisir l'Arraisonnement comme essence de la technique moderne et lorsqu'on continue à faire résider dans l'instrumentalité l'essence de la technique moderne. L'Arraisonnement dans lequel il faut désormais faire résider l'essence de la technique moderne ne doit pas être pris pour une technique ni pour une machine ou outil. L'Arraisonnement « n'est rien de technique, il n'a rien d'une machine. Il est le mode suivant lequel le réel se dévoile comme fonds »[30]. Heidegger nous révèle ici que l'homme est un être pro-voqué ou appelé par l'Arraisonnement.

Mais la question que l'on pourra poser à Heidegger, c'est celle de savoir où se situe, par rapport à l'homme, l'appel ou la provocation de l'Arraisonnement. Cet appel a-t-il lieu en l'homme ou au-delà de l'homme ? Relève-t-il de l'acte humain ou non ? A cette question, Heidegger répond que l'homme est mis par le destin sur le chemin du dévoilement par lequel le réel devient fonds. C'est donc le destin qui détermine toute l'histoire. C'est le destin qui envoie

---

[29] M. HEIDEGGER, « La question de la technique », in *Essais et Conférences, Op.cit.*, p.28.
[30] *Ibid*. p.32.

l'homme au dévoilement. L'Arraisonnement, comme mode de dévoilement, n'est autre chose que l'envoi du destin.

6. L'ARRAISONNEMENT COMME DESTIN DU DEVOILEMENT

Selon Lalande, le destin, c'est une puissance mystérieuse qui détermine les cours des événements, une fatalité[31]. Heidegger l'appelle le déjà là. Selon Hegel, le destin, c'est la fatalité conjuguée avec l'idée de la liberté et avec la raison. Le destin paraît ainsi comme un concept rationnel-irrationnel à l'aide duquel Hegel élabore sa dialectique de la vie et de l'histoire. Chaque peuple ou individu a un destin.

Selon Heidegger, c'est à partir du destin que la substance (Wesen) de toute histoire se détermine. Le destin est ici ce qui met l'homme sur le chemin du dévoilement. Il se révèle ainsi comme une réalité effective. C'est lui qui rend l'histoire possible. « L'Arraisonnement, comme tout mode de dévoilement, est un envoi du destin »[32]. Si l'Arraisonnement est une pro-vocation par laquelle le réel devient commissible, alors l'Arraisonnement est un destin du dévoilement. Selon Heidegger, l'homme est aussi déterminé par le destin du dévoilement. Est-ce à dire que l'homme n'est plus libre parce qu'il est régi par le destin du dévoilement et que ce dernier c'est la fatalité d'une contrainte ? Régi par le destin du dévoilement, l'homme peut-il encore agir librement ?

La question de la liberté philosophique a fait l'objet de réflexion de plusieurs philosophes. Pour Kant, la liberté est un postulat de la raison pratique à côté de deux autres postulats de la raison pratique : l'immortalité de l'âme et l'existence de Dieu. L'immortalité de l'âme, la liberté et l'existence de Dieu sont exigées pour l'exercice de la loi morale. Elles ne sont pas démontrables. C'est pourquoi Kant

---

[31] A. LALANDE, *Vocabulaire et critique de la philosophie*, 11è éd., Paris, P.U .F,1972,p.1140.
[32] M. HEIDEGGER, « La question de la technique », in *Op.cit.*,p.33.

les considère comme des postulats, c'est-à-dire des énonciations ne comportant pas des preuves théoriques ou des démonstrations, mais nécessaires et exigées par la raison pratique pour l'exercice de la loi morale. Ainsi, la liberté consiste à vivre selon la raison, la loi morale ou l'impératif catégorique. Freud, avec sa psychanalyse, nous apprend que l'homme n'est pas maître de lui-même, qu'il n'est pas libre parce qu'il est plus régi par l'inconscient que par le conscient. Sartre, de son côté, affirme que l'homme est entièrement libre. Pour les Stoïciens, être libre c'est se conformer à la nature. L'homme libre, selon Spinoza, vit suivant la raison.

Revenons maintenant à la question du destin du dévoilement et de la liberté de l'homme chez notre auteur. L'homme n'est libre que pour autant qu'il est dans le domaine du destin. Cela paraît, certes, paradoxal. Dire que l'homme « ne devient libre que pour autant qu'il est inclus dans le domaine du destin et qu'ainsi il devient un homme qui écoute, non un serf que l'on commande »[33] peut paraître, aux yeux de certains individus, paradoxal. Le destin est vu comme un déterminisme. L'homme ne se laisse pas dominer par n'importe qui. L'Arraisonnement met l'homme en demeure de dévoiler le réel comme « fonds ». Provoqué par l'Arraisonnement, l'homme est alors sous le règne de l'Arraisonnement. Heidegger interprète la liberté comme ce qui cache en éclairant et dans la clarté duquel flotte ce voile qui cache l'être profond (das Wesende) de toute vérité et fait apparaître le voile comme ce qui cache. La liberté est le domaine du destin qui chaque fois met en chemin un dévoilement[34].

La liberté n'est pas seulement ce que le sens commun aime à faire passer sous le nom du choix, faculté de choisir ou de ne pas choisir. La liberté n'est pas une simple absence de contrainte à nos possibilités d'action ou d'inaction. « La liberté est l'abandon ou

---

[33] *Ibid.*
[34] *Ibid.* p.34

dévoilement de l'étant comme tel »[35]. Le caractère d'être dévoilé de l'étant comme tel se trouve préservé par l'abandon ek-sistant. La liberté, ainsi comprise comme laisser-être de l'étant, accomplit et effectue l'essence de la vérité sous la forme du dévoilement de l'étant[36].

C'est le destin du dévoilement qui met l'homme sur un chemin de dévoilement. Et l'homme ne peut ainsi réaliser que ce qui a été dévoilé dans l'acte de commettre. Dès lors, il se révèle l'idée que ce qui menace au plus haut point l'homme ce n'est pas la machine ou la technique, mais son essence comprise comme Arraisonnement ou destin du dévoilement.

7. LE DESTIN DU DEVOILEMENT OU LE REGNE DE L'ARRAISONNEMENT : LE DANGER SUPREME

L'homme, avons-nous dit, est le commettant du « fonds », mais il n'est pas le fonds. L'homme se conforme à la pro-vocation ou à l'appel de l'Arraisonnement. Comme destin, l'Arraisonnement renvoie l'homme au « commettre ». Pro-voquant l'homme, l'Arraisonnement cache la vérité, le vrai dévoilement. L'Arraisonnement, essence de la technique, voilà le danger suprême qui menace l'humanité. Heidegger nous le dit en ces termes : « La menace qui pèse sur l'homme ne provient pas en premier lieu des machines et appareils de la technique, dont l'action peut éventuellement être mortelle. La menace véritable a déjà atteint l'homme dans son être. Le règne de l'Arraisonnement nous menace de l'éventualité qu'à l'homme puisse être refusé de revenir à un

---

[35] M. HEIDEGGER, *Question I*, Paris, Gallimard, 1968,p.177.

[36] Heidegger soutient que l'essence de la vérité ne doit pas être cherchée dans la subjectivité de l'homme, mais dans l'Etre, seule origine de la vérité. Loin d'être subordonnée au sujet qui n'en est pas l'origine, la vérité advient par l'Etre qui se dévoile et se voile. La vérité est *l'aléthéia*. Le jugement n'est pas, contrairement à la tradition, le seul lieu de la vérité.

dévoilement plus originel et d'entendre ainsi l'appel d'une vérité plus initiale »[37].

Dans la pensée de Heidegger, la domination de l'Arraisonnement constitue la véritable menace pour l'homme, le péril suprême qui pèse contre l'homme. Heidegger va ainsi dans la profondeur ontologique. Au lieu de s'arrêter aux simples machines et appareils de la technique que d'aucuns considèrent comme le véritable danger, notre auteur remonte à l'acte antérieur, à l'essence de la technique. Machines et appareils ne sont que des espèces de l'Arraisonnement. Mais, à y regarder de plus près, l'essence de la technique n'est pas la technique au sens vulgaire du terme. C'est pourquoi Heidegger précise que « la technique n'est pas ce qui est dangereux. Il n'y a rien de démoniaque dans la technique, mais il y a le mystère de son essence »[38].

C'est l'essence de la technique, c'est-à-dire l'Arraisonnement, qui est le véritable danger. L'essence de la technique est ainsi vue à la fois comme dévoilement de l'étant et voilement de l'être. « Avec Heidegger, la technique apparaît comme la prolongation de la métaphysique dont elle exaspère l'occultation de l'être au profit des étants »[39]. Comme dévoilement, la technique provoque la nature (l'ensemble des objets que contient la nature) pour que celle-ci livre l'énergie qu'elle contient, et que cette dernière soit obtenue et accumulée par l'homme.

A l'attitude dictatoriale, impérieuse et conquérante de la technique, dont le dévoilement la régissant est une pro-vocation, s'opposent la docilité, l'obéissance et la soumission de la chose ou du réel. Mais n'arrive-t-il pas aussi que la nature se rebelle contre la technique, c'est-à-dire que la technique échoue dans sa tentative d'arraisonner la nature ? Cela peut survenir, mais c'est toujours à titre

---

[37] M. HEIDEGGER, *Question I*, Paris, Gallimard, 1968,, p.37-38.
[38] *Ibid.*, p.37.
[39] J. BRUNO, *Humanisme et technique*, *Op.cit.*, p.7.

provisoire. La technique finit toujours par arraisonner la nature, c'est-à-dire par l'inspecter, l'arrêter, la sommer de rendre raison et de livrer son énergie. La technique, dont l'essence est l'Arraisonnement, finit par dévoiler le réel comme « fonds », c'est-à-dire comme ce qui est commissible. Heidegger nous démontre ainsi que la technique moderne est un dévoilement qui pro-voque.

Heidegger va encore plus loin et il démontre que la technique moderne, comme une véritable pro-vocation, est une véritable menace pour l'être de l'homme. En plus, la technique moderne, dont l'essence est l'Arraisonnement, c'est-à-dire ce qui exige de la nature raison, est un réel danger, un danger suprême, une occultation de l'être au profit de l'étant. Mais ce qui peut paraître ici difficile, à certains esprits, c'est le fait que, pour Heidegger, l'essence de la technique moderne, à savoir l'Arraisonnement, ne signifie pas la technique. Les outils, les appareils ou les machines appartiennent à la technique. L'essence de la technique, qui réside dans l'Arraisonnement, n'est autre que l'achèvement de la métaphysique. Il faut comprendre la pensée heideggérienne en référence à la question de l'être, laquelle est au centre de sa pensée. Dans la technique moderne, l'être est réduit à la valeur.

8. LA TECHNIQUE MODERNE EST UNE PENSEE SUR LE MODE DES VALEURS

Dans la pensée technique, l'idée de valeur est aussi essentielle. La technique moderne est une pensée sur le mode des valeurs. A chaque fois, l'étant est vu comme objet de conquête et d'inspection. L'objet est commis comme « fonds ». Heidegger dénonce cette réduction de l'être à la valeur dans la technique. Voilà une des raisons pour lesquelles Heidegger considère la technique moderne comme prolongement de la métaphysique. On comprendra que dans un tel système des valeurs, la technique moderne est une vision quasiment utilitaire de la nature ou du réel.

Dans un système où l'on est sur le mode des valeurs, c'est l'outrage envers l'être qui se déploie. La pensée technique n'implique pas alors la dimension transcendantale, symbolique, philosophique ou religieuse. La méditation, le recueillement et le désintéressement sont alors absents dans un système sur le mode des valeurs tel que nous l'offre la pensée. La dévotion envers l'être n'y est plus. A ce propos, Heidegger souligne que : « Pour l'interprétation moderne de l'étant, l'idée de la valeur est aussi essentielle que le système. Ce n'est que là où l'étant est devenu objet de la représentation que l'étant se voit en quelque sorte privé de son être »[40]. Avec les valeurs comme système, c'est l'objectivation des buts assignés par les besoins de l'auto-installation représentation dans le monde devenu image conçue[41]. Il s'ensuit que la subjectivité prend de plus en plus d'énormes dimensions. Par là, la subjectivité ne fait qu'accroître sa puissance. Dans l'impérialisme planétaire de l'homme organisé techniquement, le subjectivisme de l'homme atteint son point culminant[42].

Face au danger suprême que représente, pour l'être de l'homme, l'essence de la technique moderne, c'est-à-dire l'Arraisonnement, qu'est-ce que l'homme doit faire pour en être sauvé ? En d'autres termes, quelle en est la voie de sortie ? Il existe, certes, une possibilité d'être « sauvé » de ce danger ultime qui menace l'être de l'homme. Ce qui sauve n'est pas ailleurs, il est dans le danger, c'est-à-dire dans l'Arraisonnement. Or, nous savons que l'Arraisonnement n'est ni un outil, ni un appareil, moins encore un instrument. Est-ce à dire que l'Arraisonnement est un universel ou un genre qu'on peut appliquer à tous les instruments produits par la technique moderne ? Ce n'est point le cas ; l'Arraisonnement n'est ni

---

[40] M. HEIDEGGER, *Chemins qui ne mènent nulle part*, *Op.cit.*., p.132.
[41] M. HEIDEGGER, *Question I*, Paris, Gallimard, 1968, p.177.
[42] *Ibid.*, p.144

outil ni concept général (genre ou universel)[43]. L'Arraisonnement, précisons-le encore, est un mode destinal du dévoilement, à savoir le mode pro-vocant[44]. Lorsque Heidegger nous apprend que l'Arraisonnement, en tant que destin de dévoilement, est sans doute l'essence de la technique, il ne faudrait pas prendre le terme essence au sens général. Par essence, ici, Heidegger nous laisse entendre la façon dont une chose déploie son être. C'est du verbe « wesen » que le nom essence dérive. « Wesen » veut dire être ou essence ou encore la manière d'être et d'agir de quelque chose. L'Arraisonnement, comme essence, est donc ici la manière d'être ou d'agir de la technique moderne. Et cette manière d'être ou l'essence évoque aussi l'idée de ce qui dure, qui demeure en permanence. « En tant qu'il forme l'essence de la technique, l'Arraisonnement est ce qui dure »[45].

Heidegger établit également une identité entre ce qui dure et ce qui accorde. Ne peut durer que ce qui accorde. « Et ce qui accorde, c'est ce qui, dès l'origine, est et dure en mode rassemblé : ce qui constitue ainsi pour les autres choses la garantie de leur être »[46]. Ce qui sauve, disions-nous, est aussi là où il y a le danger. On croirait peut-être, comme il en est familier, que ce qui sauve est transcendant par rapport à ce qui sauve l'être de l'homme du danger qui habite en l'homme. Pour souligner la proximité ou, mieux, la contiguïté, entre le danger et ce qui sauve, Heidegger cite la parole du poète Hölderlin : « Mais là où est le danger, là aussi croît ce qui sauve ». Ce même poète nous dit : « L'homme habite en poète sur cette terre »[47].

Pour notre part, la parole parlante et la parole poétique constituent une des voies de sortie du danger. Pour sauver l'être de l'homme du danger que représente l'essence de la technique moderne,

---

[43] Dans la querelle des universaux, au Moyen-Age, le nominalisme soutient que l'universel n'est que le mot, le signe par lequel on se représente des choses. Alors que le réalisme affirme que l'universel désigne une réalité extra-mentale.
[44] M. HEIDEGGER, « La question de la technique », in *Op.cit.* p.40.
[45] M. HEIDEGGER, *Question I*, Paris, Gallimard, 1968, p.42.
[46] *Ibid.*
[47] *Ibid.*, p.47

nous proposons dans cette étude les paroles parlante et poétique comme perspectives. C'est pourquoi, dans le chapitre suivant et le dernier, nous tenterons de proposer et d'analyser les perspectives pour une technique moderne responsable et ouverte à l'être en général. C'est ce qui va constituer notre modeste contribution.

CINQUIEME CHAPITRE

PERSPECTIVES POUR UNE TECHNIQUE MODERNE RESPONSABLE ET OUVERTE A L'ETRE EN GENERAL

INTRODUCTION

Inscrit dans la perspective de la technique moderne plus responsable et ouverte à l'être de l'homme, de chose et à l'être en général, ce chapitre propose des voies et moyens, parmi tant d'autres que l'on pourra aussi proposer, pour une technique moderne et digne. Pour suivre l'ensemble de toutes ces perspectives de la technique moderne responsable, nous avons choisi la parole parlante, la parole poétique, le respect de l'environnement et le fait pour la technique d'être porteuse de sens.

1. VERS UNE PAROLE PARLANTE

1.1. La conscience morale et la technique

Face aux défis d'ordre moral que soulève la technique moderne, la conscience morale ne peut pas rester passive et insensible. A mesure que la technique progresse, les défis se multiplient. N'oserait-on pas parler du progrès technique d'une part et de la décadence morale d'autre part ?

Dans son analyse des rapports existant entre technique et morale, Jacques Ellul montre d'abord que la technique n'est pas suspendue à la réalisation des valeurs morales et en second lieu que le technicien ne tolère aucune insertion de la morale dans son travail. La technique se jugeant elle-même se trouve dorénavant libérée de ce qui a fait l'entrave principale à l'action de l'homme : les croyances (sacrées, spirituelles, religieuses) et la morale. Elle n'a plus à craindre quelque limitation que ce soit puisqu'elle se situe en dehors du bien et du mal[1]. Si, pour Habermas, l'intersubjectivité langagière est la voie privilégiée par laquelle nous pouvons relever le défi lancé par la technique, dans son progrès, nous pensons que la conscience morale et la parole poétique se révèlent comme une des voies incontournables de sortie. La conscience est morale et repose sur la moralité. L'Appel de la voix de la conscience, comme nous le dit Heidegger, est la voie d'accès vers l'existence authentique.

Face au progrès technique, l'homme doit faire un retour sur soi-même, une conversion silencieuse. La voix de la conscience morale s'adresse au *Dasein* journalier, va au-delà, et en appelle à une possibilité d'ipséité maintenant refoulée mais non anéantie[2]. Dans le domaine de la morale, Jean-Jacques Rousseau a mis en évidence l'infaillibilité et l'universalité de la conscience. La conscience, écrit-il, est le juge infaillible du bien et du mal. On trouve partout, dans les nations du monde, parmi les peuples du monde, tribus et ethnies, les mêmes notions du bien et du mal en dépit de leurs mœurs et caractères divers. « Conscience ! Conscience ! Instinct divin, immortelle et céleste voix ; guide assuré d'un être ignorant et borné, mais intelligent et libre ; juge infaillible du bien et du mal, qui rends l'homme semblable à Dieu, c'est toi qui fais l'excellence de sa nature et la moralité de ses actions ; sans toi je ne sens rien en moi qui m'élève au-dessus des bêtes »[3].

La saisie du salut face au danger que représente l'essence de la technique ne repose non point sur la raison, mais sur le sentiment, sur la conscience. Ainsi, la faculté de discerner le danger de la technique prend non plus la forme de la raison, mais plutôt du sentiment. La conscience morale, comme l'une des voies de salut

---

[1] J. ELLUL, *Le système technicien*, *Op.cit.*, p.161.
[2] A. DE WAELHENS, *La philosophie de Martin Heidegger*, *Op.cit.*, p.154.
[3] J-J. ROUSSEAU, *Emile ou de l'éducation*, Naigeon, Garnier, p.351.

parmi les deux autres voies que nous proposons dans cette étude, à savoir les paroles parlante et poétique, ne se présente pas sous forme de la raison, mais du sentiment. L'Arraisonnement, dans lequel réside l'essence de la technique moderne, constitue, avons-nous vu, le danger suprême qui menace l'homme dans son être. Pour y échapper, la conscience morale s'impose. Il faut une dimension intuitive ou immédiate qu'est le sentiment pour prendre conscience du danger et pour y échapper.

La conscience planétaire, que nous défendons ici dans le cadre des voies du salut, se donne ici comme une sorte de la culture universelle. Elle nous est nécessaire et urgente. Il faut que la conscience morale s'approfondisse et s'élargisse. Il faut que nous prenions conscience des défis de la technique moderne et des solutions qui s'imposent. Pour maîtriser ou réduire les dérives du progrès technique, nous avons besoin d'une conscience morale planétaire. Les savants et les techniciens sont le plus appelés à travailler avec une conscience morale. Rabelais n'avait-il pas raison lorsqu'il disait qu'une science sans conscience n'est que ruine de l'âme ? La rationalité technicienne doit s'appuyer sur le cœur, la conscience morale. Elle doit aussi être à l'appel de la conscience, témoin de l'existence authentique.

La conscience morale, comme pouvoir d'interpellation radicale, s'adresse aussi bien aux savants techniciens qu'à tous les autres êtres humains lorsque tous sont perdus dans les divertissements et dans les dérives. Il est urgent que nous nous mettions à l'écoute de l'appel silencieux de la conscience morale. Car, comme le dit explicitement le philosophe Blaise Pascal, seul le cœur permet d'accéder aux principes premiers ; la raison doit s'appuyer sur le cœur. C'est sur ces connaissances du cœur et de l'institut qu'il faut que la raison s'appuie et qu'elle y fonde tout son discours[4].

[4] Cf. B PASCAL, *Pensées et opuscules*, Paris, Hachette, p.459.

L'affectivité entre ici le plus en compte par rapport à l'entendement. Il est question de saisir de manière immédiate et affective la voie d'échappement au danger suprême représenté par l'essence de la technique moderne. A la conscience morale, il nous faudrait ajouter la parole parlante. Elle parle, dit Heidegger, en invitant à venir ce qui est enjoint : le monde des choses et les choses du monde[5].

Pour se sauver du danger suprême de la technique moderne, il nous faut non seulement être à l'écoute de l'appel de la conscience moderne, comprise comme témoin de l'existence authentique, mais aussi laisser se déployer le parler de la parole. Parler de la parole, c'est parler également du langage compris comme mode constitutif du *Dasein* et maison de l'être.

1.2. Langage comme instrument de communication

Pour bien saisir l'essence du langage comme « maison de l'être »[6], il nous faut d'abord nous débarrasser de l'interprétation instrumentale et communicationnelle du langage. Qu'en est-il d'abord de la conception instrumentale et communicationnelle du langage ? Traditionnellement, l'homme est interprété comme un être communiquant. Pour Aristote, l'homme est un animal social qui doit communiquer. Le langage lui permet de communiquer. « Seul, entre les animaux, l'homme a l'usage de la parole »[7].

Le langage est aussi conçu comme ce par quoi l'homme communique sa pensée. C'est le cas de Merleau-Ponty qui pense que la communication parmi les hommes peut être suspendue, mais jamais rompue[8], car le langage est l'expression de la pensée. « Le sens est le mouvement total de la parole et c'est pourquoi notre pensée traîne

---

[5] M.HEIDEGGER, *Acheminement vers la parole*, Paris, Gallimard, 1976, p.32.
[6] IDEM, *Questions III et IV*, Paris, Gallimard, 1976, p.67.
[7] ARISTOTE, *La Politique*, Paris, J. Vrin, 1970, p, 6.
[8] M. MERLEAU-PONTY, *Phénoménologie de la perception*, Paris, Gallimard, 1964 p.414.

dans le langage. C'est pourquoi aussi elle le traverse comme le geste dépasse ses points de passage »[9]. Certains penseurs, notamment Descartes et Benveniste pensent que le langage est spécifiquement humain. Il n'existe pas, selon eux, de langage animal. Tout langage est donc humain. Descartes affirme que si les bêtes n'ont pas de langage c'est parce qu'elles n'ont pas de signes. Et l'absence de signes chez les bêtes prouve l'absence de la pensée[10]. Benveniste pense que les animaux ne possèdent que le code de signaux et non le langage. Il donne l'exemple du mode de communication employé par les abeilles : « Ce n'est pas un langage, c'est un code de signaux »[11]. Dès lors, le langage, dans sa structure, pense Benveniste, est un système symbolique car il existe un lien entre signifié et signifiant.

Nous n'avons nullement l'intention d'entrer dans ce domaine de la linguistique sur lequel nous n'avons pas une main-mise. Contrairement à la tradition philosophique et linguistique, Heidegger interprète le langage comme mode constitutif du *Dasein* et surtout comme maison de l'Etre. « C'est pourquoi il importe de penser l'essence du langage dans une correspondance à l'Etre et en tant que cette correspondance, c'est-à-dire en tant qu'abri de l'essence de l'homme »[12]. C'est pourquoi il nous faut étudier cette structure ontologique du langage qui, à l'opposé de la structure instrumentale, est plus profonde.

---

[9] IDEM, *signes*, Paris, Gallimard, p.54.

[10] Cf. R. DESCARTES, *Œuvres et Lettres, La Pléiade*, Paris, Gallimard, p.1256.
Il faut noter également qu'une des raisons qui poussent Descartes à ne pas reconnaître l'existence du langage chez les animaux, c'est sa thèse selon laquelle les animaux sont des machines ou des automates dépourvus de pensée et mus par Dieu.

[11] Cf. E.BENVENISTE, *Problèmes de linguistique générale*, Tome I, Paris, Gallimard, p.62.

[12] M. HEIDEGGER, « Lettre sur l'humanisme », in *Questions III et IV*, *Op.cit.*, p.91

1.3. Le langage comme mode constitutif du Dasein

C'est par le langage, par la pensée, que l'homme peut comprendre et expliquer les étants se trouvant dans le même milieu que lui. Ainsi le langage constitue la structure fondamentale de l'homme. Ce n'est que par le langage également que nous pouvons échapper au danger de l'arraisonnement. Dans sa conférence sur l'origine de l'œuvre d'art, Heidegger souligne encore que le langage n'est pas d'abord moyen de communication, mais ce qui fait advenir l'étant en tant qu'étant à l'ouvert[13]. Au langage, l'homme doit associer le fait d'entendre. Car l'homme est partenaire d'écoute. Le langage est donc constitutivement un mode du *Dasein* en ce sens qu'il est capable de dire, mais avant tout d'écouter, de se taire, d'être attentif à l'appel de sa conscience en vue d'entrevoir le danger de la technique. L'être des choses ainsi que celui de l'homme se révèle dans le langage.

Heidegger semble libérer le langage du carcan grammatical. La pensée n'est plus comme ce qui va à la conquête des choses à travers le langage comme instrument. La pensée est en correspondance avec l'Etre. Le langage est ce qui donne l'être aux choses. Loin d'être pur instrument d'information, le langage est ce qui donne l'être aux choses[14].

Au lieu du langage instrumental, il nous faut remonter au langage qui donne l'être aux choses et à l'homme. Les choses ne nous apparaissent comme instrument, comme « fonds », qu'au sens du langage conquérant, arrêtant et inspectant de la technique moderne. L'instrumentalité est un mode déchu de la chose. Il est donc urgent que l'homme écoute authentiquement le langage porteur de l'être des choses et de celui de l'homme. « Le langage, en son essence, n'est pas le moyen pour un organisme de s'extérioriser, ni non plus l'expression

[13] J. F. COURTIN, *Op.cit.*, p.395

[14] G.VATTIMO, *Introduction à Heidegger*, *Op.cit.*, p.145.

d'un être vivant (…) Le langage est la venue à la fois éclaircissante et celante de l'Etre lui-même »[15]. Le langage est ce qui rend accessible l'intelligibilité des choses.

En tant que ce qui permet à l'homme de communiquer avec ses semblables, le langage peut être interprété comme un instrument, un outil, un bien. C'est une chose vraie, car avant tout le langage est pour l'homme la possibilité d'exprimer l'existant, de dire un monde, d'écrire originellement une histoire[16], mais la nature profonde du langage est d'être l'abri de l'Etre, de donner aux choses et à l'homme leurs êtres auxquels l'Arraisonnement, essence de la technique, ne fait pas allusion. L'Arraisonnement fait perdre aux choses et à l'homme leur être respectif. « L'être en tant que l'élément de la pensée est abandonné dans l'interprétation technique de la pensée »[17]. La pensée technique est l'occultation de l'Etre au profit de l'étant, alors que dans sa nature, la pensée est la pensée de l'Etre. La pensée est de l'Etre, en tant qu'advenue par l'Etre, elle appartient à l'Etre[18]. La pensée, dans l'interprétation technique, ne se met pas à l'écoute de l'Etre des choses et de l'homme. Car l'Etre est ce qui est réalité profonde et fondamentale à laquelle il convient de penser dans la mesure où c'est lui qui rend la pensée possible.

Le langage, sous l'emprise de la technique comme achèvement de la métaphysique, de la subjectivité, s'est écarté de son essence, c'est-à-dire la maison de la vérité de l'Etre, jusqu'à devenir ce qui est à notre pur vouloir et à notre activité comme un instrument de domination sur l'étant[19]. S'écartant de son essence, le langage, de même que la pensée, est sur son déclin, il compense cette perte en s'assurant une valeur comme *techné*, comme instrument de formation. Peu à peu, écrit Heidegger, la philosophie devient une technique de

---

[15] M. HEIDEGGER, *Lettre sur l'humanisme*, *Op.cit* ., p.65.
[16] A. DE WAELHENS, *La philosophie de Martin Heidegger*, *Op.cit.*, p.279.
[17] M.HEIDEGGER, *Questions III et IV*, *Op.cit.*, p.69.
[18] *Ibid.*, p.70.
[19] Cf. ibid., p.74.

l'explication par les causes ultimes. Le langage tombe ainsi sous la dictature de la publicité[20]. Heidegger s'oppose à toute interprétation technique de la pensée et du langage. Au lieu que la pensée et le langage soient engagement par et pour la vérité de l'Etre, ils ne sont qu'engagement au service du faire et du produire. « A cette époque, la pensée elle-même a la valeur de *techné*, elle est processus de la réflexion au service du faire et du produire. C'est pourquoi la pensée, si on la prend en elle-même, n'est pas pratique »[21]. Nous pouvons ainsi bien comprendre le rapport entre le langage, l'être et la pensée. L'être vit par et dans le langage. Et la pensée est l'advenue de l'Etre. La pensée est la pensée de l'Etre.

Si le langage a le privilège de donner à l'homme et aux choses leurs êtres, il faut dire alors que c'est précisément la parole ou le langage poétique qui peut le plus servir de voie de sortie du danger et de l'Arraisonnement. « C'est dans la poésie qu'advient la vérité dans son sens le plus radical »[22]. Mais avant cela, orientons-nous d'abord vers la parole parlante dans notre quête des voies du salut du danger de la technique moderne.

2. VERS UNE PAROLE POETIQUE

Nous examinons, dans cette section, l'écoute et la réponse à l'appel de la parole parlante dans un premier temps, et dans un second temps nous examinons la poésie comme langage originel.

2.1. Ecoute et réponse à l'appel de la parole parlante

L'être humain parle. Nous parlons éveillés ; nous parlons en rêve. Nous parlons sans cesse, même quand nous ne proférons aucune

---

[20] *Ibid.*, p.72-73.
[21] G. VATTIMO, *Introduction à Heidegger*, *Op.cit.*, p.142.
[22] *Ibid.*

parole, et que nous ne faisons qu'écouter ou lire. Constamment nous parlons, d'une manière ou d'une autre. Nous parlons parce que parler nous est naturel ; tels sont les mots par lesquels Heidegger commence son ouvrage intitulé *Acheminement vers la parole*[23]. C'est la parole qui détermine ontologiquement l'homme. Elle est ce que Heidegger nomme la Différence ou l'intervalle entre le monde et les choses. C'est elle qui fait venir les choses au monde et c'est toujours elle qui fait monde. Mais qu'en est-il de la parole elle-même ?

La parole, selon Heidegger, est parole. La parole parle. « La parole est : parole. La parole est parlante »[24]. Que signifie alors que la parole est parlante ? Cette question nous conduit à celle de savoir ce que signifie parler. Selon l'opinion courante, parler c'est s'exprimer en mettant en action ses organes phonatovies ; c'est émettre les sons véhiculant une pensée ou un sens. C'est là ce que Heidegger appelle la représentation de la parole comme extériorisation. Il s'agit d'un intérieur qui s'extériorise. Par là, le parler est considéré comme une activité exercée par l'homme. C'est alors « l'homme qui parle. Nous ne pourrions dès lors plus dire : c'est la parole qui parle – car cela voudrait dire : c'est la parole qui fait l'homme, qui le rend homme. Dans une telle pensée l'homme serait un produit de la parole »[25].

Dans la perspective heideggérienne, dire que la parole parle ou que la parole est parlante, c'est refuser avant tout de concevoir la parole comme une activité humaine, comme un instrument de communication que l'homme possèderait et maîtriserait. C'est aussi se libérer de l'idée que c'est l'homme qui parle avant ou qui est le premier locuteur. Dire que la parole est parlante, c'est se libérer de la conception instrumentale de la parole, de la parole interprétée comme activité humaine. Dire que la parole est parlante, c'est avant tout dire que c'est la parole qui s'adresse à l'homme et que c'est l'homme qui

---

[23] M. HEIDEGGER, *Acheminement vers la parole*, Paris, Gallimard, 1976, p.13.
[24] *Ibid.*, p.16
[25] *Ibid.*

répond à l'adresse de la parole. « Dans cette assimilation de la parole à une activité seulement humaine, d'autres soulignent au contraire que le verbe de la parole est d'origine divine. Le début du prologue de l'Evangile selon Saint Jean nous enseigne que le Verbe était à l'origine avec Dieu »[26]. Il s'agit ici d'aller de l'emploi ontique du langage à l'emploi ontologique du langage. Le langage est plus qu'une faculté ; plus qu'une activité linguistique. Il est fondamentalement appel, adresse et annonce dont l'homme est porteur et répondeur. Au lieu d'interpréter la parole au sens aristotélicien, c'est-à-dire comme logos, « le dernier Heidegger n'hésite pas, en deçà ou au-delà des Grecs, à penser la parole dans un horizon qui n'est plus tout à fait celui du logos »[27]. Car, pour Heidegger, l'homme ne se définit pas par le logos (raison), mais par la parole.

L'homme n'est homme que dans la mesure où il répond à la parole qui lui parle ou l'appelle. Dès lors, nous pouvons dire que l'homme est le porte-parole de la parole. Si la parole parle, elle ne nous parle, et ne parle à travers nous que parce que d'abord elle s'est adressée à nous. L'homme ne parle qu'en réponse, en correspondance à l'adresse[28]. L'essence de la parole c'est le déploiement de la parole. « La parole est toujours en avance sur nous. Nous ne faisons jamais que parler à sa suite »[29].

L'adresse de la parole à l'homme et la réponse de celui-ci à celle-là s'effectuent en silence. L'homme doit accueillir le silence éloquent. La parole, à l'appel de qui nous devons répondre, est la parole du passé. Heidegger identifie l'appel de la parole à l'histoire. Historiquement parlant, nous sommes hébergés par le langage.

C'est ce déploiement de la parole comme accueil du silence éloquent qui nous est révélé comme voie de sortie du danger de la

---

[26] *Ibid.*, p.17.

[27] J. F., COURTINE, *Op.cit*, p.404.

[28] *Ibid.*, p.403

[29] M. HEIDEGGER, *Acheminement vers la parole*, *Op.cit.*, p.163

technique moderne. Devant la technique moderne, qui consiste à arracher ou à obtenir la raison d'être des choses, devant la soumission du monde à la technique moderne et devant la violence faite par la technique moderne à la nature jusqu'à créer aujourd'hui une société humaine dont le bonheur réside dans l'exploitation à outrance de la nature, nous mettre à l'écoute et répondre à l'appel qui nous appelle silencieusement, serait pour nous une possibilité qu'un nouveau rapport responsable s'établisse entre la technique et nous. Le silence vise à situer le dit dans le non-dit. Dans la parole parlée, il y a un non-dit (l'implicite). C'est pourquoi Heidegger nous invite au silence et à l'écoute du silence. « Dans son essence la plus profonde, l'appareil auquel répond la parole de l'homme est silence »[30].

Au lieu d'exiger toujours des choses qu'elles nous rendent raison de leur existence et de les contraindre toujours à être à notre service comme le veut à tout prix la technique moderne, nous pouvons contempler les choses telles qu'elles se donnent à nous. Non pas une sortie de la technique moderne au sens d'un retour en arrière, mais au sens d'un nouveau rapport non seulement contraignant avec la nature, mais aussi obéissant à celle-ci. Car, disait Bacon, on ne commande à la nature qu'en lui obéissant. La manière dont nous percevons matériellement les choses est conditionnée par quelque chose de plus profond : la compréhension de l'être qui est donnée avant tout dans la pensée. L'on peut se demander où réside alors le parler de la parole parlante pour que l'homme ne puisse parler qu'en répondant à cette parole ? Pour notre auteur, le parler à l'état pur est le poème[31]. Heidegger s'oriente vers le discours poétique. Le penseur et le poète sont ceux qui s'approchent le plus de l'Etre. La poésie est alors le langage originel. L'essence de la parole, c'est le déploiement de la parole comme accueil du silence. Dans le poème, la parole parle elle-même.

---

[30] G. VATTIMO, *Op.cit.*, p.147.
[31] G. VATTIMO, *Op.cit.*,, p.18.

2.2. La poésie comme langage originel

L'appel de la parole auquel l'homme répond, avons-nous déjà dit, est l'histoire comme langage historique. C'est dans le langage que les choses peuvent nous apparaître. L'homme, en tant qu'écoutant et répondant à l'appel du langage au sens de l'histoire, est inséparable de cet appel qui l'appelle. A ce moment où le langage se révèle comme l'événement de l'être et la co-appartenance entre l'appel et l'écoute, toute pensée qui veut sortir du danger de la technique moderne, comprise comme l'achèvement de la métaphysique, doit considérer le langage comme l'une de ses préoccupations fondamentales. Le langage, dans son appel, nous aidera à ne plus le prendre pour un instrument de communication devant servir à inspecter, arrêter et arraisonner les étants. Le langage ne servira plus essentiellement à faire violence à la nature. Car « le langage est quelque chose dont nous disposons et qui, cependant, d'un autre côté, dispose de nous »[32].

Le langage ne sera plus essentiellement un instrument de sommation, de violence, d'arrachement et de production, mais surtout la garde de la venue en présence de l'être de l'homme et des choses. L'être des choses n'est plus leur instrumentalité, mais le laisser-séjourner[33]. Mais dans quel sens soutenons-nous avec Heidegger que le parler pur du langage est poésie ?

Le terme poète, du grec *poète*, veut signifier fabricateur, créateur. La poésie est ainsi comprise comme essence inventive de tous les arts. Cette poésie, comprise comme création, invention et fabrication, n'est pas celle dont il est question ici. Il ne s'agit pas ici de la poésie comme création, mais de la poésie comme art de la parole. C'est la poésie au sens restreint. Certes, cette poésie, comprise comme œuvre parlée, occupe une place aussi importante dans l'art en général. « Heidegger arrive à la notion de poésie comme essence de

---

[32] IDEM, *Introduction à Heidegger*, p. 136.
[33] Cf. *Ibid.*,p.142

tous les arts : en tant qu'elle est mise en œuvre de la vérité, en tant qu'ouverture de l'étant dans totalité et fondation d'un monde »[34]. L'art est conçu comme artifice, produit de main d'homme. C'est le cas du théâtre, de la littérature, de la musique, de la sculpture, etc. Dans les arts plastiques, il y a un pouvoir magique, notamment le masque qui est une figuration symbolique.

Pour les Grecs, le poète ne peut réussir que lorsqu'il est possédé par Dieu. L'art en général a toujours été célébré comme don divin. Mais Platon considérait que le poète n'a pas droit de cité dans la cité idéale, car au lieu de convaincre, comme le fait le philosophe, il charme, enthousiasme et fascine son auditoire. Heidegger, dans son *Approche de Hölderlin*, s'inspire de ce grand poète allemand Hölderlin pour établir un lien entre la philosophie et la poésie. Dans l'interprétation philosophique que Heidegger fait de la poésie de Hölderlin, il est question de montrer comment ce poète allemand, que Heidegger admirait, est parvenu plus qu'un penseur à penser l'être. Descartes déclarait qu'il est curieux que seuls les poètes, en dehors des philosophes, pensaient aussi l'être et s'élevaient du monde purement ontique.

Certains individus considèrent la poésie comme un rêve, une imagination, un lyrisme et une évasion. « C'est un jeu des paroles, ce n'est point le sérieux d'une action. La poésie est inoffensive et inefficace »[35]. En quoi réside alors l'essence de la poésie ? Pour Heidegger, l'essence de la poésie est la fondation de l'être par la parole[36]. Nous savons déjà, grâce à la différence ontologique de Heidegger, que l'Etre n'est pas l'étant, et que l'étant n'est pas l'Etre. L'Etre est ce qui demeure. « Et ce qui demeure n'est donc jamais créé de l'éphémère »[37].

---

[34] M.HEIDGGER cité par G.VATTIMO, *Op.cit.*, p.133.
[35] M. HEIDEGGER, *Approche de Hölderlin*, Paris, Gallimard, 1973, p.44.
[36] *Ibid.*, p.52, 53.
[37] *Ibid.* p.52

Ainsi dit, la poésie n'est pas, contrairement à ce que d'aucuns pensent, un simple rêve ou mieux, comme nous le dit Heidegger, « un simple ornement qui accompagnerait l'être-là, ni un simple enthousiasme passager ; elle n'est pas du tout une simple exaltation ou un passe-temps. La poésie est le fondement qui supporte l'histoire, aussi n'est-elle pas simplement une manifestation de la culture, et à plus forte raison n'est-elle pas simplement l' « expression » de l'âme d'une culture »[38]. La poésie n'est pas seulement œuvre chantée et dansée, ni épique, c'est-à-dire expression d'un sentiment des exploits héroïques, ni didactique, c'est-à-dire enseignant une leçon morale, ni satirique visant la critique. Ainsi, poétiser veut dire produire quelque chose. Cette production est prise au mot « tithôn »[39] qui signifie montrer, rendre quelque chose manifeste, visible. La poésie doit être entendue ici comme « instauration, institution en acte du demeurant, et le poète est le fondateur de l'être parce que l'instauration qu'on entend de la poésie n'est que l'instauration de l'être[40]. L'être est poétique.

La poésie se déploie dans un langage. Mais c'est plutôt elle qui rend possible le langage. C'est pourquoi Heidegger la considère comme le langage primitif d'un peuple historial. Or, Hölderlin considère la poésie comme une occupation la plus innocente de toutes, mais aussi l'œuvre la plus dangereuse[41]. L'œuvre poétique est gratuite ou innocente dans ce sens qu'elle ne vise pas à créer quelque chose de réel, elle n'aboutit pas à une réalisation concrète dans le monde d'outils. Ainsi le poète n'est pas responsable de tout ce qui sera. Le poète, pense De Waelheus, joue comme l'enfant ; il ne veut être responsable de rien de réel, de rien d'efficace. Il ne crée aucune chose. La poésie n'est pas un jeu comme on le croirait, car en elle, l'homme est concentré sur le fond de son être-là. Loin de se perdre et

---

[38] *Ibid.*, p.54
[39] IDEM. HEIDEGGER, *Les hymnes de Hölderlin. La Germaine et le Rhin*, Paris, Gallimard, 1988, p.37.
[40] *Ibid.*, p. 43.
[41] *Ibid.*

de s'oublier dans la poésie, l'homme s'y concentre profondément. Le poète nomme les dieux et nomme toutes les choses en ce qu'elles sont. Cette nomination ne consiste pas à pourvoir simplement d'un nom une chose qui auparavant aurait été déjà bien connue ; mais le poète disant la parole essentielle, c'est alors seulement que l'étant se trouve par cette nomination nommé à ce qu'il est, et est ainsi connu comme étant[42].

La parole poétique est ainsi essentielle dans la recherche des voies du salut du danger de la technique moderne. Le poète « nomme » les étants sans les contraindre, sans les sommer à livrer leurs énergies, leur raison pour transformer le réel en « fonds ». Le langage poétique nous est ici avantageux pour que l'homme, dont l'être est oublié par la technique, puisse se concentrer sur le fond de son être.

Si Heidegger se référait, dans son effort d'expliquer le sens de la poésie, à Hölderlin, c'est parce que Hölderlin, à son sens, est le seul poète qui s'est interrogé sur l'essence de la poésie. Hölderlin est, aux yeux de Heidegger, le véritable poète de la poésie. A partir de lui, il y a lieu de parler de la poésie dans son ensemble. La poésie de Hölderlin est une poésie pensante. Heidegger, pour expliciter le sens de la poésie et le rapport que celle-ci entretient avec la philosophie, commence par faire dégager et expliciter les cinq raisons poétiques chantées par Hölderlin dans son poème.

Le premier motif poétique chanté par Hölderlin dans son poème est que la poésie est l'occupation la plus innocente de toutes. Nous avons déjà montré dans quel sens il faut comprendre cette affirmation de Hölderlin. La poésie est innocente de toute responsabilité. « Elle se manifeste sous la forme discrète du jeu. Sans entrave, elle invente son monde d'images et reste absorbée dans le cadre de ce qu'elle a imaginé. Poématiser est par conséquent

---

[42] M. HEIDEGGER, *Approche de Hölderlin*, Op.cit., p.52

parfaitement inoffensif. Car cela reste un simple parler et discours »[43] . En d'autres termes, la poésie ne mord pas directement sur le réel et ne le transforme pas directement comme le fait la rationalité technique.

Le deuxième motif qui pousse à écrire le poème, chante Hölderlin, c'est que nous, les hommes, sommes un dialogue. De ce motif d'écrire le poème, tel qu'énoncé par le poète Hölderlin, Heidegger tire l'essence dialogale de l'homme. Le poème de Hölderlin dit ceci :

> « L'homme a expérimenté beaucoup. Des Célestes nommé beaucoup, depuis que nous sommes un dialogue et que nous pouvons ouïr les uns les autres »[44].

Nous sommes, nous les hommes, un dialogue. Heidegger en déduit l'idée du langage. Le langage, dans lequel réside l'être de l'homme, requiert le dialogue. Par le langage, l'homme a la facilité de comprendre et d'interpréter les existants qui l'entourent. L'être de l'homme, écrit Heidegger, a son fondement dans le langage, mais celui-ci ne prend une réalité-historiale authentique que dans le dialogue[45]. Le langage est essentiellement un dialogue. Le dialogue est enfin correspondance à l'appel. Car le parler et l'entendre coappartiennent ou coexistent dès l'origine, c'est-à-dire depuis que le temps existe. Et c'est depuis que le temps et le monde existent que nous sommes dans l'histoire historiale et que nous sommes un dialogue.

Le troisième motif d'écrire le poème, pense Hölderlin, est que le langage est le plus dangereux de tous les biens. Il l'énonce en ces termes :

---

[43] M. HEIDEGGER, *Approche de Hölderlin*, Paris, Gallimard, 1973, p.44-45.
[44] *Ibid.*, p. 41.
[45] *Ibid.*, p.49.

« C'est pourquoi le plus dangereux de tous les biens, le langage, a été donné à l'homme... : Pour qu'il témoigne ce qu'il est... »[46]

Le langage est ce par quoi l'homme manifeste ce qu'il est. Vu comme un bien précieux, le langage permet à l'homme de se communiquer à ses semblables. Ce bien précieux a été donné à l'homme pour manifester ce qu'il est. Mais ce bien qu'est le langage, est aussi le bien le plus dangereux. « Il est le danger de tous les dangers, parce que c'est lui qui commence par créer la possibilité d'un danger »[47]. Le langage est un danger dans ce sens que c'est lui qui peut faire en sorte que l'étant menace l'être. C'est surtout lorsque le langage devient un simple instrument de communication qu'il est déplacé de son essence. « Le langage n'est pas un instrument disponible, il est, tout au contraire, cet avènement qui lui-même dispose de la suprême possibilité de l'être de l'homme »[48]. C'est en disposant de l'Etre de l'homme que le langage peut se révéler comme un danger, mais en tant qu'il donne la possibilité au monde d'exister, le langage est un bien. Car, sans langage, il n'y a pas de monde et il n'y a pas non plus de compréhension. A ce titre, le langage est un bien donné à l'homme.

Le quatrième motif du poème c'est que le poète est le premier à nommer les choses. Hölderlin l'énonce :

« Mais ce qui demeure, les poètes le fondent »[49].

La parole poétique se distingue de la parole journalière. Si la première dit l'être, fonde l'existant en le nommant, la seconde parole, c'est-à-dire la parole journalière ou ordinaire n'est qu'un bavardage qui nomme les existants, non pour les fonder, mais pour un intérêt pratique. En disant l'être, la poésie, pense Heidegger, est le langage

[46] *Ibid.*, p.41
[47] *Ibid.*, p.46
[48] *Ibid.* p.47-48.
[49] *Ibid.*, p.41, 51-52.

originel. Par l'expression « la poésie nomme les choses », il ne faudrait pas entendre par le verbe nommer le fait d'attribuer un nom à la chose déjà connue des hommes. Par l'acte de nommer les choses, il faut entendre l'acte par lequel le poète prononce des paroles essentielles, le poète consacre l'existant par la parole. Il dit ce qu'est cet existant brut, et ainsi il le fonde[50].

Le dire du poète est fondation par la parole. Le poète, écrit Heidegger, nomme les dieux et nomme toutes les choses en ce qu'elles sont[51]. Par là, nous comprenons que la poésie n'est pas un simple jeu d'esprit. Ce n'est pas essentiellement pour distraire les gens que le poète écrit. Mais c'est pour les motifs que nous étudions ici, c'est pour nommer les choses. Victor Hugo disait que le poète est un homme inspiré à qui Dieu parle à voix basse. Il va dans la profondeur des choses.

Au lieu d'une parole qui ne fait qu'arraisonner les choses, il nous faut une parole poétique qui nomme et fonde les choses. Au lieu de la parole essentiellement de contrainte, de sommation et de conquête de la nature, comme nous avons découvert dans la pensée technique moderne, nous préconisons la parole de consécration de la nature comme nous le révèle la parole poétique. La parole poétique peut nous être un antidote, et contre- poids de la parole conquérante de la technique moderne.

Le cinquième motif d'écrire le poème et, pour nous, de nous orienter vers la parole poétique est le fait que c'est poétiquement que l'homme habite sur cette terre. Hölderlin l'énonce comme suit :

> « Riche en mérites, c'est poétiquement pourtant que l'homme habite sur cette terre »[52].

C'est sur la terre que l'homme habite. L'homme est en son fond, poétique. Nous disons poétique ou, comme pour employer le

---

[50] Cf. A. DE WAELHENS, *La philosophie de Martin Heidegger*, *Op.cit.* p.282.
[51] M. HEIDEGGER, *Approche de Hölderlin*, *Op.cit.* p.52.
[52] *Ibid.*, p.54.

terme de Heidegger, « poïétique ». « Habiter poétiquement », cela veut dire : se tenir en la présence des dieux et être atteint par la proximité essentielle des choses »[53]. La poésie est alors historiale. Elle est entre le peuple, dont elle est la voix, et les dieux. C'est entre les dieux et les hommes que, selon Heidegger, se décide qui est l'homme et où est établi son être-là. Et Heidegger affirme que s'il considère Hölderlin comme le poète du poète c'est parce que Hölderlin a consacré sa parole « poïétique » à cette région de l'entre-deux, c'est-à-dire entre les hommes et les dieux[54].

Nous avons déjà dit que la technique menace l'homme dans son être. L'Arraisonnement, où réside l'essence de la technique, est le péril suprême. Ce péril est dans la volonté par laquelle arrive l'auto-imposition, le commandement. « Le vouloir, qui constitue le péril, sous la forme de l'auto-imposition, à l'intérieur d'un monde qui n'est lui-même admis que comme volonté, le vouloir voulu à partir de cette volonté s'est déjà résolu au commandement inconditionné »[55]. Le péril, que représente l'essence de la technique, ne concerne pas l'homme physiquement, mais plutôt l'essence de l'homme. Ce qui menace ainsi l'essence ou l'être de l'homme, c'est l'idée d'obtenir, de transformer et d'accumuler les énergies naturelles pour rendre les conditions humaines d'une manière « heureuse ».

3. POUR UNE TECHHNIQUE MODERNE RESPONSABLE

Comme nous l'avons dit, le progrès technique s'opère en double aspect : aspect positif et aspect négatif. S'il n'est pas possible d'éradiquer totalement l'aspect négatif de la technique comprise comme œuvre humaine avec toutes ses imperfections, il est néanmoins possible de réduire cet aspect négatif, de rendre la technique moderne

[53] *Ibid.*, p.44.
[54] Cf. *Ibid.*, p.59.
[55] M. HEIDEGGER, *Chemins qui ne mènent nulle part*, Paris, Gallimard, 1962, p. 354.

assez responsable. Car, Rabelais nous dit qu'une science sans conscience n'est que ruine de l'âme. La technique c'est bon ou bien, mais pas au prix de la vie humaine, ni de sa dignité ou de sa conscience. Au fond, c'est à la responsabilité de l'homme, comme savant, scientifique et technicien, que nous appelons.

Pour acquérir une certaine responsabilité noble par rapport à elle-même et par rapport à l'homme, la technique moderne doit savoir préserver l'environnement, elle doit contribuer au maintien de l'équilibre dans la biodiversité. Elle doit réduire les effets négatifs de la pollution de l'air et de l'eau. L'homme doit se sentir maître de la technique non la technocratie. L'homme, tout en demeurant dans la société technologique, ne doit pas se laisser dominer par la technologie. Dans le domaine socio-économique, l'envahissement de la technique moderne permet, certes, la production des biens dont l'homme a besoin. Mais plus les biens sont produits, plus les besoins accroissent et l'homme se sent à la traîne des machines.

Pour être responsable, la technique moderne doit être porteuse de sens et non seulement être de pragmatique. Elle est appelée, pour se montrer responsable, à libérer l'homme au lieu de l'assujettir. Une technique moderne responsable veut aussi dire « une technique qui cultive et entretient la nature »[56]. Car l'homme ne peut pas s'épanouir en détruisant la nature qui lui sert d'habitat. « Le progrès se fait précisément par des médiations naturelles, y compris les terrestres et les plus matérielles, même s'il y en a qui sont désertées par les chances de la vie »[57].

La technique moderne doit ouvrir à la saisie de questions existentielles touchant à notre environnement telles que nous avons eu l'occasion de l'analyser dans cette étude. Elle doit aider l'homme à

---

[56] G. NDUMBA Y'OOLE L'IFEFO,, « Les enjeux des technologies occidentales pour l'Université en Afrique », in *Op.cit.*, p. 135.

[57] S.KANGUDI KABWAILA, « La synergie inventaire comme condition d'effectuation du progrès technique en Afrique », in *Op.cit.*, p. 60.

mieux analyser son milieu de vie, ses besoins sociaux et ses problèmes de développement. Loin de nous l'idée d'éradiquer la technique, ce qui n'est pas non plus responsable, comme si elle n'offrait à l'homme que des choses négatives ou des méfaits. Il est plutôt question ici, non seulement d'alerter la communauté des savants et l'opinion générale contre les dangers ou les menaces que représente la production merveilleuse de la technique (car, un fait est évident, c'est que les hommes se laissent facilement emporter par l'aspect positif de la gigantesque production technique moderne, oubliant la menace provenant de son aspect négatif), mais aussi et surtout de repenser la technique moderne.

CONCLUSION

Eu égard aux Nouvelles Technologies susceptibles de faire perdre à l'homme et aux choses leurs êtres respectifs, il nous paraît convenable d'élucider la manière dont fonctionne la rationalité technicienne. Aussi, la question de la technique moderne s'insère-t-elle également dans la grande question de la recherche du sens de l'être en général et de l'être de l'homme en particulier. La réflexion sur la technique part de la grande question de l'être et aboutit par celle-ci. Pour que la technique moderne soit plus responsable, elle doit s'ouvrir à l'Etre en général et à l'être de l'homme en particulier. Or, la question de l'être implique celle de l'existence en général. Il s'ensuit que la technique moderne doit s'insérer dans la question de la recherche du sens de l'existence de l'homme et de la nature.

SIXIEME CHAPITRE
APPRECIATION CRITIQUE DE LA PENSEE DE HEIDEGGER

INTRODUCTION

Lorsque nous jetons un regard rétrospectif sur l'ensemble des questions qui constituent la pensée heideggérienne, nous pouvons dire que cette dernière est fondée essentiellement sur la question de l'être.

Dans ce chapitre, nous nous proposons de relever quelques points qui nous ont semblé discutables dans la pensée de notre auteur, mais aussi ceux sur lesquels notre auteur ne s'est pas prononcé ou du moins légèrement. Il s'agit du rapport entre l'être et Dieu, l'être et le temps ; de sa terminologie et son style quasi impénétrable.

1. Pas d'Etre sans étant et d'étant sans être : Le paradoxe heideggérien ?

Heidegger est le penseur de l'Etre. Toute sa pensée tourne autour de l'Etre. En cela, il a le mérite d'avoir reposé la question de l'Etre déjà tombée dans l'oubli. Mais l'idée de l'Etre n'est pas une idée facile à élucider. En dépit de toutes les considérations accordées à la question de l'Etre, Heidegger semble ne pas l'avoir résolue totalement. D'ailleurs son projet, dans *l'Etre et le temps,* n'a été que réalisé partiellement, car la dernière partie de cet ouvrage principal est restée inachevée. Heidegger, pour élucider l'Etre, nous renvoie aux expressions suivantes : « L'Etre est différent de l'étant » ; et « l'étant n'est pas l'Etre », « L'homme est berger de l'Etre ». Mais Heidegger ajoute qu'il n'y a d'être dans l'étant et d'étant Sans l'être. On peut alors se demander sur la base de quoi Heidegger a-t-il thématisé l'Etre si celui-ci ne se conçoit pas sans l'étant.

Ainsi, l'Etre ne se déploie que dans la surabondance. « Il est dangereux pour Heidegger d'affirmer que ce qui s'est inscrit dans l'Etre demeure impérissable, car il n'y a d'Etre que relativement à l'homme, lequel est périssable par essence »[1]. Il est vrai que Heidegger nous dit que l'Etre ne dépend pas dans son essence de l'homme, mais qu'il a besoin de lui, pour se dévoiler. Dès lors, sans l'homme, l'Etre ne peut pas se dévoiler à nous. D'aucuns soulignent le caractère énigmatique de l'Etre. Ils disent que Heidegger cherche le mystère ultime du sens de l'Etre énigmatique, de l'Etre ineffable. Mais ce pour quoi nous devons féliciter Heidegger au-delà de ce « mystère de l'Etre», c'est d'avoir compris que c'est l'essence de l'Etre qui donne sens et l'être à tout ce qui existe. L'Etre est comme le principe fondamental malgré son insaisissabilité et il a le mérite de nous conduire à la réalité profonde et fondamentale de toutes choses ; au langage poétique. Pendant que beaucoup de ses prédécesseurs, notamment Platon, et de ses contemporains, ne trouvaient pas de rapport entre la philosophie et la poésie, car certains prenaient la poésie pour un simple jeu, un rêve, un enthousiasme, Heidegger nous révèle l'étroite relation entre poète et philosophe, entre le langage philosophique et le langage poétique.

Il n'est pas aisé de critiquer un penseur pour n'avoir pas pensé ce que les autres ont pensé. Chaque penseur, certes, a toujours quelque chose de nouveau à offrir. Il est impossible qu'un penseur se déclare avoir tout épuisé dans le savoir en général au sens grec d'épistémè. Mais pour n'avoir pas pensé ce qu'il pourrait penser, et pour avoir pensé d'une manière qu'il ne pourrait pas penser, cela peut, dans une certaine mesure, lui valoir une critique.

Dans son analyse existentiale, Heidegger nous présente le *Dasein* comme étant premièrement dans un monde ambiant, monde

---

[1] A. DE WAELHENS, *La philosophie de Martin Heidegger*, *Op.cit.*, p.233

des outils. Ainsi tout outil est ustensile, mais tout ustensile n'est pas outil. « L'outilité » de ce stylo c'est de me permettre d'écrire, celle du marteau c'est de marteler, de la maison d'y habiter. Mais Heidegger ne nous dit pas ce qu'il advient d'un marteau qui se casse, d'un outil dont l'encre est épuisée. Nous pensons que le marteau cassé et le stylo épuisé pourront servir d'objets de contemplation esthétique. Heidegger considère que la signification d'une chose consiste dans le renvoi. Par exemple, le clou renvoie au marteau, celui-ci à la planche, celle-ci à une table, à une charpente. Nous pensons, par conséquent, que l'objet en lui-même ne sert à rien sans le renvoi. Cette théorie heideggérienne de la significativité peut ainsi buter sur une difficulté à laquelle notre auteur n'a pas pensé. Certes, sa volonté était de montrer comment les choses font monde : une chose renvoie à une autre chose. L'Etre heideggérien est-il Dieu ? Dans le point suivant, nous en prendrons conscience.

2. L'Etre n'est pas Dieu

Heidegger se refuse d'identifier l'Etre à Dieu, comme l'a fait Aristote, dont la pensée est dénoncée par Heidegger comme onto-théologie, mais il paraît difficile de ne pas l'identifier à Dieu et de continuer à dire que l'Etre n'est pas Dieu. Car Heidegger lui-même nous dit que l'Etre est le plus proche mais aussi le plus éloigné de l'homme. Cette omniprésence de l'Etre ne peut que faire penser à Dieu. C'est pourquoi Steiner écrit : « Heidegger affirme que l'Etre n'est pas Dieu, mais sa suffisance à lui-même, son ubiquité au plus près et au plus loin de l'homme ont, à ne pas s'y méprendre, un côté théologique très marqué »[2]. C'est pourquoi certains n'hésitent pas à considérer la pensée heideggérienne de l'Etre comme un ésotérisme,

---

[2] G. STEINER, *Martin Heidegger*, *Op.cit*, p..88.

une théologie masquée. Curieusement, Heidegger, qui nous précise que ses réflexions sur l'Etre n'ont rien de théologique, effleure la question de divinité dans son adhésion à la poésie où il déclare, nous l'avons déjà dit, que les poètes nomment les dieux et toutes les choses en ce qu'elles sont. La poésie est les hommes et les dieux.[3]

Heidegger se refuse de parler d'une transcendance divine vers laquelle s'orienterait le *Dasein*. La première phase de la pensée heideggérienne exclut totalement la question de Dieu en la laissant pour la théologie. Dans la deuxième phase, la question de Dieu est rapidement et légèrement posée comme corollaire à la critique contre le Dieu métaphysique. C'est pourquoi Tresmontant qualifie Heidegger d'athée en ces termes : « Ce qui signifie en clair que dans la pensée de Heidegger tout être est contingent, et qu'il n'existe donc aucun être nécessaire. Ce qui est l'une des définitions de l'athéisme »[4]. Cependant, beaucoup de concepts heideggériens, de finitude, de déchéance, de la faute ou péché et de souci ont des corollaires théologiques.

3. Ecriture et style techniques de Heidegger

Heidegger a un style et une écriture tout à fait techniques. Le recours régulier à sa langue maternelle, l'allemand, et au grec exige du lecteur un effort sérieux et un minimum de compréhension de ces deux langues. Penseur profond, Heidegger paraît cependant, aux yeux de beaucoup de lecteurs, énigmatique et indigeste. Il a sa terminologie à part. Certains mots, que nous utilisons tous, prennent un autre sens chez lui. Ainsi, quand il parle du souci, de la mort, du

---

[3] Cf. M. HEIDEGGER, *Approche de Hölderlin, Op.cit.*, pp.52-54.

[4] C. TRESMONTANT, *Les métaphysiques principales. Essai de typologie*, Paris, O.E.I., 1995, p.65.

péché ou faute, de la technique, d'ustensile, du On, d'essence, d'existence, du monde, de résolution, du fonds, pour ne citer que ces mots, c'est toujours avec une signification profonde ou ontologique. C'est pourquoi le risque est grand de se méprendre sur sa pensée si l'on prend à la lettre les mots qu'il utilise. La question politique et éthique n'a pas été une des préoccupations de notre auteur, son adhésion éphémère au parti nazi n'a pas été une occasion de faire la politique active et d'y consacrer des volumes comme il a fait pour la question de l'Etre.

4. L'absence d'une pensée politique et l'éthique

La question de la politique et celle de l'éthique sont presque absentes de la pensée de ce grand philosophe contemporain. De son adhésion au parti nazi nous ne savons rien, si ce n'est que cela lui permit d'être nommé Recteur de l'Université de Fribourg. D'ailleurs, il n'y est pas resté longtemps comme s'il n'avait pas trouvé plaisir à y rester. Il n'y a aucun ouvrage politique publié. Mais l'on pense que, parmi ses manuscrits, on peut un jour trouver des passages politiques pour les publier. Cette indifférence à la politique peut être due à la situation socio-politique de son milieu. Cette situation pourrait avoir influencé négativement Heidegger.

Heidegger n'a pas développé une pensée éthique pour indiquer ce que l'on doit faire et ce que l'on doit éviter. Mais sa pensée a soulevé quelques questions que les moralistes peuvent développer. C'est pourquoi Jean Luc Nancy écrit : « La pensée de Heidegger s'est elle-même conçue, de part en part, comme une éthique fondamentale »[5]. On peut considérer le fait par lequel Heidegger invite l'homme à être authentiquement soi-même, à être-

---

[5] J.L. NANCY, *La pensé Dérobée,* Paris, Galilée, S.D., p.88

pour-autrui, à écouter l'appel de la conscience, témoin moral et sa critique de la philosophie de la subjectivité comme étant une base pour une philosophie éthique de l'intersubjectivité. D'ailleurs, Emmanuel Levinas, dans son approche d'Autrui, n'a pas manqué de subir l'influence de Heidegger. Les réflexions heideggériennes sur la question de la technique sont déterminantes, mais aussi trop centrées sur la question de l'Etre. Pour avoir tout ramené à l'Etre, la pensée heideggérienne a été qualifiée d' « égoïsme » de l'ontologie par Levinas : « Le primat de l'ontologie heideggérienne ne repose pas sur le truisme : pour connaître l'étant, il faut avoir compris l'être de l'étant (…) L'ontologie heideggérienne, subordonnant à la relation avec l'être, toute relation avec l'étant, affirme le primat de la liberté par rapport à l'éthique. L' « égoïsme » de l'ontologie se maintient même lorsque, dénonçant la philosophie socratique comme déjà oublieuse de l'être et comme déjà en marche vers la notion du « sujet » et de la puissance technique, Heidegger trouve, dans le présocratisme, la pensée comme obéissance à la vérité de l'être »[6].

5. Sur la question de la technique

La pensée heideggérienne sur la technique moderne est une pensée fondamentale. Pour nous, Heidegger est le philosophe qui a scruté à fond cette question de la technique. Pour Heidegger, la technique n'est pas un instrument, elle n'est pas la machine, elle n'est pas neutre. La technique est l'Arraisonnement dans son essence. Elle est la prolongation de la métaphysique, le vide de l'Etre. Ce qui nous fascine le plus c'est le fait d'avoir compris que ce qui menace l'être de l'homme et celui des choses, ce ne sont pas les machines, les outils,

---

[6] E. LEVINAS, *Totalité et infini, Op.cit.* , pp. 36, 37.

mais c'est le dévoilement qui régit la technique sous forme de provocation par laquelle la nature est mise en demeure de livrer ses énergies pour être obtenues, transformées et accumulées .

Mais le problème se pose lorsque Heidegger affirme qu'il n'y a rien de démoniaque dans la technique, mais qu'il y a le mystère de son essence. Si la technique est un dévoilement qui commet, alors les machines, les outils comme modes d'expression de ce dévoilement doivent aussi être un danger comme l'est l'essence de la technique : Arraisonnement, c'est-à-dire destin de dévoilement pro-vocant.

Au-delà de toutes ces considérations, Heidegger est, sans doute, l'un des grands philosophes de l'époque contemporaine. Beaucoup de philosophes se sont inspirés de lui, notamment Jean Paul Sartre, Emmanuel Levinas, Hannah Arendt, Jacques Derrida, Jean-Luc Marion, Maurice Merleau-Ponty, Habermas, Karl Jaspers, etc. Heidegger, avec sa thèse de la déconstruction de la métaphysique occidentale, a révolutionné la philosophie en lui apportant une nouvelle manière de penser à partir de l'Etre et de définir l'humanité de l'homme non plus en rapport avec la raison, mais en rapport à l'Etre dont il est l'éclaircie.

CONCLUSION

La pensée de Martin Heidegger est un débat permanent avec la pensée technique. Elle est éminemment une réflexion philosophique sur la question de l'Etre, question essentielle de la philosophie. Heidegger développe, en divorce avec la phénoménologie transcendantale de son Maître Husserl, une phénoménologie de l'existence humaine, une phénoménologie du *Dasein* ou, mieux, une phénoménologie de la facticité qui nous révèle le *Dasein* comme *être-dans-le-monde.*

Heidegger analyse l'expérience ou la question de la technique en rapport à la question qui préoccupe toute sa pensée, à savoir la question de l'Etre. « Sous le concept d'essence, la philosophie pense l'Être ». Dans la lecture que Heidegger fait de la métaphysique occidentale, il ressort que la métaphysique ne pense pas vraiment l'Etre en tant que tel, mais qu'elle pense seulement l'étant comme étant ou mieux l'étant suprême. C'est ce qui explique la critique heideggérienne contre la métaphysique aristotélicienne qu'il qualifie d'onto-théologie.

Martin Heidegger, dans sa pensée, veut nous retirer de ce qui nous détourne de notre existence authentique. Car notre existence quotidienne se révèle comme une existence inauthentique caractérisée par l'oubli de l'Etre, par la banalité quotidienne. Notre univers se donne aujourd'hui comme un univers inauthentique au sein duquel l'homme est sous la domination, la dictature de la technique dont l'essence est l'arraisonnement, le dévoilement -provocation. C'est en tant que dévoilement et non fabrication que la technique moderne est production.

L'homme semble aujourd'hui, dans son existence, caractérisé par l'oubli de ce qui est fondamental, c'est-à-dire son être propre et l'être des choses. Ce qui a porté au point culminant l'oubli de la question de l'Être, à notre temps, c'est la question de la technique moderne. Par ailleurs la question de la technique moderne est étroitement liée à la science ; et pourtant, la technique est plus essentielle que la science parce que la science ne se développe mieux que là où la technique est confrontée à une difficulté, car les théories que la science lui donne s'avèrent inefficaces. La science est appelée alors à les revoir. Contrairement à l'opinion courante, c'est la technique qui détermine ce que doit être la science.

La technique moderne opère dans l'oubli de l'Être ou dans le vide ontologique. En développant la technique, l'homme veut assurer son confort, sa maîtrise sur la nature(les choses) et sommer la nature à lui livrer ses énergies pour être accumulées, mais l'homme est oublié en même temps qu'il s'éloigne de son être, de l'être comme tel. Le nihilisme, qui caractérisait la métaphysique occidentale dans ce sens qu'en elle, il n'y a rien de l'Être, est aussi l'une des caractéristiques de la technique moderne caractérisée par l'abandon loin de l'Être. Avec la technique moderne, l'Être, comme réalité fondamentale, réalité « spirituelle » et invisible, différent de l'étant, devient éloigné de nous.

La technique moderne, en abandonnant l'Être ou en l'oubliant, est en réalité et en définitive une prolongation, un achèvement de la métaphysique. La technique moderne achève la métaphysique. Comme aboutissement ultime de la métaphysique, la technique moderne est un vide ontologique.

Face à cette difficulté, vers quoi devons-nous nous tourner pour nous arracher à l'abandon de l'Etre dans lequel nous plonge la technique moderne ? Une voie est proposée dans cet ouvrage. Il faut une sorte de conversion au moyen du langage pour que l'homme moderne s'ouvre au mystère de l'Être.

L'homme en général, et l'homme technicien, **doit** adopter un langage au sens poétique, une parole parlante. Au lieu de la parole ou de la raison calculatrice, conquérante et technicienne, il nous faut une parole poétique qui nomme les choses. La parole parlante libère

BIBLIOGRAPHIE SELECTIVE

I. OUVRAGES SUR HEIDEGGER

- HEIDEGGER, M., *Essais et conférences,* Paris, Gallimard, 1958,
- *Le principe de raison,* Paris, Gallimard, 1946,
- *Introduction à la métaphysique,* Paris, Aubier, 1960
- *L'Etre et le temps,* Paris, Gallimard, 1964,
- *Lettre sur l'humanisme,* Paris, Gallimard, 1964,
- *Approche de Hölderlin,* Paris, Gallimard, 1973,
- *Acheminement vers la parole,* Paris, Gallimard, 1976, *Qu'est-ce que la métaphysique ?* Paris, Nathan, 1985

II. OUVRAGES SUR LA TECHNIQUE ET LA SCIENCE

- AKENDA KAPUMBA, J.Ch., *Epistémologie structuralisée et comparée*, T.1, les sciences et la nature, Kinshasa, F.C.K., 2004
- BANONA NSEKA, D., *Technique et dignité humaine. Perspective contemporaine à partir de Gabriel Marcel,* Louvain-la-Neuve, Academia, 1998
- BERDIAEFF, N., *L'homme dans la civilisation technique,* Paris, Ed. de la Baconnière, 1947

- BRUNO, J., *Humanisme et technique*, coll. « Que sais-je », Paris, P.U.F., 1996
- DUCASSE, P., *Histoire des techniques,* Paris, P.U.F., 1964
- ELLUL, J., *La technique et l'enjeu du siècle,* Paris, Armand-Colin, 1954
- HABERMAS, J., *La technique et la science comme idéologie,* Paris, Denoël, 1973
- JONAS, H., *Une éthique pour la nature,* Paris, Desclée du Brouwer, 2000
- IDEM, *Principe et responsabilité. Une éthique pour la civilisation technologique*, Paris, Cerf, 1990
- LADRIERE, J., *Les enjeux de la rationalité. Le défi de la science et de la technologie face aux cultures,* Paris, Aubier-Montaigne, 1977

III. OUVRAGES GENERAUX

- ARISTOTE, *La métaphysique*, T.II, Paris, J. Vrin, 1964
- BLONDEL, M., *L'être et les êtres. Essai d'ontologie concrète et intégrale,* Nouvelle édition, Paris, P.U.F., 1963
- DERRIDA, J., *Apories*, Paris, Galilée, 1996
- IDEM, *De la grammatologie,* Paris, Minuit, 1967
- DESCARTES, R., *Méditations métaphysiques,* Paris, J. Vrin, 1979
- GILSON, E., *L'être et l'essence,* 3ème éd., Paris, J.Vrin, 1994

- HUSSERL, E., *Méditations cartésiennes. Introduction à la phénoménologie,* Paris, J.Vrin, 1969

- KANT, E., *Critique de la raison pure,* Paris, Garnier-Flammarion, 1976

- IDEM, *Critique de la raison pure,* Paris, P.U.F., 1968

- NIETZSCHE, F., *La volonté de puissance,* Paris, Gallimard, 1995

- MERLEAU-PONTY, M., *Phénoménologie de la perception,* Paris, Gallimard, 1945

- MFOUAKOUET, L., *Jacques Derrida. Entre la question de l'écriture et l'appel de la voix*, Paris, L'Harmattan, 2005

- MÜLLER, M., *Crise de la métaphysique ; situation de la philosophie au XXème siècle,* Paris, Desclée de Brouwer, 1953

- NARBONNE, J. M., et LANGLOIS, L., *La métaphysique, son histoire, sa critique, ses enjeux,* paris, J.Vrin,

- NGIMBI NSEKA, H., *Tragique et intersubjectivité dans la philosophie de Gabriel Marcel*, Mayidi-Inkisi, 1981

- PLATON, La *République*, Paris, Belles-Lettres, 1966

TABLE DES MATIERES

Philosophie aux éditions L'Harmattan

DIDEROT
Raison, Philosophie et Dialectique
Suivi du Neveu de Rameau
D'hondt Jacques - Texte établi et présenté par E.Puisais et P.Quintili
2013 sera l'année du grand tricentenaire de la naissance de Denis Diderot. Ce livre est l'œuvre d'un philosophe éminent qui se confronte à des problèmes actuels. Le Diderot de d'Hondt est un penseur dialectique. Et pour savoir ce qu'est la dialectique, chez Diderot et en général, c'est à travers la loupe de Hegel et de Marx qu'il tentera de nous la présenter, dans une image originale de l'auteur de l'*Encyclopédie.*
(33.00 euros, 326 p.) *ISBN : 978-2-296-96402-0*

MÉTHODE ET PHILOSOPHIE
La descendance éducative de l'*Émile*
Études coordonnées par Michel Soëtard
Plusieurs spécialistes présentent ici une analyse de l'*Émile* de Rousseau par les regards croisés de Condorcet, Kant, Pestalozzi, Fichte, Herbart, Dilthey, Dewey et Freinet, penseurs et acteurs pédagogiques inscrits dans la postérité éducative de cette œuvre. Il se pourrait toutefois que l'*Emile*, avec le nœud de questions qu'il tisse, soit encore devant nous.
(Coll. Education et philosophie, 20.00 euros, 202 p.) ISBN : 978-2-296-99332-7

CONVERSION ET SOUVERAIN BIEN CHEZ BLAISE PASCAL
Bischoff Jean-Louis
Montrer que le rapport de la conversion au Souverain Bien chez Pascal nous invite à ausculter philosophiquement la notion d'émotion : c'est ce que Jean-Louis Bischoff entend montrer dans la présente étude. L'enjeu de son enquête est clair : il entend affoler et subvertir l'approche commune du mot « émotion ». Pour mener à bien son projet, l'auteur mobilise les lumières de philosophes comme Marion, Levinas, Ricoeur, Greisch ou Romano.
(Coll. Ouverture Philosophique, 20.00 euros, 204 p.) ISBN : 978-2-296-99327-3

DE LA NON-PHILOSOPHIE AUX NON-POLITIQUES
Nietzsche, Freud, Laruelle
Chien-Chang Lee
L'histoire de la philosophie occidentale est une tentation toujours renouvelée de «penser la politique depuis la non-politique». On peut indiquer qu'au moins, dans la modernité, les théoriciens du contrat social inventent déjà une idée révolutionnaire de l'»état de nature» qui est une notion non politique par

excellence. Si nous admettons qu'il y a quelque chose de non politique, il y a au moins trois possibilités de penser la non-politique : «la philosophie de l'avenir» de Nietzsche, la «psychanalyse» de Freud et la «non-philosophie» de Laruelle.
(Coll. Nous, les sans-philosophie, 25.50 euros, 260 p.) ISBN : 978-2-296-99194-1

EMMANUEL LEVINAS, LA PHILOSOPHIE DE L'ALTÉRITÉ
Nanga-Essomba Jean-Thierry
Préface de Lucien Ayissi
À partir de l'analyse de la problématique levinassienne de la responsabilité de soi à l'égard d'Autrui, l'auteur s'attache, dans le cadre de cette réflexion, à examiner la pertinence théorique et la fécondité conceptuelle de la pensée d'Emmanuel Levinas dont le souci majeur est de conjurer la barbarie de la guerre et de prévenir toute dynamique pouvant faire courir à l'altérité le risque humanicide d'être anéantie.
(Coll. Ouverture Philosophique, 18.00 euros, 182 p.) ISBN : 978-2-296-99143-9

CONVERSION (LA) ÉTHIQUE
Introduction à la philosophie d'Emmanuel Levinas
Bastiani Flora
Le lecteur d'Emmanuel Levinas peut remarquer que deux descriptions du sujet se dégagent : le moi paraît irrémédiablement tourné vers lui-même et seulement préoccupé par son propre bien-être ; tandis que d'autres textes présentent un moi complètement tendu vers autrui et prêt à se sacrifier pour lui. Levinas retrace l'entrée du sujet dans l'éthique comme le passage de l'un à l'autre de ces états. Flora Bastiani propose de lire Levinas à partir de l'étrangeté de ce saut qualitatif du moi en direction de l'autre.
(Coll. La philosophie en commun, 27.50 euros, 280 p.) ISBN : 978-2-296-99262-7

QUESTION (LA) DE LA TECHNIQUE
À partir d'un échange épistolaire entre Ernst Jünger et Martin Heidegger
Nerhot Patrick
La lettre de Heidegger à Jünger est d'une importance capitale pour comprendre les écrits de Heidegger après la Seconde Guerre mondiale. En effet, cette lettre se situe au coeur même de toutes ses réflexions, qu'il s'agisse de la Technique, de la Raison, du Langage ou de la Métaphysique. Elle éclaire d'une lumière particulière non seulement les écrits d'après-guerre mais aussi la question, si controversée, si polémique, de l'importance du nazisme dans sa pensée.
(Coll. L'Ethique en mouvement, 32.50 euros, 316 p.)ISBN : 978-2-296-96422-8

JEAN-MICHEL PALMIER
Arts et société
Berthet Dominique, Lachaud Jean-Marc
Jean-Michel Palmier (1944-1998) a consacré de nombreux ouvrages et articles aux courants artistiques, philosophiques et politiques des années 1920-1930 en Allemagne et en Union soviétique. Ses travaux notamment sur l'expressionnisme et la vie culturelle sous la République de Weimar permettent aux lecteurs de mieux comprendre les multiples controverses qui opposèrent

au XXe siècle des théoriciens et des praticiens se réclamant de différents et antagonistes courants marxistes.
(Coll. Ouverture Philosophique, série Arts vivants, 34.00 euros, 328 p.)
ISBN : 978-2-296-96076-3, ISBN EBOOK : 978-2-296-49810-5

DE LA VICTIMISATION
Lectures expérimentales
Kakogianni Maria - Préface d'Alain Badiou
A supposer que la femme ne soit pas la victime de l'Histoire. Voici pour l'hypothèse mobile. À partir de là, le texte se présente comme une série de lectures ; Xénophon, Aristote et Platon se mettent à dialoguer avec Foucault, Badiou et Lacan. Il ne s'agit pas de lectures qui cherchent à rendre lisible, dans les textes classiques, la domination du genre, la métaphysique des sexes... Ce qui fait symptôme, ce qu'il s'agit d'apprendre à lire, c'est la place de la victime comme seule autorisée dans le Marché.
(Coll. La philosophie en commun, 29.00 euros, 286 p.) ISBN : 978-2-296-99189-7

TEMPS HISTORIQUE ET IMMANENCE
Les concepts de nécessité et de possibilité dans une histoire ouverte
Chataignier Gadelha Gustavo
Cet ouvrage vise à explorer l'historicité en tant qu'horizon privilégié de la philosophie. L'auteur procède à un parcours analytique : il commence par caractériser les spécificités du temps historique puis se penche sur l'analyse de diverses philosophies de l'histoire et termine par confronter la notion contemporaine d'événement à ses limites pratiques. Cette réflexion s'achève sur le rapport marxien entre nature et histoire.
(Coll. La philosophie en commun, 57.00 euros, 684 p.) ISBN : 978-2-296-97037-3

TERRITOIRES (LES) DU SENTIMENT OCÉANIQUE
Sous la direction de Dallet Sylvie, Noël Emile
Le sentiment océanique est une forme particulière des états modifiés de conscience, domaine qui est attesté du plus lointain des témoignages humains. La spécificité de cette sensation, assimilée depuis Romain Rolland aux capacités de la religiosité indienne, reste un mystère de la connaissance. Celle-ci qui allie une joie à une forme de dissolution ou de rencontre de la matière est pour la première fois analysée sur des observatoires différents : spiritualités, biologie, littérature, poésie, philosophie, sport...
(Coll. Ethiques de la création, 17.50 euros, 164 p.) ISBN : 978-2-296-99152-1

DIALECTIQUE OU ANTINOMIE ?
Comment penser ?
Chateau Dominique
Ce livre concerne deux manières de penser : la dialectique et l'antinomie. Il étudie la dialectique de Hegel, en son unicité et sa radicalité, expose sa critique et considère sa régression à l'antinomie ou encore son fantasme qui ne cesse de hanter la philosophie. Ce débat mobilise, outre Aristote et Platon, Kierkegaard, Nietzsche, Benjamin, Lyotard, Marx, Peirce et quelques autres.
(Coll. Ouverture Philosophique, 14.50 euros, 144 p.) ISBN : 978-2-296-99177-4

IDÉOLOGIE DE LA RUPTURE
Suivie de plaidoyers pour l'aliénation
D'hondt Jacques - Postface de Paolo Quintili
Jacques D'hondt (1920-2012) a conquis par ses travaux sur Hegel et Marx une renommée internationale. C'est un critique de ses contemporains dans *L'idéologie de la rupture* (première édition en 1978) et, dans nombre de ses publications aujourd'hui encore dispersées. La présente édition réunit, à la suite des chapitres originaux, plusieurs de ses contributions.
(Coll. Bibliothèque historique du Marxisme, 18.50 euros, 174 p.)
ISBN : 978-2-296-96380-1

RÉALISME ET VÉRITÉ : LE DÉBAT ENTRE HABERMAS ET RORTY
Dostie Proulx Pierre-Luc
A quoi fait-on référence lorsque l'on a recours au concept de « vérité » en épistémologie contemporaine ? Doit-on nécessairement supposer que nos énoncés correspondent à une réalité extérieure pour faire sens du concept de vérité ? Le présent ouvrage expose deux des plus importantes conceptions contemporaines de la vérité : celle de Jürgen Habermas et celle de Richard Rorty.
(Coll. Ouverture Philosophique, 14.00 euros, 134 p.) *ISBN : 978-2-296-99247-4*

POLITIQUEMENT (LE) CORRECT FRANÇAIS
Epistémologie d'une crypto-religion
Oulahbib Lucien-Samir
Les manques, la fuite en avant vers la destruction de ce qui permet d'être ensemble - et non pas seulement de vivre ensemble - sont ici analysés en des critiques diverses (des saillies) mettant en cause par exemple la théorie dite du «genre», l'effacement de l'idée de nation, de valeur objective, bref, la mise à l'index de tout ce qui ne pense pas de façon «gauche», allant de la haine du riche à la diabolisation d'Israël…
(Coll. Épistémologie et philosophie des sciences, 15.50 euros, 152 p.)
ISBN : 978-2-296-99316-7

JUSTICE DISTRIBUTIVE OU SOLIDARITÉ À L'ÉCHELLE GLOBALE ? – John Rawls et Thomas Pogge
Noumbissié Tchamo Daniel - Préface de Stéphane Chauvier
Avec le souci d'établir les jalons d'un «développement glocaliste» juste et équitable, Daniel Noumbissié Tchamo ouvre ici un débat en philosophie pratique sur la distribution des richesses et les nouvelles considérations sur le développement dans une société mondiale glocalisée. Le «principe de différence global» qui manque dans les politiques publiques et les institutions de redistribution de richesses est le point nodal de la discussion qui en découle.
(Coll. Ouverture Philosophique, 25.00 euros, 246 p.) *ISBN : 978-2-296-57036-8*

L'HARMATTAN, ITALIA
Via Degli Artisti 15; 10124 Torino

L'HARMATTAN HONGRIE
Könyvesbolt ; Kossuth L. u. 14-16
1053 Budapest

ESPACE L'HARMATTAN KINSHASA
Faculté des Sciences sociales,
politiques et administratives
BP243, KIN XI
Université de Kinshasa

L'HARMATTAN CONGO
67, av. E. P. Lumumba
Bât. – Congo Pharmacie (Bib. Nat.)
BP2874 Brazzaville
harmattan.congo@yahoo.fr

L'HARMATTAN GUINÉE
Almamya Rue KA 028, en face du restaurant Le Cèdre
OKB agency BP 3470 Conakry
(00224) 60 20 85 08
harmattanguinee@yahoo.fr

L'HARMATTAN CAMEROUN
BP 11486
Face à la SNI, immeuble Don Bosco
Yaoundé
(00237) 99 76 61 66
harmattancam@yahoo.fr

L'HARMATTAN CÔTE D'IVOIRE
Résidence Karl / cité des arts
Abidjan-Cocody 03 BP 1588 Abidjan 03
(00225) 05 77 87 31
etien_nda@yahoo.fr

L'HARMATTAN MAURITANIE
Espace El Kettab du livre francophone
N° 472 avenue du Palais des Congrès
BP 316 Nouakchott
(00222) 63 25 980

L'HARMATTAN SÉNÉGAL
« Villa Rose », rue de Diourbel X G, Point E
BP 45034 Dakar FANN
(00221) 33 825 98 58 / 77 242 25 08
senharmattan@gmail.com

L'HARMATTAN TOGO
1771, Bd du 13 janvier
BP 414 Lomé
Tél : 00 228 2201792
gerry@taama.net

Achevé d'imprimer par Corlet Numérique - 14110 Condé-sur-Noireau
N° d'Imprimeur : 741411 - Août 2017 - Imprimé en France